【越南人文研究丛书】

中越书籍交流论集

刘玉珺　主编

本书受到国家社科基金重大招标项目
“中越书籍交流研究（多卷本）”
（20&ZD333）资助

巴蜀书社

前　言

刘玉珺

以亚洲的历史眼光来看，从汉代起就逐步形成了以中国为中心，包括越南、朝鲜、日本、琉球等国家与地区在内的汉文化圈，这个文明共同体一直持续到19世纪。中国长期作为汉文化发源地的中心地位，以及由此产生的汉文化广泛传播，是汉文化圈两千来年最为重要的文化现象。以书籍为载体的文化交流则是这个文化现象中最为核心的内容之一，因为中国对周边地区人类文明和文化发展的影响在很大程度上是通过书籍传播来实现的。

在这样的学术背景下，汉文化圈各国的书籍交流研究已经成为一个令人瞩目的发展趋势，而历史上中国与越南之间的书籍交流研究又是其中亟需开拓的部分。越南是使用汉字历史最长的域外国家，自古中越就有着极其密切的历史、文化与政治关系。秦始皇三十三年（前214）设立桂林、南海、象郡始，“交趾”一名作为特定区域的名称而被固定了下来。秦亡后，南海郡尉赵佗击并桂林、象郡，统一了岭南，自立为南越武王，建立了范围包括现今两广和越南部分地区的南越割据政权。越南黎朝史家黎嵩《越鉴通考总论》曾记载赵佗“以诗书而化训国俗，以仁义而固结人心”，《诗》与《书》等儒学典籍很可能在当时就已传入了南越。唐高宗调露元年（679）改交州大总管为安南都护府，属岭南道，自此“安南”作为越南的正式名称一直沿用至清初。公元968年，丁部领自称“大胜明皇帝”，建立“大瞿越国”，越南正式进入了独立自主时期。宋开宝八年（975），宋太祖封丁部领为“交趾郡王”，从此中越两国建立了长达千年的宗藩关系，直至1884年越南沦为法国殖民地。在这段漫长的中越关系史中，不仅有大量中国典籍传入越南，深刻地影响了越南古代、近代社会的文学艺术、思想观念、社会制度、宗教文化、民族心理等，而且越南本土产生的汉籍也通过各种途径传至中国，成为中国知识分子了解邻国越南的重要媒介。

基于上述背景，笔者于2020年申请了国家社科基金重大招标项目“中越书籍交流研究（多卷本）”（20&ZD33）。从近处而言，为了切实推进项目的研究，从长远着眼，则为了在更大的范围下推动越南古典学研究的发展，从而完善整个东亚古典学的研究体系，我们拟出版一系列相关的学术著作，本书《中越书籍交流论集》即是其中的第一本。这本书的编撰，拟在较为集中地展现中越书籍交流研究目前已具备的学术基础和具有典型意义的代表性研究成果。

从书籍分类的角度看，这部论著所收论文的研究对象涉及经、史、子、集四部典籍；从书籍交流的方向看，既有中国书籍在越南的传播研究，也有流传至中国的越南书籍研究，力图展现名副其实的中越书籍“交流”；从书籍的文化属性看，既有在中越精英阶层流动的，属于雅文化构成部分的四部经典，也包括曾在庶民阶层里传播的通俗典籍。从作者所在区域来看，则包括中国大陆、越南、文莱、日本、台湾等国家和地区，尽可能较为全面地反映整个学术界的研究成果。

这部论著的第一篇是文莱大学李焯然教授的《孝之本：越南绵寯皇子对〈孝经〉的诠释》。这篇文章立足于书籍阅读者的文化接受视角，探讨了越南阮朝皇子绵寯《孝经立本》一书对《孝经》之本的诠释，分析透彻、富有创见，是学术界较为少见的研究越南知识人是如何理解、阐释中国经典的精彩个案。越南流传下来的经学典籍常以节要、摘要、喃译的形式呈现，《孝经立本》则可视为《孝经》的注释本，为《孝经》提供了一个新的诠释方法。文章指出：绵寯基于中国传统上对《孝经》的阐释，受到官方思想的约束，使得孝道思想成为忠君思想的附庸，孝道流于政治化的事实，耗费十年的时间编撰了《孝经立本》一书。绵寯以体用的观念来理解《孝经》，尝试摆脱孝道受政治主导的影响，使孝道回归儒家之“本”。

与传入越南的中国古籍相比，流传至中国的越南古籍数量微小，《大越史略》可谓是最具史料价值的中国所藏越南古籍。郑州大学成思佳博士是最早对北京师范大学图书馆所藏清抄本《大越史略》进行全面研究的学者。长期以来，学术界对于《大越史略》这部在越南本土已散佚的史书的认识与利用，多依据《四库全书》本及其重抄重刊本，而新发现的清抄本《大越史略》是目前唯一所知的保留了四库馆臣改订前原貌的版本。《现存最早的越南古代史籍——〈大越史略〉若干问题再探讨》一文，通过对新发现清抄本《大越史略》和四库本《越史略》作细致校勘，将《大越史略》的成书时间和作者等重要学术问题的解决，向前推进了一步，又在此基础上对《大越史略》与《大越史记》《大越史记全书》的书籍关系提出了新见解。

从汉文化圈诸国来看，尽管各国之间不免具有诸多共通性，然而各个文明单元之间，也有着显著的差异。中国文化大学许怡龄副教授敏锐地关注到了《性理大全》在朝越的流传，都受到科举制度的影响，却各有不同的传播脉络，从而进行了一项具有开拓性的比较研究。她的《从东亚视野论〈性理大全〉的意义：以韩国与越南的流传比较为中心》一文指出：1419年《性理大全》同时传入朝鲜、越南后，朝鲜对其进行了全面的接受，因其“脱世俗性”的精神价值，地位远远高于《四书大全》和《五经大全》，并因己卯士林的推崇而成为朝鲜性理学的重心，即便16世纪中后期其中心地位由《朱子大全》接替，但一直到朝鲜后期《性理大全》都是朝鲜儒者的重要读物。越南方面，因科举备考简约的需求，主要是以裴辉璧《性理节要》为流通文本，其影响力甚至到了令朝廷警戒的地步，地位却逊于与科举关系更密切的《四书大全》和《五经大全》。通过对《性理大全》在朝越两国的传播进行比较，可以发现从儒学的基调来说，相对于朝鲜儒学的“心学”色彩，越南儒学更具有“实学”的特点。相对于日本和琉球而言，朝鲜和越南都曾是中国的藩属国，与中央王朝的政治关系具有相似性，都存在着定期派往使臣出使燕京的历史状况。此外，朝越二国与中国国土相连，这意味着除了可以关注书籍交流的海上之路之外，还可对陆上通道加以审视。因此，从上述层面而言，《从东亚视野论〈性理大全〉的意义：以韩国与越南的流传比较为中心》所实践的朝越比较研究甚至具有方法论上的学术意义。

二十年前，浙江大学王勇教授曾提出“书籍之路”的学术理念，意在突破“丝绸之路”的传统思路，构建东亚文化交流的新模式[①]。近十年来，南京大学张伯伟教授则针对书籍多元曲折的交流路径，提出了内涵更为丰富的“书籍环流”的概念。所谓的“书籍环流”包括“书籍本身在传播中的多向循环，书籍内容的阅读、接受并反应的互动，以及由此引发的观念和文化立场的变迁”[②]。上述学术理念已经在中、日、朝各国之间的书籍传播研究中得到了实践。而对

① 王勇《“丝绸之路”与“书籍之路”——试论东亚文化交流的独特模式》，《浙江大学学报》（人文社会科学版）2003年第5期，第5—12页。

② 张伯伟《书籍环流与东亚诗学——以〈清脾录〉为例》，《中国社会科学》2014年第1期，第165页。

于中越书籍交流而言，相关的研究仍明显不足。越南社会科学翰林院所属汉喃研究院阮俊强、梁氏秋两位学者合作撰写的《西学东渐与书籍交流：近代越南〈新订国民读本〉的欧亚旅程》一文，则是同类研究中让人耳目一新的成果。这篇文章勾勒出了一条流通环节更多、道路更为绵长的书籍之路，它指出越南书籍《新订国民读本》的流传道路、内容的“本地化”和语言的“本语化”，是从英国到日本，又从日本传到中国，最后来到越南的。随着近代西学东渐的到来，中越书籍交流有了新的传播起点和多面向的交流。文章所描述的《新订国民读本》的欧亚旅程亦表明， 这类非经典化的通俗教育读本，同样具有世界意义。

越南如何接选择、接受、改造中国书籍，这是中越书籍交流中的核心问题。越南汉喃研究院院长阮俊强的《接受、改编、创新：〈三字经〉在古代越南考论》一文则以《三字经》为个案，对上述问题作了相应的解答。文章指出：虽然由于史料记载的缺如，目前根据现存材料，只知越南文人范望最晚于1830年开始学习《三字经》，但是越南人在使用《三字经》过程中科学地增补其内容、改编句序、添加注解、翻译成越南语与法语，模仿“三字”文体和借鉴《三字经》内容进行创作。若从中越书籍交流的整体面貌来看，《三字经》在越南的流传与改造，是具有普遍性的，反映了一种较为常见的越南书籍产生的途径和方式。

中国书籍向越南的传播，就文化因素来说，大致受到两个方面的影响：一是推行儒家文化的需要，二是佛教、道教等宗教信仰的传播。从文化属性来看，前者主要体现的是雅文化层面的书籍传播，而后者主要呈现的是俗文化世界的书籍流动。越南汉喃研究院阮苏兰研究员《求经、刊刻与传承脉络：汉文律藏在越南——以18世纪名僧性泉往鼎湖山求经为例》、已故东京成德大学增尾伸一郎教授《伪经和善书在越南的流传——以儒佛道三教与民间信仰的交涉为中心》两篇论文，分别对流传至越南的汉文律藏、越南的伪经和道书进行了详细的考述。阮文指出：越南僧人性泉18世纪初至广东鼎湖山庆云寺求法、取经的过程是为了传播及规范宗门。后来其他宗门也请求抄写、刊刻这些书籍作为僧侣修习的资料，使得它们无形之中成为18世纪越南北部戒律实践的规范。随着中国严格戒律的传播，戒律经书消弭了当时越南僧侣恶俗、迷信等问题，使其步入正轨，并一直延续至今日。增尾一文则着眼于书籍所关联的思想传播，在对汉文化圈诸国进行比较的视野下，从伪经和善书的角度揭示了儒佛道三教融合与越南民间信仰在不同层面的交汇，总结出了东亚流传的伪经与善书在内容上具有相似性，其中越南和朝鲜的共通点最多。

现收藏于浙江图书馆古籍善本部的《摘艳集》是一部稀见的越南诗集。这部书由黎朝黄德良编纂，是继《越音诗集》之后产生的第二部越南古代汉诗总集。《摘艳集》浙图藏本是除越南汉喃研究院所藏版本之外，唯一在越南本土之外发现的珍稀抄本。拙作《越南诗歌总集的中国藏本：黄德良〈摘艳集〉考论》通过广泛爬梳中越史料，全面分析、校勘中越所存版本，对浙图藏本的编者和跋文作者、流传与递藏、版本价值等进行了探讨。文章考证出，这部书籍由越南使臣、黎朝著名学者黎贵惇携带入清，他在从中国返回越南的旅途中，为此书撰写了一篇越南藏本所没有的跋文。在完成跋文写作的次日，黎贵惇与时任广西太平府知府的中国藏书家、天津水西庄的第二代主人查礼相会，《摘艳集》因此被迻录收藏，从而开启了它在中国辗转流传的历程。从中越书籍交流的承担者来看，越南使臣无疑是非常重要的一个群体。他们不仅对中国书籍传播于越南起着举足轻重的作用，同时也是越南汉喃古籍传至中国的重要桥梁，而《摘艳集》传入中国的过程，再次印证了这个论断。

越南阮朝的官方目录有一个显著区别于明清书目的特点，即不排斥通俗小说、戏曲等俗文学典籍。从书籍交流的角度而言，这也是具有越南本土特色的方面。不过，学术界对于中越两国通俗文学典籍的交流，目光仍聚焦于小说这一文体，胡志明市人文社科大学阮黄燕博士的《王实甫〈西厢记〉越南流传之考述》，是为数不多的对中国戏曲经典在越南的流传作全面且又细致考述的研究论文。文章指出，《西厢记》最迟在1743年就已经传入了越南，并在越南上层文人雅士之间传播。20世纪前，《西厢记》在越南主要以词语、典故等形式出现在越南文人的喃文作品中，还出现了通过改编方式产生的喃传《西厢传》。20世纪以来，随着越南翻译热潮的兴起，不仅出现了《西厢记》的越南语翻译本，还同时产生了由《西厢记》改编的曲子和多种嘲剧、改良剧剧本，这使得《西厢记》在更为广泛的人群中持续产生影响。这篇文章在《西厢传》作者的辨析、各类改编和翻译本的介绍等方面皆有较为详细的考述，同时对改编本体现的越南民族审美心理和欣赏趣味也有所揭示。

由于篇幅的限制和其他客观原因，这部书无法把所有具有代表性的成果都逐一收录。它的编撰既意在总结中越书籍交流研究的过往，亦期展望其无限广阔的未来。

于癸卯年孟春修订

目录

孝之本：越南绵寯皇子对《孝经》的诠释

李焯然[①]

一、前言

“孝”被视为儒家道德的根本，也是中国传统家族伦理的核心观念。先秦儒家经典如《论语》《孟子》等具代表性的著作，在论及孝的时候，主要是事亲内容，稀有谈事君之法。但自从大一统的政治体制出现以后，对孝道的诠释遂起了变化。《孝经》在汉代的出现，在许多学者的眼中，被视为孝道政治化的过程。唐宋以来，历代君主和大儒对《孝经》的注释，更进一步说明“孝”作为伦理观念，已经从家族伦理发展到政治伦理。如唐太宗的《孝经注》便说：“行孝，以事亲为始，事君为中，忠孝道著，乃能扬名荣亲，故曰终于立身也。”

儒家经典因为文简言约，后人对内容的诠释，是了解经典含义

① 作者单位：文莱大学亚洲研究所。文原刊《第三届世界儒学大会学术论文集》，会议于2010年9月在山东曲阜召开。

的关键。中国古代官方和儒家对《孝经》的诠释与传统孝治理念有密切关系，以至于强调“移孝作忠”“以孝保忠”，使“孝”的伦理成了政治的附庸，丧失其应有的道德自主。越南阮朝（1802—1907）皇子绵寯的《孝经立本》，强调《孝经》之“本”，认为修身齐家是本，治国平天下是末，对于《孝经》的诠释提供了另外一种解读，有助于我们重新去审视《孝经》的含义和时代价值。

二、儒家的孝道观念

孝道思想在周代已经有相当进步的发展[①]。春秋是一个动乱的时代，政教崩离，世衰道微，儒家以入世救民为职志，力倡正名分、敦人伦之说，其中 “孝”的观念尤占有重要的地位。“孝”在《论语》中出现过十七次，在《孟子》中出现过二十七次。对于孔子来说，孝是完成理想道德人格的始端。《为政》篇中有四段孟懿子、孟武伯、子游、子夏问孝的记录，孔子的答复分别是：

> 1.生，事之以礼；死，葬之以礼，祭之以礼。
>
> 2.父母唯其疾之忧。
>
> 3.今之孝者，是谓能养。至于犬马，皆能有养。不敬，何以

---

① 详参萧欣义《商代孝道思想试释》，《华学月刊》1980年第99期，第30—42页；郑志慧《儒家孝道思想研究——秦汉之际及其前期》，台湾辅仁大学中国文学研究所硕士论文，1973年，第7—25页。有关孝道的讨论，可参考Alan K.L. Chan & Sor—hoon Tan eds., *Filial Piety in Chinese Thought and History*, London & New York: RoutledgeCurzon, 2004.

别乎？

4.色难。有事，弟子服其劳；有酒食，先生馔。曾是以为孝乎？

从孔子对孝的界定，可见孔子认为孝不单是奉养父母及死后予以礼葬，而且还要有诚意和敬意，更不要让父母为自己担忧。所以孝不仅是一种形式或物质的供养，而是出自内心的诚敬的表现。孔子思想中最具代表性的观念是仁，仁也是儒家学说的中心思想。仁是人类行为的最高准则，然而它只是一个普遍性的原则，落实到具体的行为上，必须有具体的标准作为实践仁的依据，而孝道足以启发仁心的自觉，并负担了由仁贯彻到具体行为中的责任[①]。此所以说孝是仁爱的根本，这也说明了孔子为什么特别重视孝。

孟子除了从正面讨论孝的界定，继承了孔子对孝道观念的理解和重视，他亦从反面的角度，道出了所谓 “不孝”的范围。《孟子·离娄篇上》说： “不孝有三，无后为大。”孟子所谓的三不孝，据清人赵岐的注： “于礼有不孝者三事：谓阿意曲从，陷亲不义，一不孝也；家穷亲老，不为禄仕，二不孝也；不娶无子，绝先祖祀，三不孝也。”[②]不孝并不专指对父母不敬或不奉养，无子也是不孝，而且是大不孝。换句话说，孝不单是指子女与父母之间的直接责任，还有将宗嗣延续下去这个对宗族及社会的责任。孟子又指出当时一般人所公认的五类不孝行为：

---

① 参阅郑志慧《儒家孝道思想研究——秦汉之际及其前期》，第28—29页。

② 《孟子注疏解经》卷七下，清光绪丁亥（1887）脉望仙馆石印《十三经注疏》本，第24页上。

世俗所谓不孝者五：惰其四支，不顾父母之养，一不孝也；博弈好饮酒，不顾父母之养，二不孝也；好货财，私妻子，不顾父母之养，三不孝也；从耳目之欲，以为父母戮，四不孝也；好勇斗狠，以危父母，五不孝也。

这是当时一般人衡量不孝的标准。但孟子指出所谓不孝并不包括子女向父母的责善，如果父母有过失，而子女出于孝心，希望他们归于正道而予以劝谏，就算因意见不合而得罪了父母，孟子认为这并不算不孝。由此可见，孝仍是从合理性出发，孝是子女对父母单方面的奉献，但不孝则要从双方面的态度去衡量。

先秦儒家认为孝是人生最基本的伦理关系，这关系是与生俱来的，不论父亲的德行如何，父子关系是不可改变的。这有别于君臣关系或由君臣关系而衍生的“忠”概念。君臣关系是后天的，君可以事，也可以不事，君臣关系是可以摆脱和改变的[①]。“忠”作为维系君臣关系的道德伦理来看，只是一种职责而非本分，而这种职责又是对等的。所以，忠并不是最基本的伦理，它不是达致“仁”的必需条件，孝则不一样，孝是“仁之本”[②]。所以忠与孝的重要性不同，履行时的态度也不一样。儒家的态度是“事亲有隐而无犯”，“事君有犯而无隐”。《礼记》说得明白：

为人臣之礼不显谏，三谏而不听则逃之；子之事亲也，三

① 参考孙家洲《先秦儒家与法家忠孝伦理思想述评》，《贵州社会科学》1987年第4期，第44—49页。

② 《论语·学而》第二章云：“孝弟也者，其为仁之本欤！”

谏而不听，则号泣而随之。

可见儒家认为孝是重于忠的。当然，尽管忠与孝两观念的适用范围和对象有别，但它们仍是有相通之处，就是对尊长的敬。不过就涵盖面而言，孝的范畴囊括忠，而忠则不能兼包孝，故忠臣并不一定是孝子，而孝子必定是忠臣。此所以《论语》记：

其为人也孝弟，而好犯上者，鲜矣；不好犯上而好作乱者，未之有也。

儒家认为一个能尽孝道的人推此及彼，自然能够尽忠。《战国策》中赵武灵王选择素有孝名的周绍为太子的老师，理由是“父之孝子，君之忠臣也”。所表现的就是儒家这种信念。虽然忠与孝有相通之处，但当情况不容许，而要在忠与孝之间做出抉择时，儒家基本上主张尽孝先于尽忠。《论语·子路》第十八章记：

叶公语孔子曰：“吾党有直躬者，其父攘羊而子证之。”孔子曰：“吾党之直者异于是：父为子隐，子为父隐，直在其中矣。”

孔子主张父慈子孝，这样才算正直。如果忠是对国家的态度，孝是对父母的行为，父子相隐自然违背了忠。

孟子的意见更为明显。《尽心篇上》第三十五章孟子提出了一个更复杂的假设，并对孝道与君道冲突的两难问题提出了他的看法：

桃应问曰："舜为天子，皋陶为士，瞽瞍杀人，则如之何？"孟子曰："执之而已矣。""然则舜不禁与？"曰："夫舜恶得而禁之？夫有所受之也。""然则舜如之何？"曰："舜视弃天下犹弃敝屣也。窃负而逃，遵海滨而处，终身欣然，乐而忘天下。"

舜为天子，而他的父亲却杀了人，这使他处于非常尴尬的境地。作为儿子，舜应该尽孝而去救父亲；作为国君，舜又不可以不忠于国家而去破坏法制。皋陶作为执法之臣，他不可以不履行他的职责，去尽他为臣之道。对舜来说，这是一个公与私的冲突。为公的话他就会不孝，为私的话他就会不忠。舜不能阻止皋陶执行法纪，但又不可以坐视父亲被杀。孟子的看法是舜应该取孝而舍忠，如果这个情形出现的话，舜会放弃天下，偷偷背着犯法的父亲逃走，躲在海边享受天伦之乐。

由此可见，先秦儒家的伦理观念中，孝是重于忠的，当孝与忠发生冲突需要取舍时，孝往往是优先考虑的因素。

三、《孝经》与儒家孝道的政治化

秦汉大一统国家的出现，使中国的政治结构起了重大的变化。随着大一统国家而来的是皇帝体制的建立，此后两千多年，中国的政治、社会一直是在皇帝体制的支配之下，其基本特质并无太大变化。皇帝体制的特色是天下已为一家一姓所有，一切的权力与地位已由一家一姓所操纵，此即所谓 "家天下"的观念，而此观念也成了中国一个牢不可破的传统[①]。“家天下”的观念使君臣关系起了变化，忠孝的伦理内涵也随着政治体制的发展和君臣关系的变化而转变。

因为大一统局面的出现和皇帝体制的确立，君主的地位日见提高，大臣地位却相形见绌。皇帝成了新政体底下不可动摇的人物，而大臣则变成皇帝的家仆，君臣之间，再不是站在同等的地位为天下万民事。皇帝既是不可改变，大臣事君便没有选择的余地。在这种政治环境底下，知识分子对君臣关系遂有了新的解释。董仲舒（前180—115）所提出的“三纲”观念，便是这种发展的产物。董仲舒本着他的天人哲学，将君臣、父子、夫妇的伦常关系，配入天地、阴阳的观念中，并提出了阳尊阴卑的一套理则。他说：

> 君臣、父子、夫妇之义，皆取诸阴阳之道。君为阳，臣为阴；父为阳，子为阴；夫为阳，妻为阴……王道之三纲，可求于天。[②]

君臣的关系既然被比作宇宙的秩序，则上下尊卑的关系便被视为是天经地义的事。因为天尊地卑、阳尊阴卑，而君天臣地、君阳臣阴，故君上臣下、君尊臣卑。君臣关系被解释为主从、尊卑的关系之后，作为政治伦理的“忠”，其含义亦有所改变。董仲舒说：“下

① 关于皇帝体制的形成和特色，参阅邢义田《中国皇帝制度的建立与发展》，收邢著《秦汉史论稿》，台北：东大图书公司，1987年，第43—84页。

② 董仲舒《春秋繁露》卷十二《基义》，《四部备要》本，第6页上—下。

事上如地事天也，可谓大忠矣。”[①]而这种委身事上的“忠”更是要专一不二的[②]。董仲舒提出这样的一套观念是配合当时政体发展的要求，另一方面，也是希望以天权限制君权，预防皇帝体制底下君主专制的流弊[③]。但新的君臣关系和“忠”的政治内涵的新界定，使“忠”与“孝”之间出现了更大的鸿沟。以往儒家把孝的地位置于忠之上，先孝然后忠。但现在君主的地位与天并齐，对君主个人的忠又被说成是大臣天经地义的道德操守，那么一个亦臣亦子的人，他如何处理君主与父亲之间的“地位矛盾”？三纲中君为臣纲、父为子纲、夫为妇纲，作为一个至高无上的君主，他如何解决在大一统的政治体制下君权与父权之间的“权力矛盾”？忠君与孝亲如果发生冲突的时候，臣子应该如何去做出抉择？为了协调忠君与孝亲在皇帝体制下所可能发生的矛盾，遂有《孝经》的出现。

《孝经》是儒家专讲孝道的一部书。虽然是书的作者问题，历

---

① 《春秋繁露》卷十《五行对》，第8页下。

② 《春秋繁露》卷十二《天道无二》篇云：“心止于一中者，谓之忠；持二中者，谓之患。患，人之中不一者也。不一者故患之所由生也，是故君子贱二而贵一。”第4页上—下。

③ 萧公权《中国政治思想史》第3册，台北：华冈出版公司，1971年，第293页。

来众说纷纭，但从内容和结构上看，应是汉初儒家所编撰[①]。《孝经》在汉代有极高的地位，被列为七经之一，到宋代又被列为十三经之一。班固把它与《春秋》并列，郑玄的《孝经序》则说《孝经》是"三才之经纬，五行之纲纪"。汉代帝皇也大力推行孝道，在汉时"孝弟力田"者，皆受奖励，又有"察举孝廉"之法，作为政府选拔人才的定制。更者，汉代诸帝谥号，均冠上孝字，这都可见汉代官方对孝的重视。《孝经》的出现和官方宣扬孝道的目的，是实行"孝治"，换句话说，即是孝道的政治化。《孝经》共十八章，卷首《开宗明义章》即说：

> 夫孝，德之本也，教之所由生也。……身体发肤，受之父母，不敢毁伤，孝之始也。立身行道，扬名后世，以显父母，孝之终也。夫孝，始于事亲，中于事君，终于立身。[②]

---

① 历来学者对《孝经》的作者及成书年代说法不一，有认为是孔子所作，有认为是曾子所作，有认为是七十子之徒所作，但宋人一般认为《孝经》是后来的作品，司马光、胡寅、晁公武等皆认为系曾子门人所编录，汪应巧、朱熹等则认为是汉儒所伪作。从《孝经》的内容来看，其范围之广和对孝的界定，已超出了孔孟时代的观点，所以成书年代应不早于战国末期。关于这方面的讨论参阅冯友兰《中国哲学史新编》第二册，北京：人民出版社，1964年，第56—61页；郑志慧《儒家孝道思想研究——秦汉之际及其前期》，第79—83页；徐复观《中国孝道思想的形成、演变及其在历史中的诸问题》，载徐著《中国思想史论集》，台北：学生书局，1975年，第155—200页；何子煌《孝经的研究》，新加坡：新加坡亚洲研究学会，1984年，第13—44页。

② 《孝经》第一，《四部丛刊》初编本，上海商务印书馆据建德周氏藏宋刻本重景，第1页上—下。

《孝经》开始即提出“孝”为一切道德的根本，认为人之行为莫大于孝。孝本来是家族伦理观念，但从以上引文对孝所下的界定，“孝之始”和“孝之终”所涵盖的范围，孝作为一种伦理观念，已经从家族伦理扩展到政治伦理。至此，事君也算是尽孝道，而且是比事亲更近一步。这样的界定，以始、终来尽孝道，目的在哪里？唐玄宗《孝经注》说：“行孝，以事亲为始，事君为中，忠孝道著，乃能扬名荣亲，故曰终于立身也。”司马光《孝经解》又说：“明孝非直亲而已。”[①]显然，《孝经》是要指出事亲并不算达到“孝”的全部要求，事亲只是孝道的开始，通过事君，扬名声、显父母，才算是完成孝道。《孝经》把事君也纳入孝的范畴，是希望协调君权与父权之间的矛盾，稳定社会秩序，巩固皇权统治，故《孝经》说：

> 资于事父，以事母，而爱同；资于事父，以事君，而敬同。故母取其爱，而君取其敬，兼之者父也。故以孝事君则忠，以敬事长则顺。忠顺不失，以事其上，然后能保其禄位，而守其祭祀，盖士之孝也。[②]

作为一个士，他有两重身份：亦子亦臣。父是家庭的最高主宰，子要服从父；君是国家的最高主宰，臣要服从君。现在《孝经》说对母的爱与对父的爱相同，对父的敬与对君的敬相同，是把“孝”和“忠”联系起来，也就是把父权和君权联系起来，把族权

① （唐）唐玄宗注，（宋）司马光解《孝经注解》，见徐乾学《通志堂经解》，清康熙十九年（1680）刻本，第2页上。

② 《孝经》第五《士章》，第3页下—4页上。

和政权联系起来[①]。这种联系使家族伦理和国家伦理等同起来，以往对等的君臣关系，现在变成了单方面的孝道的一部分，事亲和忠君说成是孝道的两个层面，这无疑是把“孝”的范围扩大，把“忠”的地位提高，使孝道涵盖尽忠尽孝，以达到忠与孝两全其美的理想。这个使忠与孝结合的过程，就是孝道政治化的过程，而其方法，是“移孝作忠”。《孝经》说：

> 君子之事亲孝，故忠可移于君。事兄悌，故顺可移于长。君家理，故治可移于官。是以行成于内，而名立于后世矣。[②]

因为忠孝是一体的，故尽孝的美德，可移作效忠于国君。“移孝作忠”的举动有两重的意义：一是以孝亲的态度去对待君主，即唐玄宗所注：“以孝事君则忠。”[③]这个发展不单是“孝”的内涵改变了，君臣间“忠”的界定也因之而改变。二是视忠为孝的延伸。在家则孝亲，既出为士则忠君，忠君是完成孝道的第二个阶段，而作为臣子，尽忠即尽孝，这意味着在某些情况下，“忠”可以代指“孝”，当忠君和孝亲之间有冲突时，大臣尽忠事君也算是尽了孝道。

孝道的政治化标志着儒家忠孝观念从先秦过渡到大一统体制的

---

① 关于《孝经》通过氏族道德的孝，以族权作为巩固封建社会的支柱的观点，参阅冯友兰《中国哲学史新论》第2册，第58—60页。《孝经》倡导孝的政治意义，亦可参考沈善洪、王凤贤《中国伦理学说史》上册，杭州：浙江人民出版社，1985年，第377—382页。

② 《孝经》第十四《广扬名章》，第11页上—下。

③ 《孝经注解》，第16页下。

发展。政治上宣扬与推广孝道，将会使孝道僵化变质，渐次注重纯外在行为而遗落其内在的德行自觉，徒为一形式躯壳，丧失了孝的本义[①]。这个发展当然是要使孝道为政治服务，同时并强化忠的观念，把忠纳入孝道的范畴，成为个人自我完善的内容和天经地义的事，从而解决了忠孝可能发生的矛盾。此举当然也丧失了忠的本义，但在官方来说，这却是一石二鸟的办法。

四、绵寯《孝经立本》的编撰背景

《孝经立本》为阮朝（1802—1907）皇子绵寯所编撰。绵寯，字彦叔，又称彦之，号雅庄、松园，封盛国公，生卒年不详。是书为绵寯对《孝经》的诠释和评论。目前所见为绵寯松园存板刊本，藏越南河内汉喃研究院。绵寯另有《孝经》相关著作三种：其一为《孝史略诠》，越南阮朝同庆丁亥年（1887）绵寯五兄绵贞序刊本，内容为越南及中国历史中一百零八个孝道的故事，分成帝王、皇亲、公主、儒生、长者、智者、士夫、妇女、儿童等目，书末附作者跋及郑德怀、阮有慎奏文；其二为《孝经国音演义歌》，绵寯编撰，苇野、杨维德评论，卷前有范有仪序，内容为《孝经》的六八体喃文译本；其三为《孝史国音歌》，绵寯编撰，绥理公审定，督学陈仲书评议，内容为《孝史略诠》的六八体喃文译本。

考越南汉喃研究院所藏越南儒学古籍中，有关《孝经》的著作

① 孝道的政治化对“孝”的本质的影响可参阅曾昭旭《骨肉相亲，志业相承——孝道观念的发展》，载黄俊杰编《天道与人道》，台北：联经出版事业公司，1928年，第209—241页。

极少，除绵寯的几部《孝经》诠释及喃译作品外，其他则只有陈文熷喃译《孝经译义》（1918年刊本）和喃文译本《孝经释义》。汉喃研究院还收藏有越南重刊的《孝经译说阐义》《孝经集注》《忠经孝经节要》三种[①]。

《孝经立本》，不分卷，亦可以视为《孝经》的注释本。卷前有越南名儒太史范有仪的序，反映该书的要旨：

是书诠定精密，多发前贤所未发，表彰先圣，开牖后学，可谓孔子功臣。至释孝终立身，而无复言行道，谓修立其身为本，正如《大学》只言修身为本，而无复言齐家治国平天下。夫然后尊卑穷达，一皆可学可行，方无偏弊之病等语，详覆看来，若合符节。注中此语，更觉铮铮，得未曾有。是为全经本旨，宜称书名孝经立本。[②]

范有仪对《孝经立本》可谓推崇备至。但这并不一定是客套话，细读是书的内容，也许会有同感。绵寯《孝经立本自序》对其书的立场，有明确的交待。他说：

夫孝，天之经也，《孝经》于是乎名，而五经因之始得经名焉。且孝，德之本也。君子务本，本立而道生焉。故五经载

① 有关资料，可参考The Institute of Han—Nom Studies & Harvard—Yenching Institute, Nho Giao Viet Nam: *A Bibliography on Confucianism in Vietnam*（越南儒教书目）, Hanoi: Social Sciences Publishing House, 2007.

② ［越］绵寯《孝经立本》序，越南《盛国公文钞》本，第1页上—下。

道之书，总以《孝经》为本，而《孝经》又必以立身为本，则人人皆所当知者也。

绵寯认为孝是德之本，而孝又以立身为本，是每个人都应当知道的。但他慨叹越南自丁朝、李朝、陈朝、黎朝以来，未闻讲学应试，“致令士子舍本逐末，驰骛空文”。直至阮朝圣祖（年号明命，1820—1840）时，始开会试和廷试以遴选进士，推动儒学，并“敕诸皇子师傅，首讲《孝经》，而继以四书及诸经史”。绵寯亦在这样的情况下，得以受《孝经》的熏陶。但他指出，当时只有明人陈士贤的《孝经》注本，内容踳驳，及得元人吴澄（1249—1333）的注本，乃知陈注有所参考，而其误解经义者间有相同。由是绵寯从书坊商舶中广为访购，发现“历观古今注疏，溯自汉唐，以致宋元明清，代有其人，但求其繁不支离，略不缺失，而表章秘旨，亲切贯通的为善本者，实觉未有其书也”。所以，他才有是书的编撰。绵寯在序中提及《孝经立本》对前人诸注的一个不同的看法：

浅拟《孝经》本同《大学》。而诸注有云：若行孝道不至扬名显亲，未得为立身。（宋邢氏、元吴氏、明吕氏诸注同）又云立身行道非两事（吕氏又注），又云立身者，忠孝两全（明陈氏注），又云非行道亦无以立身事亲（清李氏注）。按此诸说明，谓必先行道扬名，而后乃得为立身者，恐误。盖先有立身之实，不期名而名扬。后世何可先求名，不务其实，先行道始为立身耶？且忠孝一理，从辰竭力，致身终竟，立身本本，而行道有遇不遇焉。自古不遇之辰，甘心求志，不行其道，不成乎名。（《周易》）有莫我知之嗟。（《孔子世家》）不求人知之节。（《曾子传》）洎于居易俟命。（子思《中庸》）独善其身。（孟子）与夫王事靡盬，不遑将父将母，有如王阳畏途，只为孝子，王尊叱驭，独作忠臣。亦谓此等圣贤，未能两全，未能行道扬名，则皆未得为立身之孝者耶？不敏心窃为之不平，想此必非经旨。盖圣贤为己之学不暇求全，苛责于人。若使先为名利，即干禄沽名，得以欺心，藉口而怀宝韫玉，亦将枉己从人，则歧路一差，毫厘千里，岂为小小云乎哉？[①]

关于立身行道、扬名显亲的问题，历来被视为儒家解决忠孝不两全的关键，绵寯的解读自然与过去中国大儒的看法有所出入。绵寯指出其《孝经立本》的成书过程：

愚宁好辨哉？乃自下帷攻苦，俯诵仰思，每有所悟，则中夜而兴，当食索笔，经营惨淡。年月遂多，一旦仿若有得其要领肯綮，而似可缘督以为经者，逐取今文《孝经》而注释之。（其正文取明皇今文本，其注释则自揣撰）其或从古注及采嘉言者，则表出之，不藏人善也。其诸注疏未详与舛误者，则考证经史百家。间尝伸己意见而发明改正之，必得心安而后已。所愿脉络畅通，圣道复著。深恐一字一句或有未稳，则必至自误误人。而手加改定凡四五易草。虽所注无甚瑰奇，无他文饬，顾是半生心力，全副精神，今十年来矣。[②]

① ［越］绵寯《孝经立本》，第1页下—2页上。

② ［越］绵寯《孝经立本》，第2页下—3页上。

绵寯花了十年的时间去编撰《孝经立本》，目的是不满于过去中国学者对《孝经》的诠释，他认为过去儒家谓必先行道扬名而后乃得为立身者，是错误的看法。应该先有立身之实，不期名而名扬于世，怎可以先求名、不务实、先行道始为立身？绵寯的立场，在书中的各章节中有进一步的诠释。

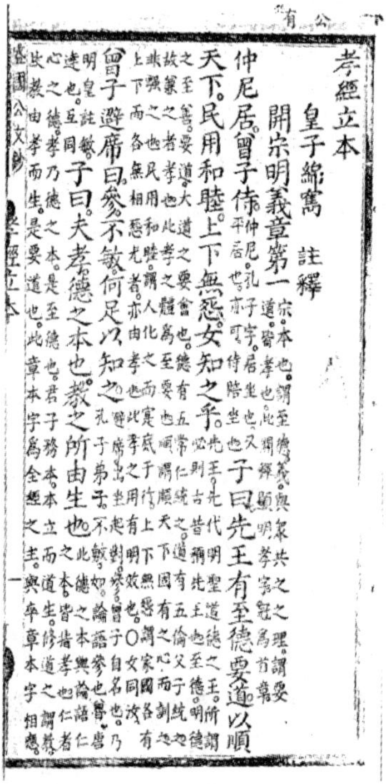
孝經立本
皇子綿寯 註釋
開宗明義章第一
仲尼居。曾子侍。子曰。先王有至德要道。以順天下。民用和睦。上下無怨。女知之乎。曾子避席曰。參不敏。何足以知之。子曰。夫孝。德之本也。教之所由生也。

《孝经立本》页首

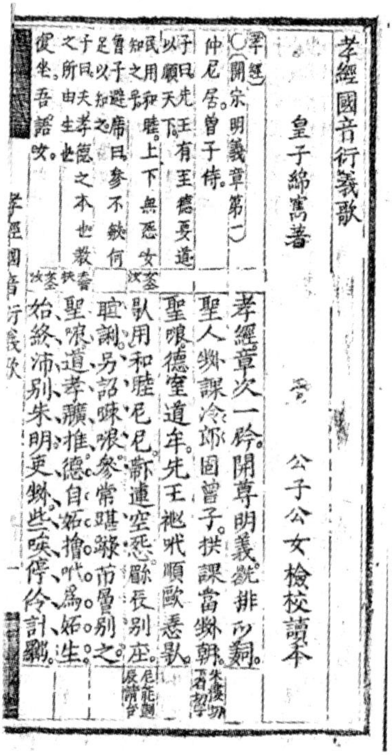
孝經國音衍義歌
皇子綿寯著
公子公女檢校讀本
孝經 開宗明義章第一
仲尼居。曾子侍。
子曰。先王有至德要道。以順天下。民用和睦。上下無怨。女知之乎。
曾子避席曰。參不敏。何足以知之。
子曰。夫孝。德之本也。教之所由生也。復坐。吾語汝。

《孝经国音衍义歌》卷首

五、《孝经》之本的新诠释

《孝经立本》，顾名思义，就是追溯《孝经》的根本和核心。绵寯特别强调认识《孝经》之“本”的重要性。《孝经》第一《开宗明义章》说：“子曰：夫孝，德之本也。教之所由生也。”《孝经立本》的注释说：“此德之本与《论语》仁之本皆指孝也。仁者，心之德；孝乃德之本，是至德也。君子务本，本立而道生。修道之谓教，故教由孝而生，是要道也。此章本字为全经之主，与卒章本字相应。”

《孝经》中有多处涉及孝道对于事亲和事君的矛盾，我们可以将有关章节胪列，以了解《孝经立本》对该问题的立场。

其一，《孝经》第一《开宗明义章》：

> 身体发肤，受之父母，不敢毁伤，孝之本也。立身行道，扬名于后世以显父母，孝之终也。夫孝，始于事亲，中于事君，终于立身。

此句牵涉事亲和事君的矛盾，往往被认为是孝道被政治化的关键。《孝经立本》的注释说：

> 向上若能兼之，固为孝。然有所重者在。倘从所遇或不能兼，则取重舍轻，亦已足为孝矣。夫先不敢毁伤亲之遗体者，宁是无为但守其身之谓与。必首于处家，则重在事亲；中于从政，则重在事君。而竭力致身其重，有甚于守身也者。故此不

复兼言不毁伤矣。根在修德，则重在修立其身为本，是已足为孝矣。至如得行其道以经济治平，则有命在。虽孔孟无意必也。或道不行，则欲浮海遁世，不愠无闷，是舍之则藏独善其身，所以重在立己，确乎其不可拔而已。故此只言终于立身，而不复兼言行道。正如《大学》只言修身为本，而不复兼言齐家治国平天下，夫然后尊卑穷达，壹皆可学可行，方无偏弊之病，此全经本旨也。①

明显看来，立身比行道更为重要。作者更加了按语："按旧注诸家，皆未发明此义，似失经旨，是类颇饶。绵寯不敢以不敏辞，而无表章圣人深意。"②

其二，《孝经》第五《士章》说：

资于事父，以事母，而爱同；资于事父，以事君，而敬同。故母取其爱，而君取其敬，兼之者父也。故以孝事君则忠，以敬事长则顺。忠顺不失，以事其上，然后能保其禄位，而守其祭祀，盖士之孝也。

这里同样牵涉事君与事父、忠与孝的问题。《孝经立本》的注释说：

资，凭借也。言凭借于事父已有爱敬之心，以事母则此爱

---

① ［越］绵寯《孝经立本》，第1页下。

② ［越］绵寯《孝经立本》，第1页下—2页上。

同，以事君则此敬同。故事母取此爱，爱偏所亲，胜于敬也。事君取此敬，敬偏所尊，胜于爱也。若亲尊并至，爱敬兼隆，则唯事父耳。此乃全充孝量而不偏胜，方为尽孝也。故以此尽孝而事君则忠，不独偏敬而已。以此诚敬而事长则顺，不徒虚长而已。①

绵寯的按语指出，《孝经》旧注皆将“资”解释为“取”，他并不苟同。他说：“愚谓不独与下句取自重混，而其义已说欠通。今改凭借之义，以合经旨。”他也引应氏解《礼记》“先资其言。资，凭借也”，以为旁证。

其三，《孝经》第十四《广扬名章》说：

子曰：君子之事亲孝，故忠可移于君。事兄悌，故顺可移于长。居家理，故治可移于官。是以行成于内，而名立于后世矣。

《孝经立本》的注释说：

孝者，所以事君。移孝作忠，其则不远，至其悌顺理治亦然。故必行成一身之内，而自名立百世之后云。绵寯尝谓：声闻过情，不如躬践实行。为善自知犹耳鸣，自得犹吃饭，何求人知？故不愠人之不扬己名，而患己之不扬人名。子曰：虽有国士之力，不能自举其身。入而行不修身之罪，出而名不章发

① ［越］绵寯《孝经立本》，第3页下。

之过。愚思举世，宁乏圣贤，虽先未遇审音，意后必逢知己。故孔、曾、程、朱，一辰纵无荣用，而奕业自有尊荣，所以必言后世也。[1]

绵寯没有反对以孝事君，或移孝做忠的提法，但必须要躬行实践，先立身行成，然后立名于后世。而且，立名不求时人的颂扬，而是由后人来评价。

反观汉儒为配合帝制发展，对诠释和协调忠孝二伦所做的努力，基本上奠定了忠孝观念以后在中国的发展。随着专制政治的日趋严重，“忠”的观念更加受到官方的大力推崇，相对之下，“孝”的观念遂黯然失色。例如唐代武则天（624—705）所撰的《臣轨》，便特别提到忠孝的问题：

古语云：欲求忠臣，出于孝子之门。非夫纯孝者，则不能立大忠。夫纯孝者，则能以大义修身，知立行之本。欲尊其亲，必先尊于君。欲安其家，必先安于国。故古之忠臣，先其君而后其亲，先其国而后其家。何则？君者，亲之本也，亲非君而不存；国者，家之基也，家非国而不立。[2]

这里要强调的是亲由君而得存，家因国而得立，故先君而后亲，先国而后家。换句话说，就是君尊而亲卑，先忠而后孝。而

---

① ［越］绵寯《孝经立本》，第8页上—下。

② （唐）武则天《臣轨》，东方学会1924年据日本1669年刊本重印，第5页上。

“忠”作为政治道德伦理，其内涵已由对国家人民的“公忠”变成对君主个人的“私忠”。

中国古代的专制政体发展至宋代近于完成，至明代而达到高峰。宋代因本身积弱，常年受外族的侵略，加以君主独裁，所以特别强调“忠”的重要性。当时最有代表性的忠君作品是拟《孝经》而作的《忠经》，伪托为汉马融撰、郑玄注，近人称为“专制天下最乐观之理想”①。《忠经》大抵撰于北宋初年，其文仿《孝经》为十八章，又因为模仿《孝经》，所以许多地方涉及忠与孝的关系，可以说是忠孝观念经汉、唐以后的延续。明代专制政治更为严重，皇权的高涨为历史所未有②。明朝成祖曾经编撰《孝顺事实》十卷，宣扬孝道思想，他在《御制孝顺事实序》中歌颂孝道的重要，指出：“朕惟天经地义，莫尊乎亲，降衷秉彝莫先于孝。故孝者，百行之本，万善之原，大足以动天地，感鬼神；微足以化强暴，格鸟兽，孚草木。是皆出于天理民彝之自然，非有所矫揉而为之者也。”③但他的书中到处都强调《孝经》中“移孝作忠”的道理。如卷六中谈及任敬臣的故事，成祖的评论说：

---

① 萧公权《中国政治思想史》第4册，第506页。

② 近化史家一致认为明代是中国专制政治的最高峰，这方面的讨论可参考：钱穆《国史大纲》，上海国立编译馆，1948年，第474—504页；徐道邻《明太祖与中国专制政治》，《清华学报》第8卷第1&2期，1970年，第350—372页；F. W. Mote, See C. Ylee, “Ming Dynasty 1368—1644”, In Encylo pedia of Empire, edit John Melton，pp.1—13. “*The Growth of Chinese Despotism*”，Oriens Extremus, Jahrgang 8 (1961), pp.1—41。

③ 明成祖《孝顺事实》，明刘节重刊本，第2页上。

古之所谓孝者，不独生事死哀而已，贵乎有以成其亲之令名。盖生事死哀，固可谓孝矣，若读书立行，移孝为忠，以显荣于世，使人因其美而推本其父母之贤，曰："幸哉！有子如此。"此谓成亲之令名，孝之大者也。[①]

在谈及崔玄暐的故事时，成祖又说："《经》云：事亲孝，故忠可移于君。盖忠孝非二道，能孝于亲，必能忠于君。"[②]这些观点，反映了传统上对孝道的根深蒂固观念。相对而言，绵寯皇子对《孝经》的诠释更靠近先秦儒家对孝道的解读。

六、结语

《孝经立本》对《孝经》的最后一句"生事爱敬，死事哀戚，生民之本尽矣，死生之义备矣，孝子之事亲终矣"，有精辟的分析，反映其对全书大旨的发挥：

此章本字，为全经之主，与首章本字相应。夫天地之大德曰生，而孝为德之本，故为生人之本皆在是矣。盖何事父母得安其老寿之天年，是孝者固已为孝也。而俯育妻子仍各得遂其

① 明成祖《孝顺事实》卷六，第5页上。

② 明成祖《孝顺事实》卷六，第9页上。有关明成祖对孝道的诠释，可参考Lee Cheuk Yin, Emperor Chengzu and imperial filial piety of the Ming dynasty: From the *Classic of Filial Piety to the Biographical Accounts of Filial Piety*, in Alan Chan & Sor—hoon Tan eds.,*Filial Piety in Chinese Thought and History,* pp.141—153.

生长之至理，是和慈者亦皆为孝也。何耶？曰：孔子尝云：妻也者，亲之王也，敢不敬欤？子也者，亲之后也，敢不敬欤？是以幼得壮以长，老得少以养；死得生以藏。万世人类得以繁盛永遂其生，不至夭折弃捐也。孝之体用大矣哉！故生人之本尽在是矣。[①]

从“本”到“体用”，绵寯对于孝道的诠释，特别重视其核心的理念。以体用的观念来理解《孝经》，更见其本的重要。他也指出《孝经》全书的首尾相应之处：“首章言始于事亲，而此章言事亲终矣，何耶？则此章专言丧亲，故为事亲之终，为事亲之完局耳。且言有尽而味无穷，与《周易》不终于既济而终于未济者何异？矧举事亲以叮咛加勉，是要终立身，如原始于事亲矣。学者口诵心推，身体力行，必也久当自知全书本旨。”[②]

忠孝二伦曾经是稳定中国政治和家庭关系的要素，其价值在于二伦的伦理内涵，不是二者为政治服务的作用。中国古代政府强化“忠”的观念，并巧妙地推行孝道以期达到政治目的，都曾经歪曲了二伦的原意。近人认为自汉人伪造《孝经》，把孝道说成是众德之本后，就流入了 “泛孝主义”，使后来历史上的孝道变成维护专制的工具[③]。这是孝道观念政治化以后所产生的流弊。撇开后来的政治作用不谈，忠、孝二伦在社会上所分别担当的角色是不应该忽略的。

---

① ［越］绵寯《孝经立本》，第11页下—12页上。

② ［越］绵寯《孝经立本》，第12页上。

③ 参阅韦政通《传统与现代化》，台北：水牛出版社，1968年，第14—18页。

先秦儒家所了解的忠是对等的，不是绝对的。当君不成其为君时，臣就不必再忠。“忠”绝对化以后，遂变成如唐太宗所说：“君虽不君，臣不可以不臣。”[①]其影响使“忠”失去其理智性而流于盲目，甚至把“忠君爱国”视为合理的一体。殊不知忠君并不一定便是爱国，爱国也不一定要忠君。其结果只会是“愚忠”。近人认为专制政治的“忠”其实已经渐渐疏离于儒家而法家化[②]。传统上对《孝经》的诠释，难免受到官方思想的约束，遂致孝道思想成为忠君理想的附庸，孝道流于政治化的事实。越南绵寯皇子的《孝经立本》为《孝经》提供了一个新的诠释方法，尝试摆脱孝道受政治主导的影响，使孝道回归儒家之“本”。

---

① （后晋）刘昫等《旧唐书》卷二《太宗本纪上》，北京：中华书局，1975年，第34页。

② 儒家君臣观念的法家化可参阅林丽雪，第51页。压制孝道的举动也许亦是受法家的影响。法家认为忠孝是绝对对立的两端，故否定儒家忠臣孝子的观念。详参韩非子《忠孝篇》，见《韩非子集释》卷二十，上海：上海人民出版社，1974年，第1107—1118页。关于这一问题的讨论，尚可参考孙家洲《先秦儒家与法家忠孝伦理思想述评》，《贵州社会科学》1987年第4期，第44—49页。

现存最早的越南古代史籍

——《大越史略》若干问题的再探讨

成思佳[①]

《大越史略》是已知现存最早的越南古代编年史[②]。由于种种原因，该书成书不久便在越南散佚，后世史家甚至没来得及对该书加以著录。所幸的是，《大越史略》却在中国保存下来，因此最早关注该书的是中国古代学者。他们对该书的研究主要集中在两方面：其一，对《大越史略》的保存、传抄和著录。自《大越史略》传入中国后，不少文人都对其加以收藏、传抄，以至于明清两代不少书目都对其有所著录，其中以明杨士奇等编《文渊阁书目》[③]为最早。其二，对《大越史略》进行整理和校勘。如乾隆时将《大越史略》收入

① 作者单位：郑州大学马克思主义学院、越南研究所。文原刊《中国典籍与文化》2017年第3期。

② 参见［越］陶维英著，钟民岩译《越南历代疆域》，北京：商务印书馆，1973年，第7页。

③ 参见（明）杨士奇等《文渊阁书目》卷六，上海：商务印书馆，1935年，第77页。

《四库全书》，并对该书进行了整理和校勘，甚至对其作者及成书时间也有所考证。近代以来，较早关注该书的是法国汉学界，如卡迪埃尔[①]（Léopold Cadière）和伯希和（Paul Pelliot）早在1904年就联名发表《关于安南历史的安南史料初探》，其中提及《大越史略》[②]。此后，学界关于该书的研究成果层出不穷，代表性的有：山本达郎的《越史略与大越史记》[③]、陈文玾《汉喃书籍考》中对《大越史略》的考述[④]及陈荆和的《〈大越史略〉——它的内容与编者》[⑤]等。

但是，近代以来学界所考察的《大越史略》，均是源自四库馆臣改订的版本，如据《四库全书总目》（以下简称《总目》）可知，

---

① 列奥波尔德·卡迪埃尔（1869—1955），法国巴黎外方传教会的传教士，法国远东学院通讯成员之一。他于1882年到达越南，在越南传教60多年，有大量关于越南历史、文化和语言的著述，被誉为20世纪上半叶法国最优秀的越南学家。另外，关于卡迪埃尔的中文名，中国学术界有多种译法，如戴可来先生将其译为卡迪埃，参见《越南历代疆域》，第5页；而冯承钧先生则将其译为迦节，参见冯承钧《安南书录》，载于冯承钧《西域南海史地考证论著汇辑》，北京：中华书局，1957年，第225页。

② 参见Cadière Léopold and Pelliot Paul, Première étude sur les sources annamites de l'histoire d'Annam, *Bulletin de l'Ecole française d'Extrême—Orient*, Tome 4, 1904, tr.617—671.

③ 参见［日］山本达郎《越史略と大越史記》，《東洋学報》1950年第32卷第4期，第433—456页。

④ 参见Trần Văn Giáp, *Tìm hiểu kho sách Hán Nôm*, tập 1, Nhà xuất bản Văn Hóa, Hà Nội, 1984，tr.189—194.

⑤ 参见陈荆和著，李塔娜译，郭胜华校《〈大越史略〉——它的内容与编者》，《中国东南亚研究会通讯》1983年第3—4期，第42—49页，亦可参见［越］佚名著，陈荆和编校《大越史略》，創価大学アジア研究所，1987年，第5—22页。

“此书原题《大越史略》”[①]，而四库馆臣可能以其称国号为“大越”，实僭越之举，故削去“大”字，改为《越史略》。由于《大越史略》为越人所著，类似的僭越之处可能还有很多，也很可能为四库馆臣所修订，而如此就在一定程度上破坏了该书原貌，不利于了解《大越史略》及其背后蕴含的历史信息。因此，若能找到《四库全书》所收《越史略》（以下称四库本《越史略》）的底本或未被四库馆臣修订的版本，将会有助于该书及越南古史的研究。近期，我们在北京师范大学图书馆查阅到了一个题为《大越史略》的清代抄本（以下称清抄本《大越史略》），通过与四库本《越史略》对比可以确定，该本当是未被四库馆臣所修订的《大越史略》版本。本文拟利用此新发现抄本，对《大越史略》的若干基本问题进行再探讨，以期对该书及中越历史得到一些新的认识。

一、《大越史略》的版本与流传

《大越史略》在中国流传的过程中形成了多个不同版本，这些版本大致可分为两大系统：其一，题为《越史略》的版本；其二，题为《大越史略》的版本。前者指经四库馆臣修订的四库本《越史略》，或在四库本基础上进一步整理而成的他本，后者则指未经四库馆臣修订的、保留更多《大越史略》原貌的版本。

---

① （清）永瑢等《四库全书总目》卷六十六，北京：中华书局，1965年，第589页。

（一）题为《越史略》的版本

据《四库全书总目》可知，编撰《四库全书》时，曾收到《大越史略》一部[①]。后来，四库馆臣对该书进行了整理和修订，将其更名为《越史略》收入《四库全书》中，由此形成了最早的题为《越史略》的该书版本。除了最早的四库本《越史略》外，题为《越史略》的版本主要还有以下两种：

其一，是彭元瑞[②]抄录的题为《越史略》的版本（以下简称彭氏抄本《越史略》）。该本现藏北京大学，一册三卷，版心有“知圣道斋抄校书籍”字样[③]。通过对比，该本内容与四库本一致，所不同者仅是多了彭氏所撰跋文一篇[④]，由于此跋中并未提及抄录原因，因此仅能推测该书是彭氏编撰《四库全书》时抄录的四库本《越史略》。

其二，是钱熙祚于道光年间编辑《守山阁丛书》所收《越史略》刻本（以下简称守山阁本《越史略》）。与四库本《越史略》相比，守山阁本的书名、所收《四库全书》提要和正文均与四库本一

① 参见《四库全书总目》卷六十六，第589页。

② （清）彭元瑞（1731—1803），字掌仍，号云楣，清代著名藏书家、目录学家，乾隆时期大臣，参加《四库全书》的编撰工作，曾任四库全书馆副总裁，借此机缘抄录和收藏了不少《四库全书》所收书籍。

③ ［越］佚名《越史略》，北京大学图书馆藏抄本，典藏号：LSB/2033。

④ 彭元瑞此跋篇幅很短，并未述及抄录该书之缘由，仅简述越南历史沿革，并通过《安南志略》记述推定此书是越南陈人所著，此跋亦收入彭氏所撰《知圣道斋读书跋》中，参见（清）彭元瑞《知圣道斋读书跋》，上海：商务印书馆，1936年，第17页。

致，且在卷一首页有“四库全书原本”字样[①]。由此看来，守山阁本《越史略》当是钱氏以四库本为底本整理而成的。与四库本相比，守山阁本《越史略》也发生了一些变化：第一，四库本《越史略》原分上、中、下三卷，守山阁本则改为一、二、三卷；第二，是对四库本中的一些词句和用典进行了考订，如四库本有“象休蛮区怜反”的记载[②]，而钱氏则据中国正史改“休”为“林”[③]。钱氏这种严谨治学的态度得到了后世认可，其守山阁本《越史略》也被奉为善本，曾数次重刊和影印，如光绪年间曾重刊《守山阁丛书》，便有《越史略》一种[④]；而同时期出版的《皇朝藩属舆地丛书》所收的《越史略》亦据守山阁本影印[⑤]。

其三，民国时期王云五主编《丛书集成初编》所收题为《越史略》的版本（以下简称丛书集成本《越史略》）。该本由董文渊据“守山阁丛书本”点校而成[⑥]，与守山阁本内容一致，是学界常用的版本之一。中华人民共和国成立后，中华书局于1985年还对其进行了重刊[⑦]。

---

① 参见［越］佚名《越史略》，（清）钱熙祚《守山阁丛书·史部》，清道光二十四年（1844）金山钱氏刻本。

② ［越］佚名《越史略》卷上，《影印文渊阁四库全书》第466册，台北：台湾商务印书馆，2008年，第563页。

③ ［越］佚名《越史略》卷一，《守山阁丛书·史部》。

④ 参见（清）钱熙祚《守山阁丛书·史部》，清光绪十五年（1889）上海鸿文书局石印本。

⑤ 参见（清）文瑞楼主《皇朝藩属舆地丛书》第一集，清光绪二十九年（1903）上海书局石印本。

⑥ 参见［越］佚名《越史略》，上海：商务印书馆，1936年。

⑦ 参见［越］佚名《越史略》，北京：中华书局，1985年。

最后，陈荆和于1987年在日本出版的题为《大越史略》的版本（以下简称陈本《大越史略》）。该本虽题为《大越史略》，却是以丛书集成本《越史略》为底本，参以四库本、守山阁本《越史略》校合而成的[①]，并未参考未经四库馆臣修订的《大越史略》版本。因此，该本仍属在四库本基础上进一步整理而成的他本《越史略》，故而在此将其列为题为《越史略》的版本。当然，陈本也有其价值所在，其最大贡献就在于他将诸本《大越史略》进行对校的同时，还将《大越史略》与《安南志略》《大越史记全书》《钦定越史通鉴纲目》等越南史籍进行对比互订[②]，为理清《大越史略》与以上诸书的关系奠定了基础。

（二）题为《大越史略》的版本

除上述诸本外，中国尚有未经四库馆臣修订的题为《大越史略》的版本存在和流传。如前所述，关于此类《大越史略》的最早记载当为成书于明正统年间的《文渊阁书目》，有"《大越史略》，一部两册"[③]的记载。其后，又有黄虞稷《千顷堂书目》、万斯同《明史》对此类《大越史略》进行著录，如《千顷堂书目》载："《大越史略》三卷，上卷越纪、丁纪、黎纪，中下二卷阮纪"[④]，而万氏所

---

① 参见［越］佚名著，陈荆和编校《大越史略·校勘凡例》，創価大学アジア研究所，1987年，第23页。

② 参见《大越史略·校勘凡例》，第23页。

③ 《文渊阁书目·题本》，第 77页。

④ （清）黄虞稷《千顷堂书目》卷五，《影印文渊阁四库全书》第676册，台北：台湾商务印书馆，2008年，第133页。

记则与黄氏类似[①]。此三书后，再见题为《大越史略》的记载便到了清乾隆时《总目》所载“山东巡抚采进本”[②]，即《四库全书》所收《大越史略》底本。由以上诸书目可知，从明代到乾隆时期，在中国确有题为《大越史略》的版本流传。由于以上诸本可能均已散佚，因此其版本情况不便妄议。

目前，现存未经四库馆臣修订的题为《大越史略》的版本仅有新发现的清抄本《大越史略》[③]。该本题为《大越史略》，保留了其原书名。首页有“道光壬辰菊秋晋闻乔伯庸识于京寓之梅隐书屋”[④]字样，书后有“伯庸珍藏书画之印”[⑤]和“衡水南院乔记”[⑥]两枚印章。由此可知，此本可能是道光年间居于北京的衡水人士[⑦]乔伯庸所藏，至于乔伯庸其人可能已经失考。除保有原书名外，所以认定其是

① 参见（清）万斯同《明史》卷一百三十四，清抄本。

② 《四库全书总目》卷六十六，第589页。

③ 该清抄本《大越史略》原本现藏于北京师范大学图书馆，典藏号为：善938.21 / 354，由于该抄本现已被收入李永明主编的《北京师范大学图书馆藏稿抄本丛刊》第39册影印出版，为方便论述，本文以后所引清抄本《大越史略》之内容均出自此书。

④ ［越］佚名《大越史略》，李永明《北京师范大学图书馆藏稿抄本丛刊》第39册，北京：国家图书馆出版社，2011年，第457页。

⑤ 《大越史略》，《北京师范大学图书馆藏稿抄本丛刊》第39册，第608页。

⑥ 《大越史略》，《北京师范大学图书馆藏稿抄本丛刊》第39册，第610页。

⑦ 注：从书前题写“晋闻乔伯庸”来看，乔伯庸之籍贯应为晋闻，但晋闻地名失考，笔者未能查到，而据书后之“衡水南院乔记”推测，乔氏又可能为衡水人士，因此推测此人为衡水人，特此说明并存疑。

未经四库馆臣修订的《大越史略》版本，还有以下原因：首先，该本为一部两册，这与最早著录《大越史略》的《文渊阁书目》所载"《大越史略》，一部两册"[①]相吻合。其次，该本保有"大越史略目录"，为现存他本所无，且目录中越南君主皆称皇帝，当是越人所书[②]。结合《四库全书》编撰中确有删除原书目录的情况[③]，因此推测四库本《越史略》底本可能也有目录，但为四库馆臣所删。其三，该本还保留了越人书写本国历史的一些习惯，如其多称越南为"我州"[④]或"我府"[⑤]，而四库本多改为"交州"[⑥]；越南君主多书为"帝"或"上"，四库本则改为"王"。其四，清抄本《大越史略》不避清朝之讳。对照该书诸本可知，四库馆臣将清朝避讳引入《大越史略》，如为避乾隆名讳，改"杜弘文"[⑦]为"杜宏文"[⑧]、"古弘

① 《文渊阁书目·题本》，第77页。

② 参见《大越史略》，《北京师范大学图书馆藏稿抄本丛刊》第39册，第459—463页。

③ 如四库馆臣将明人郑若曾的《安南图说》收入《四库全书》时，就删去了《图说》所保留的明清两代的诸序文、跋文和目录，参见于向东、成思佳《郑若曾与〈安南图说〉略论》，《中国边疆史地研究》2016年第3期。

④ 《大越史略》卷上，《北京师范大学图书馆藏稿抄本丛刊》第39册，第474页。

⑤ 《大越史略》卷上，《北京师范大学图书馆藏稿抄本丛刊》第39册，第484页。

⑥ 《越史略》卷上，《影印文渊阁四库全书》第466册，第565、569页。

⑦ 《大越史略》卷上，《北京师范大学图书馆藏稿抄本丛刊》第39册，第474页。

⑧ 《越史略》卷上，《影印文渊阁四库全书》第466册，第 565页。

甲”[1]为“古宏甲”[2]等，而清抄本《大越史略》均未改订，仍书为“弘”。最后，与该书现存他本《大越史略》相比，清抄本还有一些独有记录，如越南李太祖谥号，他本《大越史略》均无，而清抄本则记“谥曰神武皇帝”[3]，与越南官修正史《大越史记全书》所载完全一致[4]。综上所述，清抄本《大越史略》确为未经四库馆臣所修订的保存较为原始的版本。

（三）《大越史略》的流传过程

由于越南古代史籍均未提及《大越史略》，因此难以获知该书在古代越南的流传情况，仅能据上述诸书目、版本对《大越史略》传入中国后的流传加以叙述。《大越史略》传入中国后，其流传大致经历了三阶段：

第一阶段始于明早期《大越史略》传入中国，终于乾隆年间其被收入《四库全书》。关于《大越史略》的传入时间已无从考证，据《文渊阁书目》可知，该书至少在永乐十九年（1421）就已被明中央政府收藏，长期存放南京，后移送北京[5]。这一时期，由于《大越史略》未经四库馆臣改订，可能主要以题为《大越史略》的版本流传，

---

① 《大越史略》卷上，《北京师范大学图书馆藏稿抄本丛刊》第39册，第566页。

② 《越史略》卷上，《影印文渊阁四库全书》第466册，第603页。

③ 《大越史略》卷中，《北京师范大学图书馆藏稿抄本丛刊》第39册，第508页。

④ ［越］吴士连等著，陈荆和校注《大越史记全书》（上）本纪卷三，东京：东京大学东洋文化研究所附属东洋学中心刊行委员会，1984年，第220页。

⑤ 参见《文渊阁书目·题本》，第1页。

以至于之前提到《文渊阁书目》等诸书相继对其进行著录，到编撰《四库全书》时还能从民间收到题为《大越史略》的版本，即《总目》载“山东巡抚采进本”。可惜的是，这一时期流传的《大越史略》可能均已散佚，其版本情况不为今人所知。

自《四库全书》编成，到19世纪末20世纪初为《大越史略》流传的第二阶段。这一时期，该书可能仍在中国流传，而不为当时越南或他国所知，如成书于1881年[①]的越南官修正史《钦定越史通鉴纲目》以参引中越史籍见长[②]，却从未提及《大越史略》或引述其内容。除了题为《大越史略》的版本在中国继续流传外（如清抄本《大越史略》），由于《大越史略》被收入《四库全书》，使得题为《越史略》的版本开始出现并在流传过程中又形成了多个版本，如彭氏抄本、守山阁本《大越史略》等。与题为《大越史略》的版本相比，题为《越史略》版本主要发生了几点变化：其一，改《大越史略》为《越史略》；其二，删去原书目录；其三，对《大越史略》原文进行整理与考订，如之前提及的四库馆臣对其僭越之处的修订、钱氏对其词句和用典的考订等；最后，引入清人避讳习惯，如前提及的避乾隆之名讳。

自19世纪末20世纪初至今，是为流传的第三阶段。此时，《大

① 据《越南汉喃文献目录提要》所载，《钦定越史通鉴纲目》完成于越南阮朝嗣德三十四年（1881），恰好在中法战争爆发的前夕，参见刘春银、王小盾、［越］陈义《越南汉喃文献目录提要》，台北：“中央研究院”中国文哲研究所，2002年，第36页。

② 关于《钦定越史通鉴纲目》所引述之中越史籍概况，可分别参见金旭东《〈钦定越史通鉴纲目〉评介》，《东南亚》1985年第3期；武尚清《〈钦定越史通鉴纲目〉评介》，《史学史研究》1998年第4期。

越史略》的流传有两大特点：其一，先前形成的诸版本继续在中国流传，且题为《越史略》的版本之影响日益扩大，又产生了一些新版本，如丛书集成本《越史略》、中央编译出版社影印之四库本《越史略》[①]等。其二，题为《越史略》的版本开始从中国向海外流传，甚至在国外形成了一些新版本。就海外而言，法国汉学界最早关注该书，早在1904年卡迪埃尔、伯希和便已在文章中提到守山阁本《越史略》[②]。可能正是法国汉学家的关注，使得越南人开始注意此书，促使《大越史略》重新传回越南。据《越南汉喃文献目录提要》载，现越南汉喃研究院就有两种守山阁本《越史略》抄本，其中一种由越南著名史家黄春瀚亲自抄录[③]。此外，越南还出版越文《越史略》，以陈国旺于1960年编译的版本为最早[④]。除法越外，题为《越史略》的版本还传入日本。自明治维新以来，日本就有研究越南的传统，早在明治十七年（1884）日本就出版了引田利章校订的《大越史记全书》[⑤]。《大越史略》传入日本的具体时间虽不详，但至少到1941年岩村成允的《安南通史》中就已提及《越史略》[⑥]。到1987年，日本

① 参见边疆边务资料初编委员会《边疆边务资料初编·西南边务十五》，北京：中央编译出版社，2011年。

② 参见Premièreétude sur les sources annamites de l'histoire d'Annam, pp. 625—626.

③ 参见《越南汉喃文献目录提要》，第48页。

④ 据陈国旺在该本《越史略》序言中称该本是越南第一本越文本《越史略》，参见Trần Quốc Vượng phiên dịch và chú giải, *Việt Sử Lược*, Nhà Xuất Bản Văn Sử Địa, Hà Nội, 1960, tr.8.

⑤ 参见［越］吴士连等著，［日］引田利章校订《大越史记全书》，东京：日本东京埴山堂，1884年。

⑥ 参见［日］岩村成允《安南通史》，东京：日本东京富山房，1941年。

更是出版了陈本《大越史略》。

二、《大越史略》的成书时间与作者

现存诸本《大越史略》均无成书时间和作者的记载，因此其成书时间及作者是学界长期关注和研究的重要问题。最早对此进行考证的是四库馆臣，据《总目》载，他们依据《大越史略》的内容，结合《安南志略》《玉海》《廉州府志》的相关记载推测：《大越史略》是越南陈朝作品，其作者可能是《安南志略》所载的陈普或黎休[①]。这一推测一度为后世认可，20世纪初，法国汉学家在论及《大越史略》时仍沿用此观点[②]。20世纪50年代，山本达郎对此提出修正，他在对比《大越史略》与《大越史记全书》后认为：《大越史略》是黎文休《大越史记》的简化本，且可能就是陈昌符年间胡宗鷟的《越史纲目》[③]。到60年代，陶维英提出了与山本达郎相反的观点，认为："可能《越志》即《越史略》，原名《大越史略》，由黎文休发展成为《大越史记》。"[④]陶氏的观点得到不少学者认可，陈文玾、陈荆和及吴秋燕都大致同意陶氏《大越史略》即《越志》的看法。但陈文玾据《大越史略》最后"附陈朝纪年"（以下简称"纪年"）推测：

① 参见《四库全书总目》卷六十六，第589页。学界一般认为，《安南志略》中提及的《越志》的陈普即《大越史记全书》中的陈周普，修《越志》的黎休即《全书》中的黎文休，黎休所修《越志》可能就是《大越史记》。

② 参见Première étude sur les sources annamites de l'histoire d'Annam, pp.625—626.

③ 参见《越史略と大越史記》，第455页。

④ 参见《越南历代疆域》，第8页。

陈周普是昌符年间人士，而《大越史略》亦成书于此时[①]；陈荆和则认为纪年可能是昌符年间越人或四库馆臣后加的，不足以确定《大越史略》的成书时间，因此他认为《大越史略》是陈太宗时作品[②]；吴秋燕则基本沿用了陈荆和的观点[③]。此外，除了上述主流观点外，还有越南学者认为《大越史略》作者为史希颜[④]。史希颜生卒年不详，亦不见于《大越史记全书》等越南官修正史，据《李陈诗文》载：其为陈睿宗时人，有《斩蛇剑赋》存世[⑤]。因此，不知此说据何而论，故留此存疑。另外，以上诸家观点所据均是题为《越史略》的版本，而未见题为《大越史略》的版本，使得他们对该问题的认识难免存在一定局限。因此，有必要结合清抄本《大越史略》，对该书的成书时间及作者进行再探讨。

（一）《大越史略》的成书时间

探讨《大越史略》之成书时间，有必要明确纪年的写作时间。关于此，学界有两种观点：一种认为纪年是确定《大越史略》成书时间的重要依据，而由于纪年写至“昌符元年（1377）”[⑥]，因此《大

---

① 参见*Tìm hiểu kho sách Hán Nôm,* tập 1, tr.191.

② 参见《〈大越史略〉——它的内容与编者》，第47页。

③ 参见［越］吴秋燕《明代中国所见越南汉籍研究》，国立成功大学硕士学位论文，2009年，第51页。另注：此论文电子版由云南红河学院叶少飞老师提供，在此特别予以感谢。

④ 《越南汉喃文献目录提要》，第48页。

⑤ UB. KH XH VN—Viện Văn học, *Thơ Văn Lý —Trần*, tập 3, Hà Nội: Nxb. Khoa học Xã hội, 1977, tr.399—341.

⑥ 《越史略》卷下，见《影印文渊阁四库全书》第466册，第619页。

越史略》应是昌符年间作品，山本达郎和陈文玾均持此观点。另一种认为纪年不能判定《大越史略》的成书时间，如陈荆和、吴秋燕均持此观点。他们认为纪年与《大越史略》正文关系不大，且若确是陈人所书，当写为“本朝”或“皇朝纪年”[①]。由是，他们推测纪年应为后人附加，具体又有三种可能：其一，《大越史略》成书后到昌符年间的越人所附；其二，昌符年间《大越史略》传入中国，由明人所附；其三，四库馆臣所加。在此基础上，他们推定《大越史略》不可能是陈朝后期作品，其成书时间当在陈朝前期。但是，查清抄本《大越史略》可知，其“附陈朝纪年”的题法，实际是四库馆臣修订的结果。据清抄本载，其原题为“皇朝纪年”[②]，符合陈人当时的书写习惯。由此看来，《大越史略》所附纪年不可能是中国人所加。但是，仅从纪年来看，仍不能确定其究竟是《大越史略》作者所附还是昌符年间越人所添，只能确定现存附有纪年的《大越史略》的成书时间应在昌符年间。另外，陈废帝用昌符年号凡十二年[③]，因此《大越史略》的成书下限当在昌符十二年（1388）。

除了纪年能推定《大越史略》成书年代外，其正文载陈朝开国皇帝陈煚的庙号也是推测其成书年限的重要依据。庙号是中越君主去世后得到的一种称号，于向东曾指出：“从李朝到阮朝，帝王均

---

① 陈荆和与吴秋燕的观点，可分别参见《〈大越史略〉——它的内容与编者》，第47页；《明代中国所见越南汉籍研究》，第45页。

② 《大越史略》，见《北京师范大学图书馆藏稿抄本丛刊》第39册，第609页。

③ 《大越史记全书》（上）本纪卷八，第459页。

有庙号。”[1]有陈一代，除陈日礼[2]、废帝、少帝外，其他诸帝均有庙号。与越南其他王朝所不同，由于陈朝实行上皇制[3]，皇帝往往在壮年就逊位于太子，使得陈朝诸帝庙号获得的时间要大大晚于新皇继位的时间，如陈煚于1258年禅位给圣宗后，又当了20年上皇[4]，到宝符五年（1277）他去世时才获得“太宗”[5]庙号。在现存诸本《大越史略》中，较早的清抄本《大越史略》、四库本《越史略》的正文中均有陈“太宗”庙号出现。因此，《大越史略》的成书时间应在此庙号产生后，据此可以确定《大越史略》成书上限应在1277年。综上所述，《大越史略》成书的具体时间当在1277—1388年间。

（二）对《大越史略》作者的推测

由于得出了《大越史略》的成书时间区间，因此可据此对其作者进行推测。目前，学界对该书作者的推测主要有两种观点：其一，是认为其作者可能为陈周普，《大越史略》即《安南志略》中陈普的《越志》[6]，陶维英、陈文玾、陈荆和等持此观点；其二，是认为其

---

① 于向东《浅谈越南封建帝王的年号、尊号、庙号和谥号》，《东南亚纵横》1995年第2期，第12页。

② 陈日礼即越南史籍中所称之杨日礼，笔者认为此是陈艺宗对其侄日礼的一种政治迫害，因此更加倾向于称其为陈日礼。

③ 关于越南陈朝的上皇制，参见成思佳《越南古代的上皇现象研究（968—1759）》，郑州大学硕士学位论文，2015年。

④ ［日］桃木至朗《中世大越国家の成立と変容》，大阪：大阪大学出版会，2011年，第275页。

⑤ 《大越史记全书》（上）本纪卷五，第350页。

⑥ ［越］黎崱著，武尚清点校《安南志略》卷十五，北京：中华书局，2000年，第353页。

作者可能为胡宗鷟，《大越史略》即吴士连在《大越史记全书》序文中提到的胡宗鷟的《越史纲目》[①]，山本达郎持此观点。对于上述两种看法，笔者倾向于《大越史略》作者为胡宗鷟的说法，原因有以下几点：

首先，据此前所考《大越史略》成书时间区间来看，《大越史略》的作者不可能是陈普，《大越史略》与《越志》也并非一书。据《安南志略》载："陈普……作《越志》"[②]，而稍晚的"黎休……修《越志》"[③]。由此来看，陈普完成《越志》当在黎休修《越志》前，而学界一般认为黎休即黎文休，其所修《越志》应是《大越史记》。越南现存最早的官修正史《大越史记全书》中虽然没有陈普《越志》的记载，却有晚于其的黎文休编成《大越史记》的记录。据《大越史记全书》载：绍隆十五年（1272）"黎文休奉敕编成大越史记……诏加奖谕"[④]，即《大越史记》应成书于1272年，这一时间早于《大越史略》成书于1277年以后的时间上限。由此推知，由于陈普完成《越志》更在《大越史记》成书前，这就更加超出了《大越史略》成书的时间区间。因此，无论是陈普或黎休都不可能是《大越史略》的作者。

其次，胡宗鷟的《越史纲目》又恰在《大越史略》成书时间区间内。《越史纲目》成书的具体时间，史籍均无所载。但是，现存的不少古代越人著述都有胡宗鷟其人的记载，其中以黎澄的《南翁梦录》

---

① 《大越史记全书》（上）卷首，第55页。

② 《安南志略》卷十五，第353页。

③ 《安南志略》卷十五，第354页。

④ 《大越史记全书》（上）本纪卷五，第348页。

和吴士连的《大越史记全书》为最早。黎澄，即胡澄，历陈胡两朝为官。胡亡，他被送往中国，又在明朝为官，英宗时官至工部“左侍郎”[①]。《南翁梦录》是他在中国所著，其中记有胡宗鷟事，言：宗鷟为演州人，以“一夜席上赋诗百首，饮酒百杯”而闻名，后“臣事陈艺王”[②]。在《大越史记全书》中，除与《南翁梦录》相似的记述外，还有昌符十年（1386）任命宗鷟为“翰林学士奉旨”[③]的记载。由此看来，胡宗鷟确为昌符年间人士，其著述《越史纲目》也极有可能是这一时期作品，恰好在《大越史略》成书时间区间内。

最后，《越史纲目》与《大越史略》还存在一些相似之处，如山本达郎就以吴士连对《越史纲目》“书事慎重而有法，评事切当而不冗”[④]的评价为依据，认为《大越史略》符合吴氏对《越史纲目》的评价，再结合胡宗鷟为昌符时期大臣而推测《大越史略》与《越史纲目》或为一书[⑤]。此外，《大越史略》中“十八世碓王”[⑥]的记载亦值得关注。由于《大越史略》多以抄本流传，因此其“碓”字很可能是“雄”字的抄误，即《大越史略》中的“碓王”当是越南传说中的雄王。众所周知，早在越南李陈时代，就已经有雄王传说流传，如成书于此时期的《粤甸幽灵集》《岭南摭怪》中都收有相关传说。

---

① 《明英宗实录》卷二十二，第428页。

② ［越］黎澄《南翁梦录》，陈庆浩、王三庆《越南汉文小说丛刊》第一辑第六册，台北：学生书局，1987年，第25页。

③ 《大越史记全书》（上）本纪卷八，第459页。

④ 《大越史记全书》（上）卷首，第55页。

⑤ 参见《越史略と大越史記》，第447页。

⑥ 《大越史略》卷上，《北京师范大学图书馆藏稿抄本丛刊》第39册，第464页。

除此二书外，这一时期对雄王的记述，当属已散佚的胡宗鷟的《越南世志》。据《历朝宪章类志》载："《越南世志》二卷……卷一载鸿庞氏十八世谱……事迹颇详，语多奇异，可备前史之阙。"[①]由此看来，胡宗鷟对鸿庞氏（即雄王）的事迹是颇有研究的，除专门写成《越南世志》外，他很有可能还将其写入《越史纲目》，而《大越史略》中碓王的记载又恰好印证了此假设。因此，《大越史略》有为《越史纲目》的可能。

综上所述，从现存的中越古籍来看，虽已难考得《大越史略》的具体成书时间，但据清抄本《大越史略》和其他资料可知，该书的成书时间应在1277—1388年间。而据此成书时间区间及其他相关史料来看，《大越史略》的作者很有可能是陈朝后期的胡宗鷟，即《大越史略》可能就是越南史籍中所记的《越史纲目》。

三、《大越史略》与《大越史记》《大越史记全书》之间的关系

众所周知，现存最早的越南官修正史是吴士连的《大越史记全书》。据吴氏在《大越史记全书》序文和表文中所述：该书是他在吸取黎文休、潘孚先所作《大越史记》的基础上，参考野史编撰成的[②]。《大越史记全书》成书后，黎、潘二书相继散佚，而之后的越南史籍又多因循《大越史记全书》，形成了自丁朝至后黎以前越南史

① ［越］潘辉注《历朝宪章类志·文籍志》卷四十五，西贡：南越古籍译述委员会，1972年，第87页。

② 参见《大越史记全书》（上）卷首，第55—58页。

料的相对单一性。诚然，中国史籍及越南考古、碑铭材料都能在一定程度上弥补其不足，但却不能从根本上解决此问题。《大越史略》被发现后，不少学者曾尝试将其与《大越史记全书》进行对照，以此来考察越史。但由于《大越史略》的成书时间长期未定，因此难以理清其与《大越史记》《大越史记全书》的关系，而若不解决此问题，就不利于深入考察此时段内的越南历史。因此，有必要结合清抄本《大越史略》对该问题进行再探讨。

（一）《大越史略》与《大越史记》的关系

关于此二书之关系，学界主要有两种看法：第一，以陶维英、陈荆和为代表，推测《大越史略》即《越志》，《大越史记》可能由《大越史略》发展而来。从我们推定的《大越史略》成书时间来看，《大越史略》应晚于《大越史记》，故此推测是不成立的。第二，以山本达郎为代表，推测《大越史略》可能成书于昌符年间，即《大越史略》晚于《大越史记》，且可能是《大越史记》的简化本。现在看来，山本的推论存在一定的合理之处：首先，据《大越史略》成书时间区间来看，《大越史略》确晚于《大越史记》；其次，虽《大越史记》已佚，但通过吸收了其内容的《大越史记全书》与《大越史略》对比仍可发现：与《大越史记全书》相比，《大越史略》不少年份的记述确实更为简略，如以会祥大庆九年（1118）为例：

表3—1　会祥大庆九年对照表[①]

《大越史略》	《大越史记全书》
1. 春，二月，真腊、占城来贡。 2. 冬，十一月，甘露降。 3. 禁家奴不得身上刺龙。 4. 员外郎阮伯庆赍象、犀于宋。	1. 略。 2. 二月，真腊国使朝见，设春筵宴礼，及庆成七宝塔会，诏有司备仪仗于灵光殿，偕引使观之。 3—7. 略。 8. 占城来贡，九月辛巳，设庆成胜严圣寿寺千佛会，使占城使观之。 9. 略。 10. 冬，十一月，遣员外郎阮伯度、李宝臣遗白黑犀二，及驯象三于宋。 11. 是岁，甘露降，帝手书“天下太平圣躬万岁”八字于碑，命工镌之。 12. 禁京城内外诸人家奴仆，不得刺墨胸脚如禁军样，及刺龙文于身上，犯者没官。

《大越史略》此年所记四事均在《大越史记全书》中可以找到，且其记述与《大越史记全书》相比均较为简略。由此看来，《大越史略》可能确实参考了《大越史记》的内容，并挑选其中重要的事件进行了简化记述，这也可能是其名为《大越史略》的原因。

但是，《大越史略》中也存在一些记载多于或详于《大越史记全书》的年份。通过比对可知，这些年份主要集中在李朝末年的高

① 此表依照《大越史略》和《大越史记全书》的内容绘出，具体可分别参见《大越史略》卷中，清抄本，见《北京师范大学图书馆藏稿抄本丛刊》第39册，第538—539页；《大越史记全书》（上）本纪卷三，第259—260页。注：《大越史记全书》此年共计12事，为方便与《大越史略》对照，与《大越史略》不相重合的记载均以“略”代之。

宗、惠宗、昭皇三朝，且所涉多为代李而立的陈氏，如《大越史略》就详述了陈家崛起的历史，其中涉及不少陈朝奠基者陈李、陈嗣庆、陈承对李朝的叛逆之举，如进犯京师、擅行废立、与惠宗交战等[①]。在《大越史记全书》中，这些记载均被删减或改写，极力消除不利于陈家的记载[②]；再如关于陈氏政敌谭以蒙，据《大越史略》载，以蒙曾佐高宗，多次平叛，且从强化中央集权的角度提议限佛，应是李朝末年一位颇有建树的大臣[③]。《大越史记全书》则将以蒙的这些政绩或删减或曲解，对其评价也甚低，认为“以蒙不学无术”至“政事日堕”[④]。《大越史记全书》中对陈氏的回护和对其政敌的贬低不大可能出自后黎史官吴士连之手，应是身为陈朝史官黎文休《大越史记》中的笔法。由此看来，《大越史略》可能也并非完全因循《大越史记》，尚有自己的一些观点和创见。

我们以为，《大越史略》对李朝末年的记述所以详于《大越史记》，主要是以下原因造成的：首先，因《大越史略》成书晚于《大越史记》，可能较黎文休能见到更多的史料，使得其记述更为详细；其次，由于《大越史略》可能为私人著述，因此未被越南官修正史所注意，但也正得益于此，使其所受的政治限制要远远小于官修的《大越史记》，作者可能更多地以秉笔直书的态度对李朝末年的历史进行了记述，因此才有了不少陈氏篡夺的记载；最后，若《大越史略》确

① 由于关于陈氏家族的记载颇多，不便详述，参见《大越史略》卷下，见《北京师范大学图书馆藏稿抄本丛刊》第39册，第579—608页。

② 参见《大越史记全书》（上）本纪卷三，第309—317页。

③ 关于谭以蒙事，参见《大越史略》卷下，《北京师范大学图书馆藏稿抄本丛刊》第39册，第566—573页。

④ 《大越史记全书》（上）本纪卷四，第311页。

为胡宗鷟所作，则可能还存在一定的政治考量。据黎澄所记：宗鷟曾为陈艺宗之臣[①]，而艺宗是一位篡位者[②]。若该书确为胡氏所作，其所书陈氏对李朝的篡夺或许就出自艺宗授意，以此来为他的篡夺寻找历史依据。由此看来，《大越史略》确有不少史实可能源自《大越史记》，二者在史料方面存在一定的因袭关系。但是，《大越史略》并非如山本达郎所推测的仅是《大越史记》的简化本，应是在参考和吸取了《大越史记》的一些合理成分后，又有所增补和创见的一部著述。

（二）《大越史略》与《大越史记全书》的关系

《大越史略》与《大越史记全书》，一为陈人所著，一由后黎史官所编，二书时间顺序较为明确，且《大越史记全书》编撰时《大越史略》可能在越南已佚，而不为编者所见，因此二书在史料上不存在直接的因袭关系。但是，由于二书的史料可能多源于已佚的《大越史记》，因此仍有必要探讨此二书之关系。将二书对比后可以发现，此二书除了上述已提及的几点不同外，还存在以下相异之处：其一，在某些年份中，二书记载史实数量相当，但少有重合的事件，如神武二年（1067）（见表3—2），仅有一事重合；其二，除李朝末年外，《大越史略》其他时期也有少数年份的史实详于《大越史记全书》，甚至有一些《大越史记全书》所无的记载，而这些又明显不

---

① 《南翁梦录》，《越南汉文小说丛刊》第一辑第六册，第25页。

② 陈艺宗本为明宗庶子，后篡夺其侄陈日礼的皇位而得国，越南历史上称为大定之变，参见《越南古代的上皇现象研究（968—1759）》，第40、65—66页。

是黎文休曲笔所致，如彰圣嘉庆七年（1065），《大越史略》记有七事[①]，而《大越史记全书》此年为缺[②]。

表3—2 神武二年对照表[③]

《大越史略》	《大越史记全书》
1. 夏，四月，造紫宸殿。 2. 五月，黄龙见于长春宫、龙光殿。 3. 秋，七月乙卯，黄龙见于莅仁宫。 4. 九月，造东南二天王寺。	1. 春，造紫宸殿。 2. 夏，四月，旱，发库粟钱帛，赈贫民。 3. 秋，八月，修文庙，塑孔子、周公及四配像，画七十二贤像，四时享祀，皇太子临学焉。

此二书存在上述两点差异，可能主要是以下几点原因造成的：首先，二书的史料虽可能多源于《大越史记》，但因作者所处时代不同，其价值取向和史学观点存在差异，造成了他们从《大越史记》中选取了不同史料进行加工，最终形成了二书在某些年份大相径庭的记述。如神武二年（见表3—2），《大越史略》和《大越史记全书》除造紫宸殿外，其他所记均不相同。从《大越史略》来看，其所记的黄龙显现和造天王寺都是佛道两家的大事，符合陈朝崇尚佛道的取向，

① 参见《大越史略》卷中，见《北京师范大学图书馆藏稿抄本丛刊》第39册，第522页。

② 参见《大越史记全书》（上）本纪卷三，第243页。

③ 此表依照《大越史略》和《大越史记全书》的内容绘出，可分别参见《大越史略》卷中，见《北京师范大学图书馆藏稿抄本丛刊》第39册，第525页；《大越史记全书》（上）本纪卷三，第245页。

而同年《大越史记全书》中所记则皆是赈济贫民、兴建文庙等儒家所倡导的行为，符合后黎崇尚儒家的取向。其次，关于《大越史略》中除李朝末年外仍有一些详于或多于《大越史记全书》的记载，这可能是《大越史略》与《大越史记全书》所据《大越史记》的完整程度不同造成的。通篇对照此二书可明显感觉到，《大越史略》的语言总体简略，且每年之所记史实数量和篇幅都大体相当，而《大越史记全书》的用语相对繁复，有些年份十分详尽，有些十分简略，甚至个别年份为缺。我们推测：可能由于《大越史略》成书时间距《大越史记》较近，因此《大越史略》的作者所参考是相对完整的《大越史记》版本；而《大越史记全书》编撰时，越南已历胡末到属明长达数十年的战乱，可能陈朝的著述多有散佚或损毁，以至于吴士连所据之《大越史记》可能是经历战火而保存不完整的版本，由是造成了《大越史记全书》中某些年份史实的单薄或缺失。由此看来，《大越史略》和《大越史记全书》应均是由《大越史记》发展而来的越南史籍，但是可能由于二者成书的时代背景、价值取向和所据《大越史记》的完整程度不同，使得二书又存在一定差异，形成了各自的风格与特点。

综上所述，《大越史略》确为介于《大越史记》和《大越史记全书》之间的一部由越人所著史籍，其内容应在一定程度上参考了黎文休的《大越史记》。但是，由于《大越史略》可能是一部私人著述，所受政治限制相对较小，使得其可能对《大越史记》中的曲笔进行了修订或增补，从而保留了一些历史原貌，体现了史家的秉笔直书精神。关于《大越史略》与《大越史记全书》，虽然此二书在陈朝以前的史料可能多因袭《大越史记》，但由于二书作者的价值取向及所据《大越史记》可能存在一定差异，使得二书形成了各自的风格与特点。值得注意的是，由于《大越史记全书》所参考的《大越史记》存在为残本的可能，因此有必要以《大越史略》来考证和校订《大越史记全书》。

四、《大越史略》的史料价值

长期以来，由于未发现题为《大越史略》的清抄本的存在，使得学界对该书的看法一直存在分歧，进而限制了对其史料价值的认识和评价。通过对上述诸问题的再探讨，我们对该书的版本与流传、成书时间与作者，与《大越史记》和《大越史记全书》的关系都有了一些新的认识。在此基础上，有必要结合这些新知，对《大越史略》的史料价值进行再评价。具体来说，可以包括以下几个方面：

其一，《大越史略》是研究越南古代历史与文化的重要史籍之一，由于其长期在中国流传而不为越人所知，其中一些独到史料和见解在一定程度上起到了补现存越南官修正史之缺的作用，有利于学界更加全面和客观地认识越南历史。具体而言，该书至少从三方面发挥了此作用：第一，《大越史略》中关于雄王、安阳王的记载，有利于理解越人对其上古历史的构建与书写。陈朝黎文休作《大越史记》时，其所述越史仍起于南越赵佗。到后黎洪德年间编撰《大越史记全书》时，才“增入外纪一卷”[①]，专记上古雄王、安阳王的历史。与《大越史记全书》相比，《大越史略》对雄王、安阳王的记述要简略得多，却是现存最早的构建和记述越南上古历史的通史性著述，可视为从《大越史记》到《大越史记全书》构建越南上古历史的过渡环

① 《大越史记全书》（上）卷首，第55页。

节。第二，由于《大越史略》为陈人所著，其对前代李朝的记述尤详，其中下二卷皆专记李朝。尤其值得注意的是，在清抄本《大越史略》中还有一些他本《大越史略》乃至《大越史记全书》所未见的内容，更成为研究李朝历史的珍贵史料。第三，《大越史略》虽终于李朝，未载陈朝历史，但其关于李朝末年陈氏家族的记载以及其所反映的陈人避讳习惯、价值取向和史学观点都是认识陈朝历史的重要依据，如从《大越史略》所记来看，陈守度对陈朝建立的贡献可能远不及太祖陈承及其兄陈嗣庆，《大越史记全书》中对守度的描述可能是黎文休回护陈承兄弟的一些笔法而已①；再如关于陈朝的避讳习惯，原来通过他本《大越史略》仅知其要避陈李名讳②，因此改“李”为“阮”，而通过清抄本《大越史略》可知，该本还避讳“四”字，往往改“四”为“之”“三”“五”③，这可能是避陈嗣庆的“嗣”字所致。以上所述，都是仅通过《大越史记全书》等越南官修正史所不能尽知的，因此《大越史略》确是研究越南古代历史的珍贵素材。

其二，自明代《大越史略》传入中国，其在中国的流传过程与版本演变在一定程度上反映了当时中国封建士大夫阶层对越南的一些

① 关于陈承与陈守度在陈朝建国中所发挥的作用和地位的具体论述，参见《越南古代的上皇现象研究（968—1759）》，第32—34页。

② 关于越南陈朝的避讳习惯可参见［越］吴德寿《整理汉文文献与研究越南历代避讳的一些通报》，载于“国立”台北大学古典文献学研究所编《东亚汉文文献整理研究国际学术研讨会论文集》，台北大学民俗艺术研究所出版，2011年，第318—320页。

③ 在他本《大越史略》中，已将大部分的“之”“三”或“五”改为“四”字，故而陈朝此避讳习惯一直不为学界所注意。

观点和看法，可谓是一种中国传统越南观的体现[①]。自10世纪越南丁部领父子与宋朝建立宗藩关系以来，到12世纪宋孝宗赐予越南李朝诸帝“安南国王”封号以后，越南开始逐渐成为以中国为核心的宗藩关系体系下的重要成员[②]。《大越史略》所以能在中国得到较为完整的保存且形成了多个版本，正是中国士人长期关注越南，留心中国周边的一种表象和结果。乾隆时期《四库全书》的编者虽然从古代礼法的角度，认为《大越史略》有僭越之处，因此对该书进行了修订和删减。但是，能将一部他们所认为的“方外之人”所著的“外夷国史”收入中国中央王朝所编写的《四库全书》之中，也不自觉地反映出当时的中国封建士大夫阶层对同属古代汉文化圈的越南文明的一种接受和认可。

最后，《大越史略》错综复杂的流传与保存的历史过程还是认识中外交流史的重要例证和珍贵素材。《大越史略》从最初成书的越南辗转流入中国，后来又从中国传回越南，甚至流传到了更为遥远的日本和法国的这一事实表明：在长期中外交往的过程中，不仅有传统认识上的以丝绸、瓷器、茶叶等商品为载体的传播中外物质文化的海上和陆上丝绸之路存在，还有一条相对隐蔽以汉文书籍为主要载体的

① 关于中国的越南观和越南的中国观问题，参见于向东、成思佳《越南知识阶层的中国认知述略——以十七位越南学者为例》，《国外社会科学》2016年第5期。

② 关于宋朝对越南封号册封的演变，参见成思佳《从静海军节度使到安南国王——试论中国对越南封号的变化（905—1174）》，《黑龙江史志》2014年第7期。

传播中外精神文化的“汉籍之路”[1]存在。这条“汉籍之路”在相当长的时间内成为联系中国与汉文化圈国家之间，甚至更为遥远的西方国家的一条重要纽带和路径。从《大越史略》的流传可以明显看出，这条“汉籍之路”绝非是单向地从中国向周边乃至西方流传和扩散的，也有不少如《大越史略》一样从周边传入中国的汉籍存在，而这种在多国之间多向的汉籍流转无疑有利于各国汉籍的长期保存与流传，进而有利于汉文化圈国家传统历史与文化的留存与传播，是中外交流史上的一段交往佳话和历史记忆。

① 柳斌杰《汉籍之路》，《光明日报·理论周刊》2009年2月10日第12版。

从东亚视野论《性理大全》的意义：以韩国与越南的流传比较为中心

许怡龄[①]

一、前言

本文目的在于从东亚儒学的意义上考察《性理大全》在韩越的接受过程[②]，比较两国对《性理大全》的定位差异，并借此理解韩越两国儒学基调的异同[③]。

前近代的东亚，思想传递主要依靠书籍作为媒介，用汉字写成

---

① 作者单位：台湾中国文化大学韩语文学系。文原刊《中正汉学研究》2018年第2期。

② 本文所述之时代原无“韩国”及“越南”之称，唯文中涉及跨朝代之概念，或特意凸显两国相对概念时，始用“韩”“越”称之。

③ 黄俊杰指出“东亚文化交流圈中经典与思想的交流”为值得关注的研究主题，经典之东亚流播形成的思想交流，对东亚地区的思想形成冲击，此为具有东亚特色的现象。详见黄俊杰《东亚文化交流中的儒家经典与理念——互动、转化与融合》，台北：台大出版中心，2016年，第36—38页。

的儒学经典从中国出发，传播到日本、韩国、琉球及越南，进入当地的思想体系，成为形塑知识结构的养分。经典的文本内容、特定经典流传到东亚的时间、该地刻印书籍的客观条件、书籍流通的通路，都与经典在当地可产生的影响力息息相关，因此从东亚视域探讨儒学时，相关书籍的跨国流传和出版考察有其重要性[①]。本文将考察对象限于韩国及越南，原因在于日本、越南、韩国、琉球虽有汉字文化圈的共性，若以科举制度区分，东亚还可分为二：一是“科举主要地区”，为韩国及越南；二是“非科举主要地区”，日本及琉球属之。前近代的韩越与中国土地相连，与明清中国维持朝贡往来，且长时间以儒学及科举作为主要取士制度，因此在汉字文化圈中，韩越具有更高的共性，客观上足以独立形成有意义的研究区块。本文尝试以韩越为范围，探讨并比较《性理大全》韩越流播的状况与意义。

明永乐十三年（1415），胡广（1370—1418）等人奉永乐帝之命进行大明帝国的重大文化建设，编纂《五经大全》《四书大全》《性理大全》三书。王鸿泰指出永乐帝自“靖难”登基后，对外持续进行征伐，试图进一步开创明帝国的东亚局势；对内则在不到一年内编纂多达两百六十卷的“三《大全》”，意欲彰显其“圣王之治”，并于永乐十五年（1417）下令“颁《五经》《四书》《性理大全书》

---

① 张伯伟对东亚汉籍，提出东传、回流之外的“环流”等新方向；大木康指出“出版文化”的研究进路，将书籍的产生、流通过程等问题从社会史的角度探讨，追查书籍及其文本内容对社会的实际影响。张伯伟和大木康所带起的研究进路，大幅提高了东亚汉籍研究的跨国连结性和社会性，笔者深受启发。参见张伯伟《明清时期女性诗文集在东亚的环流》，《复旦学报》（社会科学版）2014年第3期，第95—106页；大木康著，周保雄译《明末江南的出版文化》（中文版后记），上海：上海古籍出版社，2014年，第188—189页。

于六部，并与两京国子监及天下郡县学”[①]。此一行为的历史影响超出有明一朝，影响甚深[②]。本文的焦点，则在探讨永乐“三《大全》”的影响如何超出中国一国，在朝鲜及越南发酵。虽然明清学人对“三《大全》”沿袭前人陈说、导致古义沦亡、经学衰落等批判络绎不绝[③]，如顾炎武谓“经学之废实自此始”[④]，朱彝尊谓“《大全》者，乃至不全之书也”[⑤]，四库馆臣谓“自胡广等《五经大全》一出，应举、穷经久分两事”[⑥]，但如吾妻重二所指出，“三《大全》”在东亚的重要性，在于将朱熹（1130—1200）为主的宋儒著作提升为东亚地区的“新经典”[⑦]。永乐十七年（1419），“三《大全》”被颁授韩越两国，开始了东亚流传接受的过程。在此过程中，

① （明）杨士奇《明太祖实录》卷一百八十六“永乐十五年”，台北：“中央”研究院历史语言研究所，1984年，第1990—1991页。

② 王鸿泰《圣王之道：明文皇的政治文化与文化政治》，《台大历史学报》2016年第57期，第117—181页。

③ 相关论述，详见林庆彰《〈五经大全〉之修纂及其相关问题探究》，《中国文哲研究集刊》1991年第1期，第361—383页；王鸿泰《圣王之道——明文皇的政治文化与文化政治》，《台大历史学报》2016年第57期，第159—174页。

④ （明）顾炎武《日知录》卷二十《四书五经大全》，台北：文史哲出版社，1979年，第525—526页。

⑤ （清）朱彝尊《经传考》卷四十九，北京：中华书局，1998年，第272页。

⑥ （清）永瑢等《四库全书总目》卷十六《诗故》条，北京：中华书局，1965年，第129页。

⑦ 吾妻重二《〈性理大全〉的成立与黄瑞节〈朱子成书〉——宋代道学家著作经典化的重要层面》，收入徐兴庆编《东亚文化交流与经典诠释》，台北：台大出版中心，2008年，第366—367页。

朝鲜于16世纪产生了《性理大全》节要本，越南则最晚在19世纪产生了“三《大全》”的节要。“节要”的产生，暗示了该书在当地有流通的需求。学界已知“三《大全》”在东亚受到重视，但在“三《大全》”中，仅《性理大全》在韩越皆产生“节要本”①，这显示《性理大全》在两地都有一定的重要性，同时可能意味着《性理大全》与另“两《大全》”定位不同。永乐帝在《性理大全》御制序中曾提到“三《大全》”的相互定位：

> 六经之道明，则天地圣人之心可见，而至治之功可成；六经之道不明，则人之心术不正，而邪说暴行，侵寻蠹害，欲求善治，乌可得乎？朕为此惧，乃者命儒臣编修《五经》《四书》，集诸家传注而为《大全》。凡有发明经义者取之，悖于精义者去之。又辑先儒成书及其议论格言，辅翼《五经》《四书》，有裨于斯道者，类编为帙，名曰《性理大全书》。②

“三《大全》”的编纂宗旨，以阐明六经之道、追求至治为目的，其内容可分为两组：《五经大全》《四书大全》为经书的诸家传注；《性理大全》是为辅翼《五经》《四书》而搜罗的先儒议论格言。胡广的《进书表》说明了“先儒”之学的内涵，谓：“夫濂洛关闽之学兴，而后尧舜禹汤之道著”，认同宋儒之言有“为前圣之

---

① 本文以相对狭义之标准定义“节要本”。书名方面，须标示为“节要”；内容方面，以将卷帙浩繁的单一母本加以删节重组者为限。

② （明）胡广等编《性理大全》，济南：山东友谊出版社，1989年，第11—12页。本文引用之《性理大全》皆为此明内府刊本，不再另行标注。

辅翼，合众途于一轨，会万理于一原”之效[①]。《性理大全》共七十卷，一至二十五卷收宋儒的性理学著书，包括《太极图说》《通书》《西铭》《正蒙》《皇极经世书》《易学启蒙》《朱子家礼》《律吕新书》《洪范皇极内篇》等；二十六到七十卷将诸儒的性理之说分列为13个条目，各为《理气》《鬼神》《性理》《道统》《圣贤》《诸儒》《学》《诸子》《历代》《君道》《治道》《诗》《文》。永乐帝颁赐《性理大全》的1419年，于朝鲜为世宗朝，于越南为属明时期。

目前为止中日韩越学界对《性理大全》的相关研究，可分述为《性理大全》在中国、在朝鲜及在越南三个方向。针对《性理大全》在中国，主要研究主题有：1.《性理大全》的成书过程与思想来源考证，如吾妻重二以《性理大全》之成书底本为中心，一系列探讨《性理大全》与黄瑞节《朱子成书》及江西学派的关系[②]。2.《性理

① （明）胡广等编《性理大全》，济南：山东友谊出版社，1989年，第17—19页。

② 吾妻重二《〈性理大全〉の成立と朱子成書》，《名古屋大学中国哲学论集》第5号，2006年，第1—18页；《〈性理大全〉的成立与〈朱子成书〉——兼论元代明初的江西朱子学派》，《韩国中国学会第26回中国学国际学术会议论文集》，2009年，第309—323页；《〈性理大全〉的成立与黄瑞节〈朱子成书〉——宋代道学家著作经典化的重要侧面》，收入徐兴庆编：《东亚文化交流与经典诠释》，台北：台大出版中心，2008年，第365—391页；《〈性理大全〉の成立と〈朱子成書〉——黄瑞節および元代の江西朱子学派について》（《性理大全》成立与《朱子成书》——关于黄瑞节与江西朱子学派），收入關西大学アジア文化交流研究センター编：《東アジア文化交流と経典詮釈》（东亚文化交流与经典诠释），大阪（日本）：關西大学アジア文化交流研究センター，2009年，第364—386页。曾贻芬亦从文献学方面探讨三大全的来源，见氏著《明代官修“大全”散论》，《史学史研究》1996年第2期，第52—59页。

大全》在中国的传播，如三浦秀一考察《性理大全》出现的时代背景及明末清初为止的传播状况[①]。3.明永乐帝编纂三《大全》、清康熙帝整理三《大全》的政治背景、动机、官学化意义与国家认同[②]。4.从《性理大全》探讨宋代理学家的认知研究[③]。5.在探讨《四书大

① 三浦秀一《明代中期の〈性理大全〉》，《集刊东洋学》第109号，2013年，第63—75页；《〈新刊性理大全〉的出现及其时代背景》，"明末清初学术思想史再探"会议论文，台北："中央研究院"近代史研究所，2014年，第25—27页；《明末清初时期〈性理大全书〉的传播与接受》，《贵阳学院学报》（社会科学版）2015年第43期，第30—37页。

② 权重达《〈性理大全〉의 形成과 그 影響》（《性理大全》的形成与其影响），《中央史论》Vol.4，1985年，第71—90页。李焯然《治国之道：明成祖及其"圣学心法"》，《汉学研究》1991年第1期，第211—227页。郭素红《明初经学与〈大全〉的敕修》，《求索》2007年第10期，第213—214页。本杰明·艾尔曼（Benjamin Elman）《明代政治与经学：周公辅成王》，收入氏著《经学·科举·文化史：艾尔曼自选集》，北京：中华书局，2009年，第22—48页。姜海军《〈五经四书性理大全〉编纂、思想与文化认同》，《历史文献研究》2016年第2期，第33—43页；《〈五经四书性理大全〉的编纂与文化传承》，《五邑大学学报》（社会科学版）2016年第1期，第48—52页。王鸿泰《圣王之道——明文皇的政治文化与文化政治》，《台大历史学报》2016年第57期，第117—181页。潘志和《国家认同：康熙皇帝刊行、整理〈性理大全〉的政治指向》，《中央社会主义学院学报》2013年第3期，第93—98页。

③ 李东宰《〈性理大全〉论诗条诗论研究》，《汉文古典研究》（旧名《诚信汉文学》）2000年第6辑，第129—151页。李星培《宋代理学家的"读书论"和"历史认识"——以〈性理大全〉为中心》，收入姜锡东编《宋史研究论丛》第15辑，石家庄：河北大学出版社，2014年。

全》《五经大全》时连带提及《性理大全》的研究[①]。针对《性理大全》在朝鲜，相关研究主题有：1.中韩外交及书籍交流[②]。2.《性理大全》在朝鲜的传播研究[③]。3.将《性理大全》置于众多性理书脉络

① 林庆彰《〈五经大全〉之修纂及其相关问题探究》，《中国文哲研究集刊》1991年第1期，第361—383页。陈逢源《四书"官学化"进程：〈四书大全〉纂修及其体例》，《东亚汉学回顾与展望》（日本长崎中国学会会刊）Vol.1，2010年，第87—102页；《从〈四书集注〉到〈四书大全〉——朱熹后学之学术系谱考察》，《成大中文学报》2015年第49期，第75—112页。

② 张升《明代的外交赐书》，《江苏图书馆学报》1995年第1期，第35—36页。林琳《明朝与朝鲜李朝、日本图书交流初探》，《杭州师范学院学报》（人文社会科学版）2001年第1期，第106—108页。刁书仁《朝鲜王朝对中国书籍的购求及其对儒家文化的吸收》，《古代文明》2009年第2期，第84—92页。

③ 郑愚亨《〈五經·四書大全〉의 輸入 및 그 刊板廣布》（《五经·四书大全》的输入及其刊板广布），《东方学志》Vol.63，1989年，第1—27页。池富一《조선초의 대명 문화교류와 〈성리대전〉 의 수용》（朝鲜初的对明文化交流和《性理大全》的受容），《东方学研究》第3卷，1997年，第31—55页。禹贞任《朝鲜前期〈性理大全〉의 理解過程：節要書의 編纂·刊行을 中心으로》（朝鲜前期《性理大全》的理解过程：以节要书的编纂、刊行为中心），《地域과 歷史》31辑，2012年，第263—305页。刘宝全《明初〈性理大全〉的刊行及其在朝鲜的传播》，《朝鲜·韩国历史研究》，2011年，第201—216页。邱敬霞《朝鲜朝对〈性理大全〉的接受研究》，山东大学硕士论文，2014年。

中的研究[①]。4.将《性理大全》置于教育及科举脉络中的研究[②]。针对《性理大全》在越南，有在科举脉络中的研究及版本学研究[③]。整体来说，《性理大全》相关研究始于20世纪80年代的韩国学者；日本学者最擅于体系性地考证版本及学派传承；笔者所见越南学者仅有版本学研究[④]；华语圈学者相对着重于《大全》编纂的政治意图、官学化意义及国家认同功能，台湾学界有朱云影先生从东亚视野探讨经学的宏观之作在前[⑤]，本文踵继其后。

① 金恒洙《16세기 士林의 性理學理解——書籍의 刊行·編纂을 중심으로》（16世纪士林的性理学理解——以书籍的刊行、编纂为中心），《韩国史论》7辑，1981年，第121—177页；《朝鮮前期性理書解釋의 推移》（朝鲜前期性理书解释的沿革），《同大论丛》第25卷1号，1995年，第217—234页；《조선전기의 程朱學수용》（朝鲜前期的程朱学受容），《人文科学研究》第13卷，2007年，第5—21页。禹贞任：《조선전기 性理書의 간행과 유통에 관한 연구》（朝鲜前期性理书的刊行和流通研究），釜山大学博士论文，2009年。

② 参见朱云影《中国经学教育对日韩越的影响》，《历史学报》1977年第5期，第1—28页。朴钟培《조선시대 유학 교육과정의 변천과 그 특징》（朝鲜时代儒学教育课程的变迁及其特征），《韩国教育史学》2011年第33卷第3号，第1—24页。

③ 陈文《越南科举制度研究》，北京：商务印书馆，2015年。裴英掌（Bùi Anh Chưởng）："Nghiên cứu văn bản Tính Lý Tiết Yếu"（性理节要文本研究），越南河内国家大学硕士论文，2014年。本文的重点在于越南《性理节要》的研究，对母本《性理大全》仅有背景式的探讨。

④ 越南尚无整体性的论文数据库，笔者只能就已知范围论述，尚请各方学者补正。

⑤ 朱云影《中国文化对日韩越的影响》，台北：黎明文化事业股份有限公司，1981年。

二、《性理大全》在朝鲜

（一）朝鲜对《性理大全》的接受过程

《性理大全》于世宗朝传入朝鲜后，在《朝鲜王朝实录》被提及至少90次，其中世宗朝（1418—1450）26次、成宗朝（1469—1494）19次、中宗朝（1506—1544）28次为其高峰，其余王代仅出现1至2次[①]。《朝鲜王朝实录》对《性理大全》提及的次数，具体而微地点出该书15—16世纪在朝鲜地位逐渐巩固的过程：（1）于世宗朝传入并在当地刊刻，但对内容尚无法完全了解。（2）于成宗朝在经筵积极讨论，属于朝中"官学"的学习阶段[②]。（3）中宗朝"士林"[③]对《性理大全》的理解达到成熟，进而讲解、刊印、节要《性理大全》，致力于大量普及。

世宗元年（1419），世宗之子敬宁君在北京获赐"三《大

① 本统计乃以"性理大全"检索韩国国史编纂委员会建置网络版《朝鲜王朝实录》之结果。

② 此处"官学"乃朝中勋旧大臣之学，相对于民间士林的"道学"路线。

③ 高丽末期，儒者分化为支持改革高丽建立新国家的"事功派"，以及注重义理精神拒绝参与新国家建设的"道学派"。王朝交替后，事功派成为主导朝鲜王朝的勋旧势力，道学派不参与政治，而在岭南、畿湖地区为以金宗直（1431—1492）为中心形成"士林"，根据性理学理念对朝中勋旧派提出批评。参见李秉烋《朝鲜前期 支配勢力의 葛藤과 士林政治의 成立》（朝鲜前期支配势力的冲突及士林政治的成立），大邱（韩国）：岭南大学校民族文化研究所，1990年，第163—193页。

全》”后带回朝鲜[①]，此后1426年、1433年、1469年又多次获颁《大全》[②]。1425年为了刊印分量庞大的“三《大全》”，世宗下令忠清、全罗、庆尚道分摊刊印所需纸张[③]，庆尚道于世宗九年（1427）七月进贡完成的《新刊性理大全》[④]，同年九月世宗传旨庆尚道及全罗道监司，依《性理大全》之例再印《五经大全》[⑤]，1428年印《四

① 《朝鲜王朝实录》世宗元年（1419）十二月七日。载：“敬宁君祎、赞成郑易、刑曹参判洪汝方等回自北京……皇帝待祎甚厚……特赐御制序新修《性理大全》《四书》《五经大全》及黄金一百两、白金五百两、色段罗彩绢各五十匹、生绢五百匹、马十二匹、羊五百头以宠异之。”

② 相关史料如下。《朝鲜王朝实录》世宗八年（1426）十一月二十四日。载：“进献使佥总制金时遇，奉敕而回，上出迎于慕华楼如仪。其敕曰：‘敕朝鲜国王。今赐王《五经》《四书》及《性理大全》一部共一百二十册、《通鉴纲目》一部计十四册，至可领也。’”《朝鲜王朝实录》世宗十五年（1433）十二月十三日。载：“千秋使朴安臣传写赍来敕书二道，先使通事金玉振驰启。一曰：……今赐王《五经》《四书大全》一部、《性理大全》一部、《通鉴纲目》二部，以为教子弟之用，王其体朕至怀。”《朝鲜王朝实录》睿宗一年（1469）二月七日。载：“崔安、郑同、沈浍等，将皇帝别赐《五伦书》《五经大全》《性理大全》《四书》、白玉玲珑天鹿带、黑白玉玲珑架上鹰闹妆、各样闪色蟒龙纻丝、熟绢、象牙等物，诣阙。上具冕服，迎赐物，率百官入庭，行礼如仪。”

③ 《朝鲜王朝实录》世宗七年（1425）十月十五日。载：“传旨忠清、全罗、庆尚道监司：‘欲印《性理大全》《五经》《四书》，其册纸给价换楮，忠清道三千帖、全罗道四千帖、庆尚道六千帖，造作以进。’”

④ 《朝鲜王朝实录》世宗九年（1427）七月十八日。

⑤ 《朝鲜王朝实录》世宗九年（1427）九月三日，世宗九年（1427）十月二十八日。

书大全》[1]。《性理大全》的刊印早于其他两《大全》，可见世宗对《性理大全》的重视。世宗曾尝试研读《性理大全》，但感到内容艰涩，且当时儒臣中理解该书内容的“可讲人”极少，实际上难以深入研究。这种困难感在世宗与集贤殿应教金墩（1385—1440）的对话中可以得知。

> 轮对，御经筵。上谓集贤殿应教金墩曰：“《性理大全书》今已印之，予试读之，义理精微，未易究观。尔精详人也，可用心观之。”墩曰：“非因师授，未易究观，然臣当尽心。”上曰：“虽欲得师，固难得也。”[2]

世宗谓《性理大全》“义理精微，未易究观”。朝鲜虽被颁赐《性理大全》，却无老师可讲授该书，朝鲜儒者仅能靠自力通读，故世宗时期《性理大全》虽受重视，但当时韩儒对《性理大全》尚未能完全吸收。即便如此，当时朝鲜朝中仍认为“理学则《五经》《四书》《性理大全》，无余蕴矣”[3]，以至于朝中商议赴明使行采购书

---

① 《朝鲜王朝实录》世宗十年（1428）一月二十六日。载：“礼曹启：‘江原道监司报：《四书大全》已分三处刊板，各构楼阁分类藏置，毋使乱秩，如或刓缺，随即改刊。守令交代之时，明载解由，在前册板，亦依此例，其藏书阁营造，听自愿僧徒，功讫赏职。请依所报，并谕他道，依此施行。从之。’”

② 《朝鲜王朝实录》世宗十年（1428）三月二日。

③ 《朝鲜王朝实录》世宗十七年（1435）八月二十四日。载：“理学则《五经》《四书》《性理大全》，无余蕴矣；史学则后人所撰，考之该博，故必过前人，如有本国所无有益学者则买之。《纲目》《书法》《国语》亦可买来……北京若有《大全》板本，则措办纸墨可私印与否，并问之。”

目时，甚至不多考虑购买其他性理书，其原因之一是“三《大全》”乃“中朝诸儒承命撰述之书”[①]，其“御纂”的官方身份，在朝鲜被认为权威的象征。

成宗时期对《性理大全》的谈论大多与经筵相关。当时主张“《资治通鉴》，史家之根本；《性理大全》，理学之渊源，此二书不可不讲也”[②]。此时经筵的内容是“朝讲《资治通鉴》，讲毕后，讲《性理大全》。昼讲《前汉书》，讲毕后，讲《近思录》。夕讲《孟子》，讲毕后，讲《高丽史》”[③]。

此时朝中儒臣对《性理大全》中的《皇极经世书》《律吕新书》仍感到艰涩难解，但仍设法苦心研读。

中宗时期，被誉为“近世道学之宗”的金宏弼（1454—1504）将道学一脉传至赵光祖（1482—1519）、金安国（1478—1543）等岭南一带士林（即日后的己卯士林）[④]。中宗在1506年推翻燕山君取得政权后，起用原本在野的赵光祖（1482—1519），使己卯士林一跃成为与朝中“官学派”相对的“士林派”。韩国学界一般认为朝鲜对

---

① 《朝鲜王朝实录》世宗十七年（1435）十月二十五日。载：“《性理大全》及《四书》《五经大全》，中朝诸儒承命撰述之书，采辑先儒诸说而折衷之，实理学之渊源。”

② 《朝鲜王朝实录》成宗十一年（1480）十月二十日。载：“《资治通鉴》，史家之根本；《性理大全》，理学之渊源，此二书不可不讲也。然《性理大全》有《皇极经世书》《律吕新书》，其奥义微旨，非人人所能解也。请择弘文馆员之英敏者，预习进讲。”

③ 《朝鲜王朝实录》成宗十二年（1481）三月二十三日。

④ 此派士林学者于中宗十四年（1519）己卯士祸时被大量肃清，故被称为“己卯士林”。

《性理大全》的理解自中宗朝才达到标准[①]，此时己卯士林登上政治和学术的舞台，成为《性理大全》的诠释者与普及者，为《性理大全》在朝鲜的地位定调。他们普遍将《性理大全》视为“帝王学”书籍，与“心学”诸书并论。

> 《性理大全》，人君之所当讲究者也，当进讲，以观古昔圣贤之事；《近思录》亦当进讲。
>
> 文宗尝曰：“近见《近思录》，所得颇多。”今若进讲，必补心学。[②]

由于对《性理大全》理解深刻，己卯士林中多人担任《性理大全》的可讲人，金安国与其弟金正国（1485—1541）也在其中[③]，金安国更成为留名后世的“名讲”。除了在朝中讲授《性理大全》，金安国还在1518年担任庆尚道观察使时于当地刊刻《性理大全》，使该书普及到汉阳以外的地区，当时尚且年轻的退溪李滉（1501—1570，庆尚右道出身）和南溟曹植（1501—1572，庆尚左道出身）即在此时

---

① 参见禹贞任《朝鮮前期〈性理大全〉의 理解過程：節要書의 編纂·刊行을 中心으로》（朝鲜前期〈性理大全〉的理解过程：以节要书的编纂、刊行为中心），《地域과 歷史》31辑，2012年，第273页。

② 《朝鲜王朝实录》中宗十一年（1516）四月十九日。

③ 《朝鲜王朝实录》中宗十三年（1518）十一月六日。载：“政院选《性理大全》可讲人，书启南衮、金安国、李耔、金淨、赵光祖、金世弼、申光汉、金正国、金絿、洪彦弼、金湜、韩忠、朴世熹、奇遵、郑麐、张玉、赵佑、李希闵、黄孝献、权云、李忠健等二十一人。”

接触到《性理大全》[1]。金安国在《书〈新刊性理大全〉后》写道：

> 《性理大全》一书，乃理学之源本，经书之羽翼。士苟志于古，不徒以记诵词章为务，则舍是书何以哉？……窃观南州之士相尚以词华，操觚而能者，所在而群。若更研究于穷理尽性为己切实之学，则本末兼该，文行两茂。其处也，足以怀道而范俗；其出也，足以尊主而庇民，不止为文人才士而已。醇儒辈出，讲习相继，俾濂洛渊源之教浸兴于东国，大盛于本朝，岂不有补于圣代右文之化哉？[2]

金安国的叙述，可看出己卯士林将涵载“濂洛渊源之教”的《性理大全》定位为“理学之源本，经书之羽翼”，同时也是“穷理尽性为己切实之学”。金安国认为士人徒以“记诵词章”、重视词华为务，是舍本逐末的行为；要本末兼该，才能从单纯的文人才士跃升为“尊主而庇民”的士大夫，故致力于《性理大全》之普及。

（二）朝鲜《性理节要》的意义与《性理大全》在三《大全》中的地位

金安国在《书〈新刊性理大全〉后》，除了说明当时《性理大

---

① 金恒洙《16세기 士林의 性理學理解——書籍의 刊行·編纂을 중심으로》（16世纪士林的性理学理解——以书籍的刊行、编纂为中心），《韩国史论》7辑，1981年，第121—177页。

② ［朝］金安国《书〈新刊性理大全〉后》，《慕斋集》卷十二，《韩国文集丛刊》第20册，首尔：民族文化推进会，1988年，第219页。

全》在朝鲜的地位，亦叙述了《性理大全》流传的困难。实际上当时知识分子要取得《性理大全》并非易事。

> 然简帙繁多，流布不广。远方之上，有只闻其名而不一见其书，至赍价求购于京，累世而不得者，深可叹已……谨购《性理大全》善本于京都，刊之本道，印布诸邑，以与志学之士共之，庶得家有而人读之，使知所趋向而兴起焉。[①]

金安国指出“简帙繁多”是《性理大全》流布不广的原因。当时朝鲜纸价高昂，书籍页数越多，成本就越难以负担。由于朝鲜并无书肆，因此《性理大全》此种国家认可读物，有时会将书板置于乡校，允许民间有志取得此书者自备纸张来印；但仍有纸张昂贵无法备齐的情形[②]。究竟朝鲜纸价高昂是何种水平？朝鲜前期文人鱼淑权（生卒年不详）的《书册市准》记录了朝鲜31种书籍印刷所需的材料与经费，其中《性理大全》多达七十卷，耗费最大，需纸一万八千

---

① ［朝］金安国《书〈新刊性理大全〉后》，《慕斋集》卷十二，《韩国文集丛刊》第20册，首尔：民族文化推进会，1988年，第219页。

② 《朝鲜王朝实录》世祖十七年（1435）十月二十五日。载：“《性理大全》及《四书》《五经大全》，中朝诸儒承命撰述之书，采辑先儒诸说而折衷之，实理学之渊源，学者当先讲究者也。太宗皇帝赐与以后，已曾板刊，置于铸字所。向者印颁臣僚，期于广布，但外方各官乡校与穷村僻巷，曾无一本之藏，乡邑有志之士，虽欲考阅，无由得见，诚为可虑。今同封各册卷数，晓谕各官，如有不干民力，无弊自备，欲印置于乡校者，暨邑人如有能办自愿印之者，收其纸以送，则皆许印送。如或不愿，不必强使为之，其自愿者，亦不必一时尽印诸书，虽一经一书，随其所备纸数，收纳上送。”

张，工钱为棉布6匹。姜明官指出当时棉布一匹的价格，可能高达奴婢一年的总收入[①]，故汉阳外的士人只闻书名不见其书者大有人在；即便有志到汉阳求购此书，亦大为不易，甚至有“累世而不得”之叹。纸价引发的普及困难，并非金安国在庆尚道刊刻《性理大全》所能解决。此时出现了金安国之弟金正国编纂的《性理节要》。

中宗十四年（1519）己卯士祸发生，金正国受波及被削夺官职，谪居高阳芒洞。此期间金正国抄录《性理大全》七十卷中最切要者，编为《性理节要》四卷，于1524年成书[②]。1538年金正国重回政界，在赴任全罗道观察史时，使用当时保管在罗州牧的木活字刊印《性理节要》，印刷了800套[③]。1546年《性理节要》再度锓梓刊行，显示当时对此书的需求。金正国在《性理节要》自序中表达了对《性理大全》的看法以及编纂《性理节要》的目的。一如己卯士林的一贯态度，金正国积极认同《性理大全》，并指出世间“学者之文”为求科举之效，一度离六经之道日远，直至濂洛发明经义而朱子集其大成，“始变魏晋唐宋之陋，而为羽翼六经之文”，赞扬永乐帝编纂《性理大全》并布诸天下之大功[④]。至于《性理节要》的成书目的，金正国指出：

---

① 姜明官《朝鮮時代冊과知識의歷史》（朝鲜时代书与知识的历史），首尔：千年의 想像，2014年，第305—309页。

② 刊印过程参照周世鹏：《〈新刊性理节要〉序》，《武陵杂稿》卷六，《韩国文集丛刊》第27册，首尔：民族文化推进会，1988年，第152—170页。

③ 《性理节要》自序，见清州古印刷博物馆藏本。该本为1538年地方官署的木活字本，由于该时代的数据多于壬辰倭乱中损毁，该本目前被指定为韩国国家纪录遗产。

④ 《性理节要》自序，清州古印刷博物馆藏本。

> 学经书之文者，病于难到而遂为陈腐；学庄列班马之文者，似于模仿而流为浮华。科场收格，不得已黜陈腐而取浮华，故进取者争相慕效，连帙而书首举之卷，累编而集著者之稿，皆辞丽而理悖，外华而内枯，殊无可观。余是之病，顷在退休之日取全书，删去支离，并弃语录，略取其可为模范者若干篇；如有意趣深切，则虽片言只辞，亦或取录编成，名曰《节要》。[①]

金正国的编纂目的，表现出己卯士林“文以载道”的价值取向[②]，反对文章追求艺术性，同时反对将文章视为服务科举考试的工具，主张以承载的精义质量作为评断文章优劣的标准。在东亚将文章视为个人心性阐发的传统上，金正国的见解虽然看似对文章写作的批评，实际上批评的是当时儒者的态度及价值观。为纠正这种只求科第而不重经义奥旨，辞丽而理悖、外华而内枯的浮华之文，金正国选录《性理大全》中可为“载道之文模范”及“意趣深切”者，编为《性理节要》。在己卯士林的论述脉络中，《性理大全》及《性理节要》都是高于科举世俗价值的存在。

1546年周世鹏（1495—1554）在《〈新刊性理节要〉序》说：

---

① 《性理节要》自序，清州古印刷博物馆藏本。

② 朴熙秉《儒教와 韓國文學의 時代別 장르體系》（儒教与韩国文学的时代别类型体系），见氏著《儒教와 韓國文學의 장르》，坡州：돌베개，2008年，第117—150页。

“二南之士家诵是书”[①]，可见《性理节要》一时之间以节要本的形式增加了《性理大全》的普及率。紧接在《性理节要》之后，朝鲜于1564年出现了李桢（1512—1571）《性理遗编》、朴丞任（1517—1586）《性理类选》这两本以《性理大全》为母本的书籍。学界将此两书也泛称为《性理大全》的节要书，事实上《性理遗编》仅选录了金正国基于“文以载道”刻意忽视不选的“诗文”部分，并非全书之“节要”；《性理类选》为《性理大全》二十六至六十九卷之节要，二十六卷前从《太极图》到《洪范皇极内篇》皆未涉，且终朝鲜一朝皆未曾刊刻[②]。上述两书应称为“选录”还是“节要”尚待商榷，但就此足以看出16世纪前中期《性理大全》确实受到多数朝鲜儒者的关注。

相对于《性理大全》，另“两《大全》”在朝鲜没有类似的节要本。若“节要本”暗示了对该书籍的需求，则必须考虑《性理大全》在朝鲜的重要性是否可能高于另外“两《大全》”。事实上，在韩国国史编纂委员会建置《朝鲜王朝实录》数据库（太白山史库本）检索“性理大全”得到的90笔结果，远高于检索“四书大全”的6笔、“五经大全”的6笔。此外在《韩国文集丛刊》数据库，以“性理大全”检索有结果558笔，而“四书大全”为27笔，“五经大全”为13笔。针对此种数量的悬殊差距，可能的解释是《性理大

---

① ［朝］周世鹏《〈新刊性理节要〉序》，《武陵杂稿》卷六，《韩国文集丛刊》第27册，首尔：民族文化推进会，1988年，第166页。

② 《性理节要》《性理遗编》与《性理类选》研究，详见禹贞任《朝鲜前期〈性理大全〉의 理解過程：節要書의 編纂·刊行을 中心으로》（朝鲜前期《性理大全》的理解过程：以节要书的编纂、刊行为中心），《地域과 歷史》31辑，2012年，第279—302页。

全》与另两《大全》不仅被分别看待，且更受重视。确实，在文献中《性理大全》并非总是被夹带在“三《大全》”中论述，朝鲜前期经常可见《性理大全》与《近思录》《心经》《朱子语类》等书并列。如韩忠（1486—1521）在其行状中被叙述为“取《小学》《心经》《近思录》《性理大全》《朱子语类》等书，沈潜玩索，昼习夜诵”①；1566年《明宗实录》载曹植（1501—1572）“教学者每勤读《近思录》《性理大全》等书，皆以体会自得为急，不屑屑于口读之末”②。这些读物，在朝鲜被视为“心学”之书。

> 帝王之学，以治心为本。方今所讲《论语》《大学衍义》虽好，犹不若《近思录》《心经》《性理大全》等书也。儒臣中从事学问者，宜常常顾问也。臣恐殿下图治之心，或未免始勤终怠，若以心学为本，则必无是患矣。③

上文提到帝王之学以“治心”为本，应当注重《近思录》《心经》《性理大全》等“心学”之书。此处所谓“心学”并非陆王心学，而是指“聚焦于心性涵养的性理学”，与之对立的则是迎合科举及政治而世俗化的性理学④。在己卯士林的论述脉络下，《性理大

---

① ［朝］李廷龟《行状》，《松斋集》卷四，《韩国文集丛刊》第23册，首尔：民族文化推进会，1988年，第550页。

② 《朝鲜王朝实录》明宗二十一年（1566）十二月二日。

③ 《朝鲜王朝实录》仁祖二年（1623）七月二十四日。

④ 参见정재훈《16世紀前半 새로운 性理學의 摸索과 心學化》（16世纪前半新性理学的摸索与心学化），《韩国思想史学》18辑，2002年，第333—368页。

全》被定调为具有“脱世俗性”的“心学”书籍，其地位高于作为科举基本书的“两《大全》”。除此之外，朝鲜视《四书大全》与《五经大全》亦有高下之分，看重《四书大全》胜过《五经大全》。《四书大全》由于忠于朱子集注，相对来说较受到朝鲜儒者的认同；而《五经大全》以元人注释为底本，难为朝鲜儒者接受，因此将五经缩减为三经，去掉了《春秋》和《礼记》，李滉之后“四书三经”的形式固定下来[①]。就此论之，“三《大全》”在朝鲜的地位排序应为《性理大全》《四书大全》《五经大全》。

《性理大全》在朝鲜影响力的形成，除了“脱世俗性”的“心学”地位外，另一原因在于当时朝鲜进入朱子学体系未久，性理书未齐。金恒洙整理朝鲜儒者对性理书的接受，指出《性理大全》传入之前，最重要的性理学书为《朱子家礼》，且流传限于岭南地方[②]。因此当世宗朝传入收录120位儒者之言的《性理大全》，即被视为重要的性理书大总集，填补了朝鲜儒者“吾东方文籍鲜少，学者病其未能尽博”的缺憾[③]。后来对朝鲜影响最大的《朱子家礼》版本亦非早期传本，而是《性理大全》版本[④]。中宗三十八年（1543）朝鲜首次刊

① 参见崔锡起《朝鲜时代的经书解释及崔象龙之〈论语〉解释》，收入张崑将编《东亚论语学：汉日篇》,台北：台大出版中心，2009年，第100—101页。

② 金恒洙《16 세기 士林의 性理學理解：書籍의 刊行·編纂을 중심으로》（16世纪士林的性理学理解：以书籍的刊行、编纂为中心），《韩国史论》7辑，1981年，第175页。

③ ［朝］卞季良《〈四书〉〈五经〉〈性理大全〉跋》，《春亭集》卷十二，《韩国文集丛刊》第8册，首尔：民族文化推进会，1990年，第161页。

④ 卢仁淑《朱子家礼与韩国之礼学》，北京：人民文学出版社，2000年，第19页。

印《朱子大全》，士人始得以全面了解朱子的思想体系，自此朝鲜从以《性理大全》为中心的性理学，转移到以《朱子大全》为中心的朱子性理学[①]。故1569年奇大升（1527—1572）有“永乐皇帝命撰集《四书》《五经》及《性理大全》，则不知朱子之意而撰修处多有之”[②]之批判，《性理大全》不再至高无上。但到朝鲜后期为止，查阅《性理大全》仍为朝鲜文人的习惯。略举英祖、正祖朝两例如下。

> 上曰，《渔樵问答》曾见之，而依稀不能记得，持入可也。以权承命持入《性理大全》《渔樵问答》卷。[③]

> （奎章阁抄启文臣）[④]金处严段……今此诸条，事当一一仰对，以赎前慢，而前既失对，今又强为之说，甚非诚实底道

① 朝鲜性理学的重心逐渐由《性理大全》转移到《朱子大全》一事，较早见于金恒洙《16 세기 士林의 性理學理解：書籍의 刊行·編纂을 중심으로》（16世紀士林的性理学理解：以书籍的刊行、编纂为中心），《韩国史论》7辑，1981年，第176页。《朱子大全》形成的具体影响，参见신두환：《16世紀朝鲜의〈朱子大全〉刊行과 그 學問的動向研究》（16世纪朝鲜的《朱子大全》和其学问的动向研究），《南冥学研究》Vol.52，2016年，第43—78页。

② 见《朝鲜王朝实录》宣祖二年（1569）四月十九日。

③ 《承政院日记》英祖四十九年（1773）十月十四日。

④ 括号内为笔者注。据《经国大典》《月课文臣》和《专经文臣》条记载，“抄启文臣”制度乃选拔37岁以下堂下官，使之到40岁为止免除原本职务，于奎章阁专注于读书精进学问。抄启文臣每月有两次课讲（口试）与一次课制（笔试），有时正祖会直接参与讲论或考试计分。参考韩国学中央研究院编《韩国民族大百科》。

理，矣身[①]不敢生意是白乎矣。至于“理作合字看”一句语，矣身不谨之罪尤在于此：盖此出于朱夫子之说，而矣身不及考见于《语类》及《性理大全》等书，遂认作程子说看，则性理下难之际，其诖误穿凿，果如何哉？[②]

引文第一例是英祖突然想阅读邵雍《渔樵问答》，命人取来收有此文的《性理大全》，这表示英祖不但熟知《性理大全》内容，当初也可能在《性理大全》中读到过《渔樵问答》。第二例是正祖责备抄启文臣学术驽劣不精，被点名责备的抄启文臣金处严诚惶诚恐，反省自己在回答问题时未查考《朱子语类》及《性理大全》，以至于将朱子之说误记为程子之说。由此两例可知《性理大全》在朝鲜前期确立其地位后，即便与《朱子大全》产生地位交替，对《性理大全》的阅读需求仍持续到朝鲜王朝后期。韩国现存的多种朝鲜本《性理大全》也呼应此一事实。邱敬霞指出目前韩国现存《性理大全》朝鲜本多达21种，当中能确认年代者有世宗九年（1427）、中宗—明宗朝（1567—1608）、宣祖朝（1567—1608）、正祖朝以及高宗十一年[③]，可谓终朝鲜一朝持续被刊印。

---

① “矣身”一词在朝鲜汉文中为“我”之谦称，《朝鲜王朝实录》可见许多用例。如《朝鲜王朝实录》宣祖二十九年（1596）八月八日，载“以矣身为崔莹子孙，自少有勇健之名故也，矣身岂有如此闷望之事乎？苍天在上，矣身万无此理云云”。宣祖三十九年（1606）六月二十日，载“矣身自刑曹移来禁府之时，妻娚莫龙持矣身枷头而来”。

② 《承政院日记》正祖二十年（1796）十二月二日。

③ 参见邱敬霞《朝鲜朝对〈性理大全〉的接受研究》，山东大学硕士学位论文，2014年，第17—22页。

本节论述，可以发现：1.1419年后朝鲜多次受明朝颁赐《性理大全》，世宗朝重视且刊印此书，但对内容理解程度不高；成宗朝官学派学者将《性理大全》视为经筵重要书籍；中宗朝己卯士林深刻理解《性理大全》，对其推崇及大力推广。2.己卯士林将《性理大全》定位为“心学”的重要书籍，“脱世俗性”使其地位高于“两《大全》”。3.16世纪金正国编《性理节要》，同时期亦有其他《性理大全》节选本，显示该书备受关注。4.即便16世纪中朝鲜性理学的重心由《性理大全》转移至《朱子大全》，到朝鲜后期《性理大全》仍是重要读物。

三、《性理大全》在越南

（一）越南对《性理大全》的接受过程

1407年，明永乐帝灭安南胡季犛，置交趾承宣布政使司、提刑按察使司及卫所府州县各衙门，越南进入长达20年的属明时期（1407—1427）。《大越史记全书》记载，永乐十七年（1419）明迁监生唐义向交趾郡颁赐《五经大全》《四书大全》《性理大全》等书于府、州、县儒学[①]。陈文指出此时期明于交趾实施一连串文教政策，包括设置各级学校、遣交趾子弟赴国子监就学、建立官僚队伍、

① “明迁监生唐义，颁赐《五经》《四书》《性理大全》《为善阴骘》《孝顺事实》等书于府州县儒学。”参见（后黎朝）吴士连撰，陈荆和编校《大越史记全书》本纪卷十《黎皇朝记》，东京：东京大学东洋文化研究所，1984年，第517页。本文引用之《大越史记全书》皆为此本，不再另行标注。

开设交趾乡试、传播儒学等[1]。属明时期结束后，越南进入后黎朝初期（1428—1527），但并未回到属明前三教并重的传统，而是独尊儒学[2]，越南进入儒学鼎盛期[3]。此时“三《大全》”与逐渐巩固的科举制度结合，成为后黎朝、莫朝、中兴黎朝、阮朝科举的主要内容[4]。以下就后黎朝与阮朝分论之。

朱云影指出，原本科举在越南并非定期举行，后黎朝初期可见六年或五年一试，黎圣宗于洪德六年（1475）依《大明会典》订定三年一试[5]；陈文指出此后越南科举开始制度化，到后黎朝灭亡为止持续三年一试，成为社会身份流动的主要途径[6]。考察《大越史记全书》，可发现绝大多数关于“三《大全》”的叙述都与科举有关。关

① 详见陈文《越南科举制度研究》第二章《黎朝时期的学校教育》，北京：商务印书馆，2015年，第54—64页。

② 朱云影《中国经学教育对日韩越的影响》，《历史学报》1977年第5期，第21页。

③ 何成轩在《儒学南传史》第七章《越南独立后儒学之兴替》中的各小节名称为《李朝：三教并用佛教为主》《陈朝：儒学逐渐取得主导地位》《黎朝：儒学鼎盛时期》《阮朝：儒学由盛而衰》，基本上点出了儒学在越南的发展进程。详见何成轩《儒学南传史》，北京：北京大学出版社，2000年，第334—358页。

④ 陈文《越南科举制度研究》，北京：商务印书馆，2015年，第55页。

⑤ 参见朱云影《中国经学教育对日韩越的影响》，《历史学报》1977年第5期，第2—21页。

⑥ 陈文指出北方郑主沿习黎初期政策，南方阮主则非，指出故科举在南阮不占社会流动主要地位，故科举的影响以北方为主。参见陈文《科举取士与儒学在越南的传播发展——以越南后黎朝为中心》，《世界历史》2012年第5期，第70—78页。

于“三《大全》”在后黎朝与科举结合的具体过程和时期，黎贵惇（1726—1784）在《见闻小录》中有如下说明：

洪德中，递年颁官书于各府，四书、五经、《玉堂文范》《文献通考》《文选》《纲目》，学官以此教习，科举以此取士。中兴以后，只以《五经》《四书》《性理大全》《少微通鉴》《纲领》《呆斋》《四道长策》《源流至论》命题。正和甲戌，拟以《纲领》《呆斋》《四道长策》《源流》枝叶之文停之，令天下学子学《纲目》《左传》。近来庭试，亦多间问《周礼广义》《大学衍义》此二书。①

黎贵惇将后黎朝科举的重要书籍分成三个时期说明②，且整理如下表（斜体字表示推测）。

	儒学 / 经学	实用文	文学	史学	典章制度	举业文
洪德年间（1470—1497	四书类 五经类	《玉堂文范》	《文选》	《纲目》	《文献通考》	

① ［越］黎贵惇：《见闻小录》卷二《体例》，夏威夷大学藏本，编号DS557.A5 L42 54a。

② 后黎朝以1527年莫登庸建立莫朝，到1533年阮淦拥黎宁复辟为界，可分为1428—1527年的黎初朝及1533—1788年的中兴黎朝，中间1527—1593年为莫朝。中兴黎朝南北分治，南方阮主不设科举，黎贵惇位于北方，故其所言“中兴以后”和“正和”当以北郑状况为主。

中兴后（1533—）	《五经大全》 《四书大全》 《性理大全》			《少微通鉴》	《源流至论》	《纲领》 《呆斋》 《四道长策》
正和甲戌（1694）后	《左传》 《周礼广义》 《大学衍义》 《五经大全》 《四书大全》 《性理大全》			《纲目》 《少微通鉴》		

1.洪德年间（1470—1497）

（1）经学方面重视四书五经，但无法具体得知书名，不确知是否包括《大全》系统。（2）实用文方面有《玉堂文范》，目前无法确知其内容，从书名来看是朝廷实用文。（3）文学方面以《昭明文选》为主。（4）史学方面读朱熹《资治通鉴纲目》，该书将司马光《资治通鉴》以纲目体编列，加以道德信念解释而成。（5）典章制度方面，《文献通考》记载中国上古到宋的典章制度，为议论古今政治得失的基础知识。考证《大越史记全书》所载洪德三年会试内容，四场考试的内容分别是：第一场四书五经，第二场制、诏、表等实用文，第三场诗赋等文学，第四场历代政事得失等史学内容[①]。会试内容与黎贵惇所提书目高度重合。

① “会试天下举人，取黎俊彦等二十六人。其试法，第一场，四书八题。举子自择四题作四文，《论》四题，《孟》四题。五经每经三题，举子自择一题作文，惟《春秋》二题并为一题，作一文。第二场，则制、诏、表各三题。第三场，诗赋各二题，赋用李白体。第四场，策问一道，其策题以经书旨意之异同，历代政事之得失为问。”参见《大越史记全书》本纪卷十二《黎皇朝记》，第691页。

2.中兴后（1533—）

（1）经学方面，以“三《大全》”为书目。（2）史学方面，以《少微通鉴节要》代替《资治通鉴纲目》。《少微通鉴》是江贽将司马光《资治通鉴》删节并以编年体编排而成。（3）典章制度方面，以宋朝林駉撰科举用类书《古今源流至论》[①]代替《文献通考》。（4）举业文方面，《纲领》《呆斋》是何书尚无具体推论，但三书在前引文献中前后并论两次，其属性应相近，《呆斋》可能为明人刘定之（1409—1469）的《呆斋先生策略》或其他著作；《四道长策》一书目前未见存本，参考越南汉喃研究院藏《四道长策详注》之题解，此书应为策试用的举业文[②]。

3.正和甲戌（1694）后

（1）经学方面，奖励学子读《左传》。黎贵惇未言“三《大全》”去除，表示《大全》可能持续沿用（故暂列入上表），并增加《周礼广义》[③]和真德秀《大学衍义》。（2）史学方面，重新奖励学子读朱熹《资治通鉴纲目》。《少微通鉴》不知是否并存，但从

---

① 《古今源流至论》为宋代类书，内容分为“卫兵”“形势”“畿兵”“屯田”“州兵”“民兵”“兵权”“车战”“舟师”“马政”“国用”“漕运”“赋税”“榷茶”“榷监”“钱币”“楮币”“文学”“国学”“科举”“学政”等数十目。

② 此书目前未见存本，但参考中研院建置“越南汉喃文献目录数据库系统”内《四道长策详注》提要，《四道长策》应为策文选，内容涉及政治、教育、道德、风俗、礼乐等方面。

③ 此处《周礼广义》可能指明张时泰的《广义》。

“《通鉴纲目》与国史须融会贯通”的要求看来[①]，此时期《资治通鉴纲目》可能更为重要。

黎贵惇的话说明，至少在后黎朝中兴年间，“三《大全》”已在越南科举中具有重要地位。到了阮朝，朱云影指出“三《大全》”在阮朝成为最重要的讲学经籍[②]，陈文亦指出“三《大全》”成为阮朝主要教学内容及考试题源[③]。具体分析《大南实录》，可发现《性理大全》相关记载集中在“皇子讲学书目”上。明命四年（1823）朝中讨论诸皇子“讲学规程”十一条时，朝臣吴廷价（生卒年不详）建议让皇子比照乾隆帝的读书书目，学习《四书》《五经》《性理》《纲目》《大学衍义》《古文渊鉴》等书[④]。此处所言《性理》是否为《性理大全》未能确知，但嗣德二十五年（1872）嗣德帝曾要求教导皇子的讲习员，按照当年吴廷价的标准严正教育皇子。此时皇子的读书书目明确提到《性理大全》。

---

① “又常考料事，问以兵机，试以政术。其四书五经，务在熟讲义理。《通鉴纲目》与国史，须融会贯通。”《大越史记全书》下续编卷五《黎皇朝记》（黎显宗四十年［1779］），第1191页。

② 参见朱云影《中国经学教育对日韩越的影响》，《历史学报》1977年第5期，第1—28页。

③ 陈文《越南科举制度研究》，北京：商务印书馆，2015年，第265页。

④ “今请定为讲学规程凡十一条。一曰讲学经籍。（谨按清高尊御制《乐善堂全集序》云：‘余生九岁始读书，十有四岁学属文，今年二十矣。其间朝夕从事者《四书》《五经》《性理》《纲目》《大学衍义》《古文渊鉴》。此则高尊当为皇子自表其所学然也。且诸书所载圣贤蕴奥、历代政事备焉。学堂中愿以进讲。’）”括号内为小字两行注。参见《大南实录》第二纪卷二十一（明命四年［1823］），第7页。

> 讲书日例，单日讲五经，再讲诸史；双日讲四书，再讲《性理大全》，以广见闻。五经四书，每于次日背读，正文精熟。诸史与《性理》，要贯通大意，免其背读。[①]

皇子讲书内容以单日、双日区分，最主要的内容仍是五经学和四书学，课后次日须要背读经文。单日讲完五经后讲诸史，双日讲完四书后讲《性理大全》。读史的目的在于“求古人之事迹，以明得失而正是非”[②]；而读《性理大全》的目的则被叙述为“以广见闻”。《性理大全》代表的“先儒议论格言”“濂洛关闽之学”，在阮朝固然仍被重视，其定位似乎较为轻松。

针对《性理大全》在越南的流传状况，可发现15至19世纪史料中虽有官方刊刻或普及“两《大全》”的记录，却难觅《性理大全》相关消息。《大越史记全书》明确记载越南镌刻“三《大全》”的记录有两次：一次是黎太宗二年（1435）刊刻《四书大全》[③]，一次是黎纯宗龙德三年（1734）校阅中国本后新刊《五经大全》，此处未见《性理大全》[④]。《大南实录》记普及书籍，可举绍治六年（1846）朝臣之上疏为例。

---

① 《大南实录》第四纪卷四十六（嗣德二十五年［1872］），第27页。

② 《大南实录》第四纪卷四十五（嗣德二十四年［1871］），第26页。

③ “《新刊四书大全》板成。”参见《大越史记全书》本纪卷十一《黎皇朝记》黎太宗二年（1435）条，第591页。

④ “春正月，颁《五经大全》于各处学官。先是迁官校阅《五经》北板，刊刻书成，颁布令学者传授。禁买北书，又令阮效、范谦益等分刻《四书》、诸史、《诗林》《字汇》诸本刊行。” 参见《钦定越史通鉴纲目》卷三十七，越南国家图书馆藏，编号R.523，第30页。

> 兹请在京由国子监监臣详捡《四书》《五经大全》原本，有舛谬者，量行补刻。在外左畿由平定，右畿由乂安，南圻由嘉定，北圻由河内、南定，各镌刻《四书》《五经大全》印版各一本，仍由所在学堂尊置。凡所在府省，并附近各辖，不拘官民士庶，情愿印刷者并听夫。如是书籍流布，天下共之，万世传之，人人仰无穷之教泽矣。[①]

朝臣请求绍治帝不仅在京城国子监检阅补刻《四书大全》《五经大全》，还要求允许左畿、右畿、南圻、北圻各自镌刻书版，由官民士庶自愿印刷，期待书籍得以"天下共之，万世传之，人人仰无穷之教泽"。但此时亦仅求普及"两《大全》"，又未言《性理大全》。综上而论，15至19世纪《性理大全》在越南刊刻流传的痕迹实为模糊，史书罕见相关纪录，刘玉珺调查现存越南本中国典籍514种中亦未见《性理大全》[②]。幸而陈文玾《北书南印板书目》载有《性理大全》[③]，证明了该书在越南曾被刊行。

---

① 《大南实录》第三纪卷五十八（绍治六年［1846］），第15—16页。

② 刘玉珺调查越南社科院汉喃研究院、文学院、历史研究院、越南国家图书馆、法国远东学院、法国国家图书馆写本部、法国亚洲学会图书馆所藏汉喃文献，加上《东洋文库安南本目录》及《古书院书籍守册》，将《越南汉喃文献目录提要》所载500种越南本中国典籍增订至514种。参见刘玉珺《越南汉喃古籍的文献学研究》，北京：中华书局，2007年，第35—40页列表。

③ 《北书南印板书目》目前仅存越南汉喃研究院抄本VH.2691，本文参考陈益源整理之《北书南印板书目》，其中编号204者为《性理大全》，编号209为《五经大全》，编号219为《四书大全》。《北书南印板书目》收入氏著《越南汉籍文献述论》，北京：中华书局，2011年，第71—86页。

（二）越南《性理节要》的意义与《性理大全》在“三《大全》”中的地位

综观上述史料，可以发现《性理大全》在越南文献中不仅若隐若现，且几乎未曾独立于“两《大全》”。相关论述总是将《性理大全》与“两《大全》”并论，更多时候只有《四书大全》《五经大全》被提及。越南“三《大全》”节要书及相关文献也是如此，以至于经常必须以“两《大全》”的状况推测《性理大全》。

19世纪，坊刻的“三《大全》”节要在阮朝普遍流传。虽然现在学界将“简单化”（节要化）和“民族化”（喃字化）视为越南儒学的特色[①]，亦将儒学“节要书”视为越南文献的一个独立群体[②]，但19世纪当时，阮朝朝臣一直把民间惯用“经史摘要”一事视为不

---

① 中、越学界都曾提出相关看法。越南学者阮才东指出越儒治经学有“简单化”（节要化）和“民族化”（喃字化）的趋势，黎贵惇将四书简化并加上喃文编为《四书约解》即是代表性的例子。详见阮才东《民族精神与振兴儒家：以越南黎贵惇为例》，《유학연구》28辑，2013年，第438—439页。中国学者马达提出越南儒学有四项特点，其中第三项谓越南儒学具“实用和简约”特性，把中国文化简化和实用化以适应越南国情，如陈朝的朱文安把四书简化为《四书说约》、裴辉璧把明朝的《性理大全》简化为《性理撮要》等（笔者注：《性理撮要》应为《性理节要》之笔误）。详见马达《略论越南儒学的特色及其影响》，《河南教育学院学报》（哲学社会科学版）2010年第01期，第34页。

② 刘玉珺谈越南古籍的文献特色，陈文谈越南儒学著作，都将节要书另归一类讨论。参见刘玉珺对“北书的评选、节要、改编”之探讨，见氏著《越南汉喃古籍的文献学研究》，北京：中华书局，2007年，第280—283页。陈文对“摘要节要儒家经典”的探讨，见氏著《科举取士与儒学在越南的传播发展——以越南后黎朝为中心》，《世界历史》2012年第5期，第76—77页。

当。《大南实录》记载了明命四年（1823）提出的“经史摘要”（节要）问题：

> （1）四书五经至宋而下，既经真儒表章之，后而讲释之，卷帙多至汗牛，闲亦纯驳互出；史则温公《资治通鉴》朱子《纲目》之外，摘选之集无虑其数，而去取不同，褒贬亦异，非深造者莫能究其指归，而合一其说。（2）故大清诸帝节次简命儒臣会同裁纂为一代成书，曰“钦定”、曰“御定”、曰“御纂”、曰“御批”，诸书均以众智成编，而取正于上意，义定一有所适从。今学堂讲帙，请以《日讲四书解义》《日讲书经解义》《日讲礼记解义》《日讲春秋解义》《日讲易经解义》《御纂诗义折中》《御定孝经集注》《孝经御批》《历代通鉴辑览》定为讲谕之书，颁赐诸位阅习。其《御纂周易折中》《钦定诗书春秋传说汇纂》《钦定三礼义疏》《御批资治通鉴纲目》《御纂春秋直解》《御纂周易述义》等书，请藏之学堂，以备参究。（3）至如民间常习各品五经、四书及诸《纲鉴》《少微》之书，钧出一家私集，各别主意，请置之备考，不登讲帙。①

上段所论“经史摘要”的问题，主要可分为三个部分。（1）四书五经之学，讲释之书卷帙多至汗牛；史学除了朱子《纲目》可作为司马光《资治通鉴》的优秀“摘选之集”，此外无数“摘选之集”对

① 《大南实录第二纪》卷二十一明命四年（1823）条，第7—8页。引文中（1）（2）（3）为笔者为增加讨论的便利所加分段。

母本内容的去取标准皆不一致，质量亦各异，学者若阅读各自成书的摘要（节要），将难以得到统一的概念。（2）清国以朝廷之力聚集群臣众智共编的经史注释书，其内容符合国家统一的意识形态，释义亦有共同标准，故吴廷价进言应以这些御纂类书籍作为皇子的讲学用书。就此看来，阮朝与朝鲜一样，对中国的"官方编纂"有高度信任感。（3）此时民间好读之不良"节要"读物，来自某家私编的《五经》《四书》《纲鉴》《少微》，此人即18世纪越南大儒黎贵惇（1726—1787）的弟子裴辉璧（1744—1818）[①]。裴辉璧，号存翁、希章、黯章，青池县人，出身儒学门第，23岁起师从大儒黎贵惇，景兴三十年（1790 ）中进士，曾任职翰林院、国子监，官至继烈侯，在越南学界被视为有影响力的代表儒者之一[②]。裴辉璧著作甚多，包含经学、史学、诗文、序跋等，并编纂诸多节要书。他以"三《大全》"为底本，编纂《五经节要》《四书节要》《性理节要》，另编有《少微通鉴节要》及《周礼节要》。现存裴辉璧节要书的存本，刊行年代都在其身故之后，无法确定裴辉璧生存时书籍是否已经普及；但从19世纪朝廷内的讨论来看，裴氏"三《大全》"节要和《少微通鉴》节要对19世纪阮朝知识分子的影响极为明显。嗣德朝大臣阮通

① 相关节要本，书上皆标注"裴氏原本"，然而是否皆是裴辉璧本人所编纂，亦或间有书坊托名之作，尚待深掘考察。这并非本文可解决的问题，故暂按照书坊所宣称，将这些书籍的编纂者以裴辉璧称之。无论实际编纂者是谁，当时书坊出版了一系列"裴氏原本"的节要书，是客观可见的潮流。

② "17、18世纪，有关儒学经典的论著才有明显的成长，许多儒学者都参加解经工作，最具代表性的儒者有冯克宽、邓太滂、黎贵惇、范阮攸、范贵适、吴时任、裴辉璧等。" 参见黄俊杰、阮金三《越南儒学资料简介》，《台湾东亚文明研究学刊》2009年第2期，第221—226页。

（1827—1884）曾上《请申定史学疏》及《请颁给书籍疏》，强烈表达对裴辉璧经史节要书的批判：

> 奉我皇朝以《五经》《四书大全》《历代通鉴辑览》、正史定为取士之则，道术昌明，文人蔚起。自裴氏《五经》《四书节要》《新刊通鉴节要》诸书盛行，学者奉为科途捷径正学不明。迨至嗣德九年，议定专经条例，经学反正……所著之书大抵预为掇取科第捷套，贻误后生，令美才达士沦于曲学而不自知，则虽比于异端邪说、惑世诬民，亦不为过。[①]

阮朝科举重视《五经大全》《四书大全》，然而由于裴辉璧之节要本过度普及，导致学者依赖节要而不读原书之弊。《五经节要》《四书节要》《通鉴节要》被批为“预为掇取科第捷套，贻误后生”，其罪有若惑世诬民的异端邪说，嗣德皇帝甚至因而进行“经学反正”。阮通虽未言及《性理节要》，但坊间确实有裴氏《性理节要》流传。《性理节要》现存坊刻本五种，分别为绍治二年（1842）

① ［越］阮通《淇川公牍初编》卷二《请颁给书籍疏》，越南汉喃研究院藏本，编号VHv.2073。

盛文堂本两种[①]、绍治三年（1843）集文堂本[②]、绍治三年（1843）盛美堂本[③]、绍治四年（1844）美文堂本[④]。刊行年集中于绍治二年至四年，说明短时间内有众多书坊同时印制《性理节要》。部分版本增补了“阮探花官正本”[⑤]，“阮探花”即1765年出使清国的阮辉僜（1713—1789），其增补内容还需进一步考察。如果将裴辉璧对《性理大全》的删节视为该书第一阶段的重构，“增补阮探花官正本”则是第二阶段重构，表示阮朝《性理大全》的本地化更加深入且复杂。

从众多书坊争相印制《性理节要》及朝廷的顾忌来看，裴辉璧一系列的节要书确实具有重大影响，甚至可能比原始的《大全》母本流传更广。但引人注意的一点是，各家所出《五经节要》《四书节要》书前都有序文，唯《性理节要》目前存本皆无序文，这使得出版

① 裴英掌考察越南《性理节要》各版本，梳理越南汉喃研究院藏《性理节要》，其中包括中研院建置“越南汉喃文献目录数据库”未见内容。编号HN.111为绍治二年盛文堂本，Hv.13, Hv.14亦为绍治二年盛文堂本但内容有所增补，然未于封面明示为增补本。详见裴英掌（Bùi Anh Chưởng）：“Nghiên cứu văn bản Tính Lý Tiết Yếu”（性理节要文本研究），越南河内国家大学硕士论文，2014年。此诸版本笔者于2018年12月尝试再调阅时皆未寻得，仅能靠先前复印数据确认。感谢裴英掌提供HN.111。

② ［越］裴辉璧辑《性理节要》，越南国家图书馆本。

③ ［越］裴辉璧辑《性理节要》，许灿煌文库藏，编号XCH00367。本文乃绍治三年盛美堂刊本首度公开。许灿煌文库成立于2017年7月24日，所藏文献为许灿煌先生收藏之汉喃文献与越南华人文献。

④ ［越］裴辉璧辑《性理节要》，美文堂刊本，越南汉喃研究院藏，编号AC.5a。

⑤ 《性理节要》的版本演变，详见裴英掌（Bùi Anh Chưởng）：“Nghiên cứu văn bản Tính Lý Tiết Yếu”（性理节要文本研究），越南河内国家大学硕士论文，2014年。

《性理节要》的缘由难以掌握。作为理解《性理节要》出版缘由的参考，以下略举《五经节要》《四书节要》之序文。

《五经节要》绍治二年（1842）盛文堂本序：

> 节要者，裴氏原本也。《五经》载衟之文皆要也；科举之学，专于理会文字，往往节而约之，以便记诵、备决科。前辈诸家各有私本，就中训解详核，引用渊博，则未有如是本者。因锓之梓，颜以"节要"，亦曰"举学之要"云。[①]

《四书节要》成泰七年（1895）柳文堂本序：

> 节约也，要亦约也。何约乎？便于决科而已矣。夫科举之学与义理之学不同，义理之学必自传而之约；科举之学则主于约，故取经传之全而节之。就中裴氏私本较诸家为善，前即取其《五经》而梓之，今乃及于《四书》，其间训释援引，一依原本，而皆颜之曰"节要"云。[②]

上引序文，虽分属两书，且时间相隔50年，但内容一致性极高。首先分论"科举之学"与"义理之学"，开宗明义说明"节要体"即是"科举之学"。"义理之学"的载道之文不可删节；而"科举之学"则需要简要的文字以便记诵。"诸家各有私本"而"裴氏私本较诸家为善"之语，凸显了节要书文化在阮朝社会的普遍性。从越

① ［越］裴辉璧辑《五经节要》，越南国家图书馆藏，编号R.1287。

② ［越］裴辉璧辑《四书节要》，越南汉喃研究院藏，编号AC.226。

南当时对“节要体”的认知上，《性理节要》亦应是以科举准备书的形态流通，然而其与科举的连结性不若《五经节要》《四书节要》紧密，其实用性（世俗性）亦相对降低，以至于在“三《大全》”中处于弱势。由此可清楚感受到越南儒学作为“实用之学”的特征。

综合本节论述，可以发现：（1）15至19世纪间，后黎朝将《性理大全》视为科举命题重要书籍，阮朝亦将《性理大全》作为皇子的讲学书目，可谓有一定的地位。（2）《性理大全》相关记录在史料中若隐若现，被提及的数量远不如《四书大全》《五经大全》。（3）19世纪裴辉璧节要书广泛流传，其影响力到达令朝廷警戒的地步。《性理节要》不见序文，但按当时对“节要体”的认知，《性理节要》应作为科举用书而被编纂（或刊印）。（4）综观史料推测，《性理大全》作为科举用书的实用价值在“三《大全》”当中最低，因而地位低于“两《大全》”。

四、结论

前近代东亚思想的传递，以汉文经典为主要媒介。“三《大全》”承载着永乐帝的圣王大业，于1419年被颁赐给朝鲜和越南。即便后世学者如顾炎武等对“三《大全》”批评不断，“三《大全》”仍成为朝鲜与越南的重要书籍。本文从东亚视域出发，探讨承载“濂洛渊源之教”的《性理大全》在韩越如何被接受，并借此比较两国《性理大全》的定位差异，掌握韩越两国儒学基调的异同。本文的结论可归纳为以下几点：

第一，在《性理大全》的接受方面，朝鲜对《性理大全》的全面接受始于15世纪，此时期集结众书和先儒之言的《性理大全》，在弥补书籍不足的缺憾上具有重要意义；加以己卯士林的推崇，《性理大全》成为朝鲜性理学的重心。即便16世纪中后期其中心地位由《朱子大全》接替，到朝鲜后期为止《性理大全》都是朝鲜儒者的重要读物。相对于朝鲜，“三《大全》”传入越南历经属明时期、后黎朝、阮朝，至少在16世纪黎朝中兴年间，“三《大全》”已与越南科举结合，成为重要科举用书，并在阮朝成为教育皇子的讲学书目。然而史料对《性理大全》的记载远不及《五经大全》与《四书大全》清楚。

第二，《性理大全》在“三《大全》”中的地位，于韩越不尽相同，但都与其“脱世俗性”有关。由于《性理大全》与科举的直接连结性低于另“两《大全》”，在朝鲜己卯士林的“心学”诠释脉络中，《性理大全》以其“脱世俗性”的精神价值获得高于“两《大全》”的地位。越南方面，“三《大全》”被定调为科举用书，其中《性理大全》与科举的连结性次于“两《大全》”，因此就文献记录或从现存节要本，皆可推测越南《性理大全》之地位不若“两《大全》”。对比两国儒学的基调，若说朝鲜儒学是“作为‘心学’的儒学”，越南儒学可说是“作为‘实学’的儒学”。

第三，在流传上，朝鲜以《性理大全》为主要流通文本，阮朝则以《性理节要》见长。朝鲜《性理节要》仅于16世纪被刊印两次（1538、1546），而卷帙浩繁的七十卷《性理大全》终朝鲜一朝都持续被刊印。相对于此，越南可能以节要本更具影响力。19世纪裴辉璧的节要书流行之盛，到达朝臣上疏求禁的地步，其影响力不容忽视。然其《性理节要》由单纯的“删节”发展到增补“阮探花官正本”，显示文本已有更深且复杂的在地化，其具体影响为日后应持续探讨的课题。

西学东渐与书籍交流：近代越南《新订国民读本》的欧亚旅程

阮俊强　梁氏秋①

一、前言

沉迷于儒学传统的千百年来，直到19世纪的最后几十年至20世纪初，东亚国家面临来自各西方帝国的政治、经济和文化三大方面的威胁。在政治与经济上的是欧美殖民主义、属地争夺、寻找新的市场等问题。在文化上的是欧美文化浪潮侵入，技术文明、工业文明、教

① 作者单位：越南社会科学翰林院所属汉喃研究院。文原刊《中正汉学研究》2017年第2期。

作者按：This research is funded by Vietnam National Foundation for Science and Technology Development(NAFOSTED) under grant number 602.02—2016.03。本文首次发表于“2017 近世意象与文化转型”国际学术研讨会，台湾中正大学2017 年4月27—28日。感谢日本学者帮助搜集资料，列名如下：北九州岛市立大学金凤珍教授、关西大学沈国威教授、早稻田大学笹原宏之教授，美国哈佛大学博士生阮国荣（Nguyễn Quốc Vinh）。

育改革、排除儒教、语言思想及社会现代化的需求等问题。在此现代化的过程中，通过激进知识界的活动（包括个人活动和组织活动），我们需要清楚地认识从外国传入属地国的数据和书本系统中的新知识的重要作用。这些书本被称为“新书”，反映“新学”的知识，与儒教的“旧学”对立[①]。在越南，虽然东京义塾（1907—1908）只在短时间内运行，但是已经带来了一阵新鲜“维新”之风，实现了开民智、振民气、发挥爱国心的使命。东京义塾学校还编纂了一系列教材，内容包括多方面的新知识，这就是“新书”，反映当时的“新学”知识。

关于东京义塾的《新订伦理教科书》（1907年刻印），阮南已指出：该书源于日本秋山四郎学者的《中学伦理书》（刻印于1899年），该书的下册被董瑞椿1903年在中国翻译并印发，随后东京义塾的志士对此中译本进行“新订”，成为《新订伦理教课书》（1907年刻印）[②]。

本文受启发于越南20世纪初“维新”文化社会背景与当时士夫从“新书”系统接收新知识的需求，以考察越南东京义塾的另外一套汉文教材题为《新订国民读本》（1907年木刻版）的起源，并用兹理解到近代时期从西方转移到东方的文化与书籍的关系。

---

① 中国清代末年“新学”的各领域已经阐述于：Michael Lackner and Natascha Vittinghoff eds., *Mapping Meanings: The Field of New Learning in Late Qing China* (Leiden & Boston: Brill, 2004)。

② Nguyễn Nam, “Thiên hạ vi công: Đọc lại *Tân đính Luân lí giáo khoa thư trên* bối cảnh Đông Á đầu thế kỉ 20,” Tạp chí *Nghiên cứu và Phát triển*, 5 (122), 2015, tr.121—141.

二、越南维新风、东游运动和东京义塾

（一）“维新风从东海吹来”[①]

19世纪末年西方（欧美）大资本国家逐渐发展成为帝国主义国家，不断争夺殖民地与侵占在亚洲和非洲地区的市场。中国和越南逐渐被列入西方各强国所侵略的名单。明治维新（1868）之前日本命运也是一发千钧。如果日本内部争执不能迅速并机智地解决以有效地应对当时国际情况，那么日本也就像亚洲许多国家一样成为西方各国的诱饵[②]。但是日本克服所有的阻碍，维新事业终于获得了成功，改变了日本的历史，使日本成为亚洲乃至世界的强国[③]。

日本改革的风浪早已影响到中国。一群带着改良思想的知识分子，如康有为（1858—1927）、梁启超（1873—1929）等主张中国如想生存就必须尽快改革。日本明治时期对中国当时各知识阶层的深刻影响，当时约有一万中国学生在日本留学[④]，同时出现无数从日语译

① 引自“Văn tế Phan Tây Hồ của Phan Sào Nam,” Vĩnh Sính, *Việt Nam và Nhật Bản giao lưu văn hóa* (TP Hồ Chí Minh: Nxb. Văn nghệ TP Hồ Chí Minh, 2000), tr.170.

② Vĩnh Sính, *Việt Nam và Nhật Bản giao lưu văn hóa*, tr.80—81.

③ W. G. Beasley, *The Meiji Restoration* (Standford: Standford University Press, 1972).

④ 中国学生从1896年到1905—1906年开始到日本留学大概有8000人（较之于当时只有160人在美国留学）。参见Vĩnh Sính, *Việt Nam và Nhật Bản giao lưu văn hóa*, tr.171.

成汉语的读物[①]。

越南封建国家自19世纪末年已经成为法国的殖民地，各个以武装暴力抗法革命运动先后都被镇压。进入20世纪，日本维新风浪传到越南。明治时期维新风浪的流传力早已被越南一些有改革思想的士大夫，如阮长祚（1830—1871）、阮露泽（1853—1898）等在19世纪60年代提起[②]。尤其在俄日战争（1904—1905）中的日本战胜后，日本成为越南人的兴趣来源并将其视为一个榜样，一个刺激越南发展的动因，甚至是一位可施的救星[③]。许多越南知识分子自问：日本是一个像越南一样的小国，经过几十年改革，从明治时期（1868）之后，就能够与西方强国并列，那么越南岂能不改革？这个问题在越南当时已被实践化，体现于维新会（Hội Duy Tân, 1904—1912）、东游运动（Phong trào Đông Du, 1905—1909）、东京义塾（Đông Kinh Nghĩa Thục, 1907—1908）等各活动[④]。

---

① Vĩnh Sính, *Việt Nam và Nhật Bản giao lưu văn hóa*, tr.170—171.

② Nguyễn Tiến Lực, “Nhận thức của trí thức Việt Nam cuối thế kỉ XIX đầu thế kỉ XX về cận đại hoá Nhật Bản,” 载：Trần Quang Minh và Ngô Hương Lan chủ biên, *Các vấn đề lịch sử - văn hoá - xã hội trong giáo lưu Việt Nam – Nhật Bản*（Hà Nội: NXB Đại học Quốc gia Hà Nội, 2015）, tr.319—336.

③ 参见: Tran My-Van, “Japan through Vietnamese Eyes (1905—1945),” *Journal of Southeast Asian Studies* 30, 1 (March 1999): 126. 英文原文：“Japan became a source of inspiration and began to be perceived as a model, a stimulant and even as a possible saviour of Vietnam.”

④ Vĩnh Sính, *Việt Nam và Nhật Bản giao lưu văn hóa*, tr.80—81.

（二）东游运动（1905—1909）

在20世纪初，越南有识之士潘佩珠（1867—1940）和畿外侯强柢（1882—1951）于1904年在广南（中部）成立了维新会。这是一个主张以暴力和求外援抗法，建立倾向君主立宪制度的越南革命运动。1905年，潘佩珠被维新会选派到东京请求日本军事帮助越南抵抗法国。通过梁启超在日本的推荐，潘会面了日本议士犬养毅（1855—1932）和大隈重信（1838—1922）。那时俄日战争刚刚结束，日本虽战胜但也耗尽国力。而且日本不想跟法国结怨，这意味着向西方列强寻衅。因此日本两位议士犬养毅和大隈重信劝潘应该集中发展国内的维新运动，以提高民气、民智，庶几可以实现自强、自主。犬养毅还答应潘尽力帮助越南留学生获准在日本居住并免学费①。梁启超也告诉潘佩珠：向日寻得军事援助是不可能实现的，同时建议潘跟维新会的同志们集中培养民智、民气和人才。潘依照建议，随后回国推动东游运动（1905—1909），密送越南青年到日本留学，避免法国的窥伺。在1907年派往日本的学生人数最多时约200人，他们分别来自越南三个地方：北部（40多）、中部（50左右）、南部（100多）。这些留学生被安排到振武学校和东亚同文书院学习②。留学生到东京留学，希望回国后为家乡的改革事业做出贡献，最终可以从法国手里夺

---

① Nguyễn Hiến Lê, *Đông Kinh Nghĩa Thục*（Hà Nội: Nxb. Văn hóa Thông tin, 2002）, tr.34—35.

② Phan Huy Lê, "Phong trào Đông Du trong giao lưu văn hóa Việt – Nhật", trong *Quan hệ văn hóa giáo dục Việt Nam – Nhật Bản và 100 năm phong trào Đông Du* (Hà Nội: Nxb. Đại học Quốc gia Hà Nội, 2006), tr.49.

回民族自决权。这样，日本不仅是给越南培训人才的地方，而且还成为越南民族运动的基地[1]。

（三）越南东京义塾

越南著名志士潘周桢（1872—1926）于1906年初在日本逗留三四个月的时间，在这段时间中（他跟潘佩珠一起到日本）他已经关注、考察日本人自强的方针，参观庆应义塾大学（Keio University）——一所由福泽谕吉（1835—1901）创立的私塾大学，用来给明治维新之后新兴的日本培养人才。回到河内后，潘周桢跟梁文玕（1854—1927）探讨在河内成立一所义塾，类似庆应义塾，以开阔民智、培训同志为长期目标[2]。学校成立于1907年初，根据日本学校名称而命名为东京义塾。“东京”是胡朝（1400—1407）升龙城的名字，也重名于日本首都（Tokyo）。塾长是梁文玕，监学是阮瓘（1869—1941）。学校主张反“旧学”、反腐儒、反汉字、反科举，提倡国语字、学习新方法、接受西方开放思想、倡导人本、发挥创新性、提高民族精神与爱国主义。自学校成立兹始，东京义塾兼有白班和夜班，包括小学、中学和大学的三个培训体系。学生人数最初只有三十个、六十个，后来迅速增加到上百个，有时达到一千名学员[3]。

在组织方面，学校有四个工作组：教育组、财政组、鼓动组、

---

① 关于东游运动，参见：Vĩnh Sính eds., *Phan Bội Châu and the Đông Du Movement*（New Heaven: Yale Southeast Asia Studies, the Lạc Việt Series No. 8, 1988）。

② Nguyễn Hiến Lê, *Đông Kinh Nghĩa Thục*, tr.42—43.

③ Chương Thâu, *Đông Kinh Nghĩa Thục: Phong trào cải cách văn hóa xã hội, tư tưởng đầu thế kỷ XX* (Hà Nội: Nxb. Hà Nội, 1982), tr.61.

修书组。其中修书组负责编撰教师和学生的教学和学习的材料。材料来源大部分提取于新书（如中国的新书、新文），或者摘录自适合学校教育目的的古典文章。在简短的时间内，修书组已编撰了一些教科书，包括《新订国民读本》《南国佳事》《国文教科书》《新订伦理教科书》等。这些都是汉字木刻版，用宣纸印成上百版，免费发放给学生、会员与共同遵旨的学校，有时出售给商店以收回成本。修书组还买了许多在中国和日本出版的作品，如：《中国魂》《万国史记》《瀛寰志略》《日本三十年维新史》等，以便于教学与编写教材的时候参考①。

东京义塾从1907年3月在河内创办，至1907年12月一直以一所合法学校的形式运行，并扩大活动到周围的几个省，如南定省、太平省等。这不仅是教育新知识的学校、开阔民智的地方，“而且它作为一个爱国组织、一个义塾运动、维新运动，在越南民族历史上有一定的意义”②。学校的活动在北圻引起了以河内为中心的爱国运动，所以开始被法国直接镇压。1908年初，法国借口学校会扰动民心，扣押学校的许可证。学校被迫停办后，大部分书籍资料被烧毁。同时法国还为难了许多在东游运动中，出洋到日本的越南青年家庭，并且对日本政府施加压力，要求驱逐越南留学生，迫使他们回国。卫藤瀋吉（Eto Shinkichi）认为：“东游运动遇到的困难是法国当局者的镇压政策，但明显的是日本政府也要担负对于共同消灭东游运动的连带责

① Chương Thâu, *Đông Kinh Nghĩa Thục*, tr.40—41.

② Đào Thu Vân, “Nhận thức về giáo dục Nhật Bản có trí thức Việt Nam đầu thế kỉ XX và dấu ấn của mô hình Khánh Ứng Nghĩa Thục (Keio Gijuku) trong phong trào Nghĩa Thục ở Việt Nam,” *Phát triển Kinh tế –Xã hội Đà Nẵng*, 59, 2014, tr.59.

任”[①]，促使此运动在1909年解体。

“维新风从东海吹来”，越南出现了一些充满热情的革命运动，尽管它们存在的时间不长。越南许多代人通过这些运动而开放了眼光。他们接受从日本、中国传来的一些新思想与论说，如：民族解放思想、民主共和、君主立宪、地方自治、社会主义、国粹主义、发展教育以救国、发展经济以救国等论说。这些思想倾向大多都通过新书印版得到传播。

三、新书与跨陆地的知识

新书（new books）是指一些包含新的知识，即新学知识（new learning）的书籍。新学是新的学习内容和方法，与旧知识（旧学）即传统儒家之学不同。章输教授认为：“这些新知识包括自然科学和社会科学知识，从数学、物理、化学到地理、历史、经济、政治、哲学等知识，多数从西方书籍翻译。有些新书不是直接从西方书籍翻译，而是从日语翻译。有时它们仅概括基本的意义，目的是介绍‘西方的文明’，推荐模仿与革新。因此新书与19世纪在中国偏向西方资产的改革维新思想互相联结。”[②]

---

① Eto Shinkichi, *“Tính hai mặt của Nhật Bản thời Minh Trị và mối quan hệ Nhật – Việt,”* *25 năm quan hệ Việt Nam – Nhật Bản* 1973—1998 (Hà Nội: Nxb. Khoa học xã hội, 1999), tr.86.

② Chương Thâu, *Đông Kinh Nghĩa Thục*, tr.24.

（一）日本和中国的新书

新书从哪里来？转载西方文明、思想进入东方的桥梁就是日本。在明治维新之前的两个世纪中，通过兰学（Rangaku, 荷兰学、欧学）的道路，日本已经翻译了许多欧洲的书籍。根据统计数据，从1706年到1852年，日本人已经翻译了113本德文书、30本拉丁文书、30本法文书、20本英文书、20本从荷兰语翻译到日本语的书籍，总共213本书[①]。到了明治时代，日皇施行了一系列根据西方各国为模型的改革措施，希望最快地接受西方的知识和技术。当时改革者主张将日本脱离中国影响区，以便可以列入跟西方各国争夺的队伍，这样才可以保持独立，摆脱儒教思想束缚以实现现代化。为了实现上述主张，日本政府一方面积极邀请更多行业的欧美专家，到日本讲学与指导日本人；另一方面选派大量学生到其他欧美国家留学，不仅学习技术，还要学习西方人做事方法、思维方式，以期回国后，他们能成为改革事业的栋梁[②]。

翻译与介绍西方思想、文明的风潮为头等优先。西方印版可以分为两类：（1）科学技术书，尤其有关军事和工业书籍；（2）关于社会机制、政治、经济，以及西方文明的一些精神和基本价值观的问题的书，如科学精神、独立性等书籍[③]。根据统计数据：社会科学译

---

① Rebekah Clements, *A Cultural History of Translation in Early Modern Japan* (Cambridge: Cambridge University Press, 2015), p.153.

② Nguyễn Thị Việt Thanh, “Nhật Bản - nhịp cầu chuyển tải tư tưởng và văn minh phương Tây vào phương Đông” , *Tân thư và xã hội Việt Nam cuối thế kỷ XIX đầu thế kỷ XX* (Hà Nội: Nxb. Chính trị Quốc gia, 1997), tr.15—16.

③ Vĩnh Sính, *Việt Nam và Nhật Bản giao lưu văn hóa*, tr.160.

书的数量为633本（截至1887年），文学书120本（截至1890年），其中多半是英文书和法文书。属于社会科学类的书籍即指关于经济、政治、法律、统计等书。这些书是日本关于西方政治、社会机制最早的“知识教科书”。当时英国出版的大多数重要书籍都被翻译成日语①。译者是那些属于士族（shizoku）阶级的人，即当时日本社会中流阶层的人。翻译西书运动与明治前半期（1868—1889）的本地著作对于加快日本革新进程，促进日本成为一个思想经济强国发挥了积极的作用。

中国与日本之间的书籍交流历史悠久，书籍数量十分丰富，具有中译日和日译中的双向性②。到19世纪末，翻译新书的浪潮从日本慢慢蔓延到中国。“从1902到1907年的期间日译中文书的浪潮达到高峰，年均有50本翻译书出版（1903年达到纪录为200本翻译书）。日译书包括多种，从哲学、社会科学到自然科学。据日本学者实藤惠秀的《中译日文书目》统计，有2600本日译中文书从1896到1945年被出版。”③

---

① Nguyễn Thị Việt Thanh, “Nhật Bản-nhịp cầu chuyển tải tư tưởng và văn minh phương Tây vào phương Đông,” tr.15—16.

② 王勇、大庭修主编《中日文化交流史大系——典籍卷》，杭州：浙江人民出版社，1996年；王勇等著《中日书籍之路研究》，北京：北京图书馆出版社，2003年。

③ Vĩnh Sính, *Việt Nam và Nhật Bản giao lưu văn hóa*, tr.172.

（二）越南的新书[①]

越南当时亦在新书浪潮之中。虽然20世纪初越南没有像日本和中国一样出现将外语译成母语（越南语）的新书翻译浪潮[②]，但是当时越南各志士积极地接受与传播新书，他们买外国书，然后在越南重复刻印，使之广泛流传。越南的新书是民主、民权、独立、自由和文明的体现。东京义塾成为一个依照新书的宗旨开设的教育中心，监学阮瓘大胆地提出改革口号："开新界、转新学行；迎新潮、建新民业；新书、新报、新文"等[③]。

我们或可以这样说，东京义塾通过一些新书，如《文明新学策》《新订国民读本》《国文教科书》《新订伦理教科书》等书籍，开启了普及新概念、新思想的风潮。新书带给越南志士在认识与行动方面上的一个转折点。潘周桢认为西方文明价值"像一阵清风，透入脑袋，吹净掩盖今时的烟雾"[④]。潘佩珠也说："我小时候在国内已读了梁启超所写的一些书，如《戊戌政变》《新民丛报》《中国魂》，我十分羡慕。"[⑤]新书不仅对成长于20世纪初，像潘佩珠、潘周桢这样的人有影响，而且直到二十年后，20世纪20年代的人，对越

---

① 关于越南的"新书"，参见: Nhiều tác giả, *Tân thư và xã hội Việt Nam cuối thế kỷ XIX và đầu thế kỷ XX* (Hà Nội: Nxb. Chính trị Quốc gia, 1997)。

② Phan Châu Trinh, *Giai nhân kì ngộ* (*Sài Gòn: Nxb. Hướng Dương*, 1958).

③ Chương Thâu, *Đông Kinh Nghĩa Thục*, tr.49.

④ Phan Châu Trinh, *Giai nhân kì ngộ*, tr.39.

⑤ Phan Bội Châu, *Phan Bội Châu niên biểu*, Phạm Trọng Điềm, Tôn Quang Phiệt dịch (Hà Nội: Nxb. Văn sử địa, 1957), tr.52.

南新书的印迹还很深刻[①]。

四、越南1907年《新订国民读本》与其文本源流的问题

越南汉喃研究院所藏《新订国民读本》
（馆藏编号A.174）封面

在东京义塾的新书中，我们注意到一部汉文书，题为《新订国民读本》（以后简称《新订》）。该书未题作者姓名，由东京义塾在1907年进行木刻印行。该书有两集，第一集有49页，第二集有50页，每页两面，依照木刻板印刷。该印品曾经大量地发行，但是经历过兵火与长时间的流传，大部分已佚，现在只有以下三个地方还有保存：越南汉喃研究院（河内）编号A.174；越南第一国家档案中心（北圻统使室，档案号56.247）；法国普罗旺斯地区艾克斯市的海外档案中心（档案号SPCE/351）。这三部书都是1907年木刻板印刷，所以它们的形式和内容大致是相似的。因此本文使用越南汉喃研究院A.174编号为代表版本。此版是木版刻印，有190页，开本26cm × 15cm，包括上下两卷，有《编辑大意》和《目录》。全书有79个内容题目，分为几个部分，有独立的标题[②]。《新订》的全文已被翻译成越南语，在越南出版，

① Vĩnh Sính, *Việt Nam và Nhật Bản giao lưu văn hóa*, tr.175.

② 参见文后附录。

并附有汉文影印版[1]。

重读这本以20世纪初东亚为背景的书，促使我们不断探寻书中知识的出处。通过观察各内容部分的国家来源，我们可以看出书中有四大知识板块：（1）关于西方文明的知识，如：第68条目“资本”，第79条目“公司”，第76条目“银行”，第77条目“欠票、汇票及银行折扣”，第54条目“法国民的迹据”。（2）关于日本的知识，如：第30条目“日本官爵及政府”，第31条目“日本国议会及地方议会”，第36条目“日本学校”，第40条目“日本征兵略法”，第46条目“日本裁判制度”，第47条目“日本刑罚”，第52条目“日本地方警察”。（3）关于中国的知识，如：第45条目“中国司法各官”。（4）关于越南的知识，如：第9条目“我国立国之古”，第10条目“我国开化之早”，第29条目“本国官爵及政府”。上述仅是单方面的知识专目，还有许多方面交叉并互相混合的其他条目未被提及。这种知识背景在20世纪初特别丰富与多样。在这里我们分享一下阮南的观点：当我们阅读本书中关于日本的内容时，“读者不免关心编辑本书（指《新订伦理教科书》）的原始数据来源？”[2]《新订》的作者使用何材料？“新订”了什么？是否起源于日本，再传到中国，后来到越南，是否像阮南已指出《新订伦理教科书》（1907年）的流传道路一样[3]？

---

① Đỗ Văn Hỉ, Vũ Văn Sạch 译, *Tân đính Quốc dân độc bản*, 载：Chương Thâu biên soạn, *Đông Kinh Nghĩa Thục và văn thơ Đông Kinh Nghĩa Thục, tập* 2 (Hà Nội: Nxb. Hà Nội, 2010), tr.243—329, tr.330—522.

② Nguyễn Nam, “Thiên hạ vi công: Đọc lại *Tân đính Luân lí giáo khoa thư* trên bối cảnh Đông Á đầu thế kỉ 20.”

③ 同上。

经过长时间奔波寻找东、西方各类书籍资源，现在我们可以初步勾画出此书的传播路径。简略地说：越南东京义塾1907年刻印《新订国民读本》版本是按照中国1903年印发的朱树人的《国民读本》而进行的“新订”工作。朱树人又可能基于日本的某一个作品（或者基于英文版）。日本的该书版本又从英国学者Arnold—Forster在1886年出版的The Citizen Reader原本作品翻译与重写而来。因此可以换个说法：此书的流传道路、内容的“本地化”和语言的“本语化”是从英国到日本，又从日本传到中国，最后来到越南的。

下面我们主要根据各本的目录，加上一些内容字句对比，先后展开分析并比较各版本。在本文后面的附录部分，我们将提供英、日、中、越等4个国家的5个作品的目录对照表以展示它们之间的相同与差异。

五、英国：Arnold—Forster 的*The Citizen Reader*（1886）

*The Citizen Reader*一书由Hugh Oakeley Arnold—Forster（1855—1909）所撰，于1886出版，里面有当代英国教育家、资本家、政治家William Edward Forster（1818—1886）的序言。

First Edition printed January 1886.
Reprinted March, April, June, September, and October 1886,
January, 1887. *Revised Edition for London School Board* April 1887, Reprinted
September 1887, January and July 1888, April 1889, January and June
1890, 1891, January, September, and October 1893. *New and Revised Edition
re-set with New Illustrations* March 1894.
Reprinted 1896. *Revised and added to* 1898, Reprinted 1900.
Revised 1902. Reprinted May and August 1904.
New Revised Edition October 1904.

SCOTTISH EDITION.
First printed March 1892.
Reprinted 1893. *Revised* 1894, Reprinted 1895, 1899.

由Cassell & Company Limited出版社出版，该出版社在伦敦、巴黎、纽约都有办公室。我们所使用的版本是纽约公共图书馆（The New York

Public Library）的数字化网站 hathitrust.org中1904年印本[①]和Alberta, Canada大学（The University of Alberta Libraries）的数字化网站 archive.org的版本[②]。

纽约公共图书馆本（1904年初版），第二页说明：该书初版印于1886年1月。在一年之内（1887年1月），该书已经再版六次。此书在1887年、1894年、1898年、1904年不断修订。到1898年，12年之内，已经售出31万本，成为当时的畅销书。

The Citizen Reader 不仅在欧美列强间热销，而且该书被赋予推广文化、教育民智目的，已经漂洋过海流传到东亚，首先是在日本。在第26万本前言（Preface to the 260th Thousand）有云：

> 这个苏格兰版本的《国民读本》已经经历了三版，并且由于在连续两年中大量的购买《国民读本》，此书很大一部分已被用于日本学校，这本书对于有兴趣了解日本教育部门的人可能有用。一个十分准确的法西斯版本的《国民读本》已在东京产生，其无论是在内容，注释，彩色制版上，都有着惊人的精

---

① Hugh Oakeley Arnold—Forster,*The Citizen Reader* (London: Cassell & Company Limited, 1904—revised version)：https://babel.hathitrust.org/cgi/pt?id=nyp.33433081652871;view=1up;seq=8 (访问时间：2017年2月).

② Hugh Oakeley Arnold—Forster, *The Citizen Reader* (London: Cassell & Company Limited, date unclear)：https://archive.org/details/citizenreaderfor00arno (访问时间：2017年2月).

确度。①

PREFACE TO THE 260TH THOUSAND.

AFTER the issue of more than a quarter of a million copies, the "Citizen Reader" still continues to find favour with Teachers and Scholars. The time has now come when it is absolutely necessary to replace the plates and illustrations upon which so serious a call has been made. It has been decided, therefore, to take the opportunity thus offered to reproduce the book in a new form. A new page has been adopted, new type specially selected for its clearness has been employed, and the engravings, which form no unimportant part of the book, have received careful attention. In a few cases new drawings have been inserted, which it is believed are in themselves more attractive, and more effectually illustrate the text than those which they displace. In other cases the familiar engravings have been re-drawn and re-cut, so as to give them the sharpness and clearness which it is so desirable to obtain.

For the convenience of Teachers it should be stated that while these important improvements have been made in the *form* of the "Citizen Reader," no change has been made in the *paging* of the book, and thus the great inconvenience which attends the conduct of a class in which two sets of books are in use has been avoided.

Since the last edition of the "Citizen Reader" appeared, the subject of **Civic Duty** has been placed upon the Syllabus of the Evening Continuation Schools, and has received the direct sanction and encouragement of the Education Department. It is some satisfaction to the Author of the "Citizen Reader" to reflect that by the issue of the present work in the year 1885, he was able to anticipate the recent decision of the Department by nine years.

Although, of course, the present work was not written with the Syllabus in view, it may fairly be claimed that the subjects therein selected for study are almost without exception referred to in the "Citizen Reader," or in its companion work, "The Laws of Every-day Life." The extent to which the scheme in the "Citizen Reader" coincides with that laid down by the Education Department will appear when the Contents of the one are carefully compared with the paragraphs of the other. It will then be seen that the Chapter headings of the "Citizen Reader" correspond in many cases almost word for word with the suggestions made by the Department.

The "SCOTTISH EDITION of the 'Citizen Reader'" has now gone through three editions, and it may possibly be of some interest to those who use this book to know that the Japanese Educational Authorities, after having purchased a large number of copies of the "Citizen Reader" in two consecutive years, have now apparently adopted it to a large extent for use in Japanese schools. An exact facsimile edition of the "Citizen Reader," in which text, illustrations, coloured plates, and cover are copied with astonishing accuracy, has been produced at Tokio.

The author ventures to hope that the "Citizen Reader" in its new dress will lose none of its old friends, but that the care and cost which have been devoted towards making it worthy of the popular favour which it has received may help to introduce it to a still wider circle of English children.

PREFACE TO THE 310TH THOUSAND, 1898.

IN order to complete the account of the Local Government of the country, four pages have been added to Chapter VI., in which a brief description of District and Parish Councils is contained. Some of the illustrations have been replaced by new pictures of a more modern character and of a finer execution than those which they supersede.

该前言没有说明撰写时间。但在第26万印本的前言中又有1898年第31万印本的前言，证明第26万印本的前言早于1898年。第二页记载，本书的“苏格兰版本”于1892年3月初版，1893年再版，1894年修订，1895年、1899年再版。因此我们得到结论：（1）*The Citizen Reader* 很早就已传播到日本，得到日本教育机构购买，并在各所学校使用。（2）该书已经在东京被刻印，而于1898年之前发行。

① See: Arnold-Forster, *The Citizen Reader* (1904), p. 4. 英文原文：“The Scottish Edition of the *Citizen Reader* has now gone through three editions, and it may possibly be of some interest to those who use thisbook to know that the Japanese Educational Authorities, after having purchased a large number of copies of the *Citizen Reader* in two consecutiveyears, have now apparently adopted it to a large extent for use in Japanese schools. An exact facsimile edition of *the Citizen Reader* …… in which text, illustrations, coloured plates, and cover are copied with astonishing accuracy, has been produced at Tokio.”

The Citizen Reader 共有22章，在第18章提到教育的箴言为：“敬畏天主就是智慧的开始。知识就是力量。”（“The fear of the Lord is the beginning of wisdom. Knowledge is power.”）在这，Arnold—Forster提出要去学校的三个理由来说服青年男女。

上学的三个理由：10：我现在可以说出为什么你应该乐于上学并在那里学到很多东西。11：首先，因为你学的越多，你越能欣赏那些已经被创作出来的伟大作品，你越能更好地理解关于自然的这些精彩作品，你也越能更好地运用这些宝藏。12：其次，你应该乐于上学，因为通过训练你的思维以及学习什么是历史、地理和科学，可以教会你更好地服务于自己的国家并且成为一位好的市民。13：最后，你应该乐于上学，因为只有通过在那里得到的指导，你才可以接触你的专业，无论是什么，才可以不落后于国外的高级技工与能手[①]。

贯穿整本书的主题是教育。*The Citizen Reader* 的内容和价值都体现于原是英国教育委员会副主席W. E. Forster 的1885年“前言”（*Preface*）：

---

① H. O. Arnold—Forster, *The Citizen Reader* (1904), pp. 189—190. 英文原文：“Three Reasons for going to School: 10. I have now given you the reasons why you should be glad to go to school, and to learn all you can while you are there. 11. In the first place, because the more you learn the more you will enjoy all the great books that have been written, the better you will understand the wonderful works of Nature, and the better use you will be able to make of its treasures. 12. In the second place, you should be glad to go to school, because by training your mind, and learning what history, geography, and science can teach, you will be better able to serve your country and to be a good citizen. 13. And, lastly, you should be glad to go to school, because it is only by the instruction you get there that you can hope to get on in your trade or profession, whatever it may be, and to prevent being left behind by cleverer workers and quicker hands in foreign countries.”

> 这个国民读本，在我看来，是一次填补课本空白的成功尝试，而这些空白在此之前，让我惊奇的是，从未被填补过。毫无疑问，在学校的绝大多数孩子不只有社会的责任，还有个人的责任需要承担。对于男孩而言，这种教导，在大多数情况下，是通过直接的行动表现出来；而女孩是通过间接的但是有力的影响他们不仅被教导要过一种正直的生活，并且要帮助那些因为家庭联系而对其负有责任的人，而且作为一个爱国的国民，他们对自己的国家也负有责任，这些责任的履行会很大程度上受到国家相关部门信息的帮助。①

该书的目的已经非常清楚，因此可以证明为何*The Citizen Reader*有如此的影响力。我们进一步解释，认为：（1）书的内容价值符合青少年渴望探讨强国文化科技的需求。（2）西方列强在东亚殖民国的传播文化目的和中亚的接受西方文化、文明的需要。因此，*The Citizen Reader* 在世界各地广为流传。

---

① Arnold—Forster, *The Citizen Reader* (1904), p. 3. 英文原文："This *Citizen Reader* seems to me a successful attempt to fill a gap in school books which I am surprised has not been filled before. There is no doubt that the enormous majority of school children will have public as well, as private duties to perform —the boys, in most cases, by direct action, and the girls by indirect but powerful influence. They will be called upon not only to load an upright life, and to do what they rightly can to help those who are bound to them by family ties, but it will also be their duty to serve their country as patriotic citizens; and the fulfilment of this duty will be greatly aided by some knowledge of the institutions of their country."

六、日本：近代的3本《国民读本》（1887、1890、1910）

我们在日本国会图书馆（国立国会图书馆National Diet Library）找到几本不同的《国民读本》。若以越南《新订》初版1907年来参照，我们找到三本同名的日本书籍，其中两本初版时间（1887年和1890年）早于越南本，另外一本初版时间（1910年）稍微晚于越南本。

（一）井田秀生的《国民读本》（1887）

目前我们尚未找到很多有关作者井田秀生（生卒年不详）的生平。从日本国会图书馆得知，井田秀生是《皇小学文典》（1894）、《小学高等新读本》（1887）、《书道手引》（1909）等著作的作者。井田秀生的著作偏向于语文教育和艺术，其中有《国民读本》一书。该书最后部分有作者的简单叙述："著者·愛知縣士族·井田秀生·東京々橋區因幡町十番地。"

井田秀生的《国民读本》于1887出版，共四册，牧野善兵卫等出版社出版，该书属于小学国语（日本语）教科书。从日语的假名字母，井田秀生使用生动图画来说明和解释每个音节。作者把每个假名字母放在对应的词汇和汉字系统，以便小学生学习记忆，增加词汇量。这些词汇属于语言和科学领域。作者在序言云：

> 本书用于公立小学教科书。此外，该书即将用在普通教科书。开头部分简而易懂，越往后难度越增加。这样让初学者在学习方面不觉得累或懒于学习，并可准确地评价学生的学习水平。每个音节、词或词组都同时以口语和文言来陈述，词汇的

变动和转换并符合现实的日常生活需求，让它不只是空谈，只有外表没有内涵。[①]

因此，井田秀生的四册《国民读本》如序言所讲“不仅是寄放知识的地方”，这本书是教小学生假名文字。该书是语音教科书、日本小学国语教材，同时也是提升民智的工具书。井田秀生的《国民读本》所提到的知识范围与英国的*The Citizen Reader*（日本语翻译同名）无关。

（二）高贺诜三郎的《国民读本》（1890）

从日本国会图书馆查询结果得知，高贺诜三郎（生卒年不详）著述35本书，其中有《现代妇人の研究》（1916）、《军人敕谕捷解》（1902）、《日本伦理史略》（1903）、《発音と口语》（1907）等名著。1890年到1939年初版的著作属于哲学、历史、社会科学与语言等领域。《国民读本》是高贺诜三郎的作品之一。该书最后部分有作者信息：“编辑者・新潟縣士族・高賀詵三郎・東京麴町區飯田町二丁目十番地。”

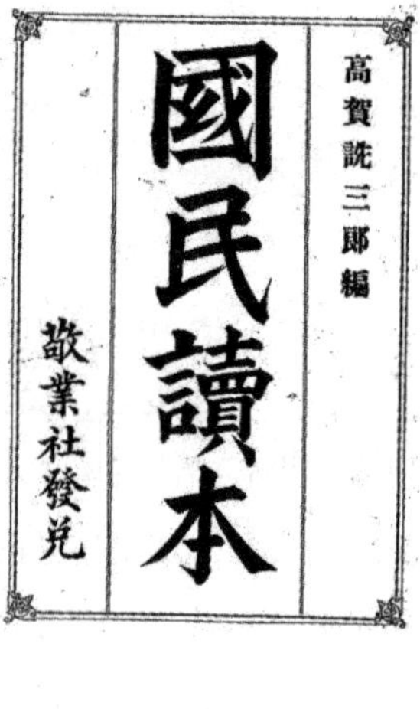

---

① 井田秀生《国民读本》（牧野善兵卫等，明治十九年（1887）四月出版），凡例页。日文原文：“本書ハ尋常小学校ノ讀本ニ供スル者ナレドモ。或ハ簡易小学科ノ讀本ニ用ヒ得ベク。意ヲ用ヒタリ。初巻ハ事ノ最モ易キヲ録シ。巻ヲ逐テ漸ク難キニ入ル。是生徒ノ力ヲ量リテ。習讀ノ際楽テ倦ム”ヲ忘レシムルノ意ナリ。一行文ハ。浮華ヲ去リ務メテ適實近易ノ文字ヲ用ヒテ。雅俗ノ間ニ出入ス。”

高贺诜三郎的《国民读本》于1890年由敬业社初次发行。该书属于知识教育类。19世纪末，当时日本教育系统正在发展，讨论精神以国民教育为基础。当时的教育家和启蒙家，必会提到日本内阁总理大臣伊藤博文（1841—1909），其非常关心极端欧化问题。他们提出不同观点来建设日本国民的道德，以传统儒家为根，结合西方的科学方法。有观点认为国家的根本是国民的道德，道德比法律或制度重要。国民形象体现在明治天皇于1890年颁布的《教育敕语》。其教育观点接近儒家色彩，如：人民要勤劳、节俭、勇敢、忍耐、新知、大胆、爱国、尊重天皇等理念[①]。

高贺诜三郎《国民读本》的编撰不外乎是日本19世纪末叶具有现代知识的新式教科书潮流。该书的内容包括国家之定义及起源、国之资格、政治之体裁、政治之目的、法律、宪法、刑法、人权、租税、兵役、爱国之情、国体之基本、族制之种类、君臣之情、君主与宗教之关系、官制等专门知识。

有关高贺诜三郎的《国民读本》，西村茂树[②]在该书的序文云：

> 语曰：工欲善其事，必先利其器。近日之教育家多选法而不选书，吾未见其可也。然良书岂易得哉？浅于学力者，不得作良书；乏于经验者，不得作良书。无此二短者，天下其有

① See: Benjamin Duke, "The Imperial Rescript on Education: Western Science and Eastern Morality for the Twentieth Centure, 1890," *The History of Modern Japanese Education: Constructing the National School System,* 1872—1890 (New Brunswick: Rutgers University Press, 2009), pp.348—369; Ozaki Mugen, *Cải cách giáo dục Nhật Bản* (Nguyễn Quốc Vương dịch, Hà Nội: NXB Từ điển Bách khoa, 2014), tr.83—88.

② 西村茂树（1828—1902），号泊翁，19世纪日本有名启蒙家、西洋学家、教育学家、文学博士，日本弘道会创始人。

几。然著者能以诚意从事于著作，则学力经验虽未深远，亦有能足以资教育者。越后人高贺北山著《国民读本》来索序。余一阅之，多学现行制度法律以为篇。盖在将使国民先知国法，由是生忠君爱国之心，其意固美而其编著之法亦颇得宜。若能选取以充教科之用，其于养成民德，必应有大可观者。然用书犹用器也，良工能化钝器为利器，拙工则反乎是。余望世之教育者，不以此书为钝器也。明治二十二年十一月东京西村茂树识。[①]

在该书中的另一本序言，高贺诜三郎的好朋友佐分利金藏写道：

之前，我有听说法国有一门课让了解国民，或如美国有提供政治读本。因此，对我们国家来说要详细了解并选择国家政体；从小要对皇室、国体、政府、国会、军役、租税等概念有所理解；要敬重皇家，相信政府。[②]

不仅只有西村茂树认为教育家若使用该书教小学生，“其于养成民德。必应有大可观者”，连佐分利金藏也认为“幼童受其教育”：“幼童会忠君爱国和成为更加有用的人，我们会培养出爱国

① 高贺诜三郎《国民读本》，东京：敬业社，1890年，第1—2页。

② 高贺诜三郎《国民读本》，第2页。日文原文：“余曽て佛國の小学に於て人民須知さる一科を加ひ米國に於てハ政治讀本を授くることを聞き以爲らく私か邦まだ其の制を斟酌して幼より皇室國体政府國会兵役租税等の大要を理解せしめなば其の皇室を尊び其の國家を愛し其の政府を信ずる。”

的国民，知道立国的原理。”[①] 总之，高贺诜三郎、西村茂树和佐分利金藏的愿望都是：“国民先知国法。由是生忠君爱国之心。”[②]因此，该书的编撰理念应是以培养国民新知识为主，实施智、体、德等“三教”政策，培养“忠君爱国”精神。

（三）大隈重信的《国民读本》（1910）

大隈重信（1838—1922），日本武士、政治家，同时也是一位教育家。他曾担任明治政府的重要职位，曾做到首相之职，对教育有许多贡献；他是早稻田大学（Waseda University）的创始人，至今仍为日本有名私立大学之一。

大隈重信的《国民读本》

明治四十三年（1910）三月，大隈重信初版《国民读本》，认为日本的青少年教育程度太低，不知道什么叫政治。他迫切认为应该提供国民一些基本知识。该书的精神和态度是写给有气质的日本人，所以成为日本的畅销书，作者在书的最后表示：“我等要成为至诚。我等要正义，要成为仁爱之人。我等

① 高贺诜三郎《国民读本》，第3页。日文原文：“幼童に授けば今より一層忠實有用なる國民を養成し以て邦基を鞏るして天壤と共に窮りなからしめ且彼の歐人をして永く驕慢ならをめざるに庶幾うらんか。”

② 同上，第2页。

若没有坚定和牺牲的精神，就无法有刚健的意志。”[①]这是大隈重信所追求的最高教育目的。

大隈重信著书的内容包括缘起、国民性格、教育、人格、爱国、国民的权利与责任义务、法权行政、法律、法院、刑律、警察、租税、军队、兵役、振兴功业、银行、钱币等很多知识领域。该书编撰，一方面接受*The Citizen Reader*的西学知识，另一方面结合大隈重信从政生涯的日本知识，对现实社会和人的敏锐了解、对社会阶层，特别是青少年，再加上政治、社会、国际状况等内容。

我们在此提到大隈重信的作品的原因是因为其书于1910年出版，晚于越南《新订》本（1907）不久。更引人注目的是，20世纪初谈到越南东游运动，许多越南出版物都有提到大隈重信。前文谈到1905年的犬养毅、大隈重信与潘佩珠等的会晤。大隈重信在从政期间已经编撰、共同编撰、翻译、主编各种有关青少年、国民教育、世界与本国社会、政治、经济等书籍和杂志。因此，我们推断当时大隈重信、越南知识分子与中国知识分子在日本见面，也许已经探讨了如何改善国民知识，根据每个国家的具体背景来建设与发展国民教育？因此，越南本、中国本的知识内容与大隈重信的著作有很多相关之处，虽然大隈重信的著作较晚出版。

总之，从日本的角度来看，19世纪英文版*The Citizen Reader* 传入到日本，并广泛流传。随着当时翻译西方书籍的热潮，也许很多日本学者已经注意翻译或模仿《国民读本》英文版来编撰日文著作。以上

---

① 大隈重信《国民读本》，东京：丁未出版社及宝文馆，明治四十三年（1910），第199页。日文原文：“我等は至誠なるべし、我等は正義にして、仁愛なるべし。我等は剛健なる意志に兼ぬるに、犠牲の精神を以てすべし。”

我们所提到的三种《国民读本》，其中高贺诜三郎的《国民读本》（1890）目录及该书所探讨的专门知识都与英国、中国和越南版本有相关性。同时，从目前我们在日本所收集到的资料来看，在时间上，高贺诜三郎的作品在东西书籍交流中似乎更为合理，即从英国的*The Citizen Reader*到越南的《新订国民读本》。但该论点尚有很多限制，因为到目前为止，我们所收集到的日本资料尚不足以做出正确推断。因此有关该节的内容，我们希望能得到诸位学者指正，尤其是日本学者。

七、中国：朱树人的《国民读本》（1903）

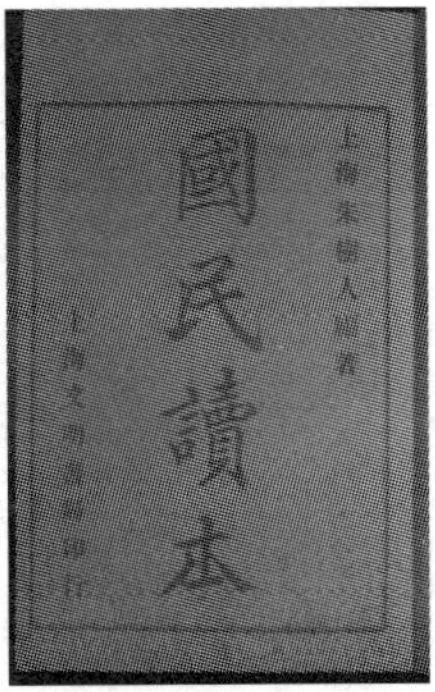

根据顾廷龙主编的《清代朱卷集成》中所记载，朱树人，字庆一，号樵之，同治丙寅年（1866）十一月二十八日吉时生于上海[①]。根据百度网站搜寻得知：他是汉族人，上海交通大学五位创校人之一。他根据英美教科书，编撰《蒙学课本》，于1901年刻印（光绪二十七年孟夏出版）。该书在中国广泛流传，并在各所小学使用。此外，他还编撰《物算教科书》《笔算教科书》《本国地理教科书》等，被刊印和普遍使用于20世纪初的各所小学[②]。百度虽没提到《国民读本》，但从编撰其他小学教科书的兴趣

① 顾廷龙主编《清代朱卷集成》，台北：成文出版社，1992年，第197集，第193页。

② http://baike.baidu.com/item/朱树人，访问日期：2017年2月。

来看，朱树人编撰《国民读本》是完全有根据的。

1903年2月，朱树人的《国民读本》由上海文明书局刊行[①]。书有上下两卷（与越南的《新订国民读本》一样），不同的是中国用卷，越南用编。作者在“编辑大意”云：

> 是书仿泰西国民教育书体例，专为教育少年而设。凡社会、国家、国民之名义、国民之公德、政体、官制、学校、军政、赋税、法律、交通、警察、民政、户律、宗教之名义制度，以及计学之要义皆具焉。文理浅白，语气和平。意在开通民智以立变政之基础，无攻击政府之意。[②]

由此可知：（1）中国的《国民读本》根据西方作品编写。（2）中国的《国民读本》是译本？朱树人的作品除了1903年的《国民读本》外，还有其他作品，如光绪二十七年（1901）的《蒙学课本》，该书也是仿欧美教科书。

在追溯原文本的过程中，我们惊讶地发现越南《新订国民读本》目录架构与朱树人的《国民读本》目录一样，这部分于下章节将仔细对照分析。《国民读本》的内容有很多知识来自欧美以及日本，目录的一些内容又与高贺诜三郎的《国民读本》类似。因此有可能朱树人一方面直接根据Arnold—Forster的英文版（如在“编辑大意”所说），又参考了日本的版本来编撰，而这里可以论断为1890年高贺诜

① 李良品《中国语文教材发展史》，重庆：重庆出版社，2006年，第265页。

② 朱树人《国民读本》上卷《编辑大意》，上海：文明书局，1903年。

三郎的书。

八、中越两本目录和内容对照分析

有关“书籍流传基因”有曾祖—内祖—父—儿子，相对应为英—日—中—越四种版本。后来的版本会承继以前的版本，不断更新本土知识。各种版本的共同点是都具有西方文明的文化和科学技术知识。个别知识乃本国问题。本文附录中有五种书的目录对照表（包括日本两种）。

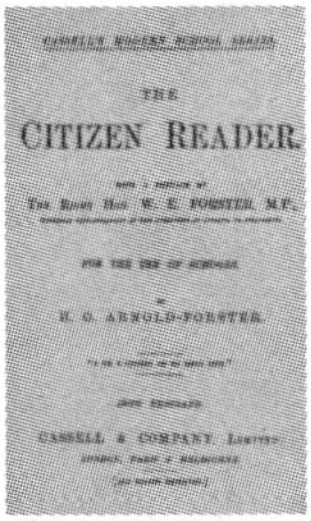

英国本

日本两本

中国本

越南本

除了大隈重信本（1910）有时间方面上的矛盾，剩下的日本高贺诜三郎本（1890）、中国朱树人本（1903）和越南本（1907）都顺着时间的先后顺序在不同的空间展开流传的旅程。越南本和中国本都有高贺诜三郎书和大隈重信书中的有关日本的知识（英文本中没有）。此外，大隈重信书所涉及的知识领域比高贺诜三郎本还多。深入每一种知识项目对照，就发现大隈重信书与中国本和越南本则有更多相同之处。那么，为什么中国本和越南本却比大隈重信书更早出版？如上所述，若没有根据某日本书籍做参考，越南和中国在19世纪末20世纪初的背景下，难以编撰有关世界形势和西欧文明详情的日本书籍。由此可知，日本作品难以晚于中国、越南本。本文暂时提出两个假设：（1）中国作者已经参考高贺诜三郎本，或者尚未确定的另一本。根据Joan Judge 的考证，虽然中国所出版的教科书首先模仿西方传教士教材的模式，但中国新式教科书如果有较大成功的（例如商务印书馆的教科书）却直接受到日本的影响①。商务印书馆于1897年在上海成立，出版了许多日式的教科书，而上海文明书局也出版新式教科书，即朱树人1907年的《国民读本》。所以很有可能朱书也直接受到日本《国民读本》的影响，因为它也能算是属于在上海所出版的模仿日式教科书运动。（2）中国作者已经参考大限重信的出版之前的书稿。第2假设也可能是对的：在中国，日本书籍普遍传入；在越南，潘佩珠与大限重信于1905见面，彼此之间有讨论教育，也许当时有大限重信尚未出版的稿子？那么第二假设可以成立吗？书籍的溯源尚未结束！我们会继续不断研究。

但是有一点我们可以肯定，越南本是直接且全面参考中国本。越南本的目录和内容，比英国本和日本本更接近中国本。为了厘清这一点，以下附表将根据不同符号来说明，标示如下：

◎：问题讨论一样，内容完全一致。

○：问题讨论一样，但有修改一些词汇，或词汇用法不同。

△：问题讨论一样或扩大，但词汇用法不同。

⊙：问题讨论一样，但所谈的地点不同（中国、越南）

◄：内容只在中国本有。

►：内容只在越南本有。

---

① Joan Judge《改造国家：晚清的教科书与国民读本》，载《新史学》2001年第12卷第2期，第6页。

	中国《国民读本》目录，文明书局发行所，1903上卷、下卷		越南《新订国民读本》目录，东京义塾印行，1907上编、下编	对照结果
	社会缘起	1.	社会缘起	◎
	爱群	2.	爱群	◎
	恋家恋乡非爱群	3.	恋家恋乡非爱群	◎
	争先	4.	争先	◎
	博爱	5.	博爱	◎
	立信	6.	立信	◎
	存恕	7.	存恕	◎
	原国	8.	原国	◎
	中国立国之古	9.	中国立国之古	⊙
	中国开化之早	10.	中国开化之早	⊙
	文明	11.	文明	◎
	文明无止境	12.	文明无止境	○
	国家与人民之关系	13.	国家与人民之关系	○
	国民解	14.	国民解	◎
	通商傅数			◄
	国耻			◄
	国不能独立之忏	15.	国不能独立之忏	◎
	民强则国强	16.	民强则国强	◎
	爱国	17.	爱国	◎
	爱国之实	18.	爱国之实	○
	忠义	19.	忠义	◎
	独立	20.	独立	◎

	勿观望政府	21.	勿观望政府	◎
	进取	22.	进取	◎
	兢争	23.	兢争	◎
	天命正误	24.	天命正误	◎
	勇武	25.	勇武	◎
	原政			◀
	政体	26.	政体	◎
	原君	27.	原君	◎
	原官	28.	原官	◎
		29.	本国官爵及政府	▶
	中国政府			◀
	中国地方制度			◀
	日本政府及地方制度	30.	日本官爵及政府	△
	中国官制论			◀
	日本国议会及地方议会	31.	日本国议会及地方议会	◎
	国民宜知政理	32.	国民宜知政理	◎
	变政之难	33.	论变揖习之难	△
	教育	34.	教育	◎
	释学	35.	释学	◎
	中国学术论			◀
	中国学校			◀
	日本学校	36.	日本学校	◎
	科举之害	37.	论科举之害	○
	不行科举之无害	38.	论不行科举之无害	○
	原兵	39.	原兵	◎

	中国兵制			◀
	中国兵制论			◀
	日本征兵法	40.	日本征兵略法	○
	赋税名义	41.	赋税	○
	释权利职分	42.	释权利责任	◎
	原法	43.	原法	◎
	法律名义	44.	释法	◎
	中国司法各官	45.	中国司法各官	◎
	日本裁判制度	46.	日本裁判制度	◎
	中国刑罚			◀
	日本刑罚	47.	日本刑罚	◎
	中国刑狱之忏			◀
	中国狱讼之害			◀
	变法必先立信	48.	变法律必先立信	○
	论交通法	49.	论交通法	◎
	中国交通各法			◀
	论地方政务			◀
	地方应行政务	50.	地方应行政务	◎
	论地方警察	51.	论地方警察	◎
	日本地方警察	52.	日本地方警察	◎
	编审	53.	编审	◎
	法国民迹据	54.	法国民迹据	◎
	户律举要一			◀
	户律举要二			◀
	户律举要三			◀

	宗教	55.	宗教	◎
	教案			◀
	产业	56.	产业	◎
	国法保护产业	57.	国法保护产业与产业所生之利	○
	专利	58.	专利	◎
	众人分业主之利			◀
	人功生利	59.	人功生利	◎
	职业多寡有眼	60.	职业多寡有眼	◎
	中国宜振兴实业	61.	我国宜振兴实业	⊙
	分功	62.	分功之法	○
	机器	63.	机器	◎
	机器何害于人功	64.	机器何害于人功	◎
	免分功及用机器之害	65.	免分功及用机器之害	◎
	大工艺之益	66.	大工艺之益	◎
	工债	67.	工债	◎
	赀本	68.	赀本	◎
	赀本消长之理	69.	赀本消长之理	◎
	劝积蓄			◀
	大赀本家有益于贫户	70.	大赀本家有益于贫户	◎
	贸易	71.	贸易	◎
	通商	72.	通商	◎
	货币	73.	货币	◎
	圜法	74.	圜法	◎
	赊借	75.	赊借	◎
	银行	76.	银行	◎

	欠票汇票及银行折扣	77.	欠票汇票及银行折扣	◎
	钞票	78.	票	○
	公司	79.	公司	◎
Tổng	101		79	

统计结果如下：

◎: 101/79/62　　○: 101/79/11　　△: 101/79/2

⊙: 101/79/3　　◄: 101/79/24　　►: 101/79/1

该目录对照表有几点需要说明。若根据标目对照，有几点不同，如下表。但我们根据正文对照来看，结果是一样的，所以中国本的标目与内容有点不同。越南作者因为看到这点，所以编撰时把目录和正文做出了修订。

中国《国民读本》		越南《新订国民读本》目录及内容	对照结果
目录	内容		
53. 释权利职分	课五十三释权利责任[①]	42. 释权利责任	◎
55. 法律名义	课五十五释法[②]	44. 释法	◎

中国本有24小目解释得更清楚，或解释中国本身的问题。其他部分，越南的《新订国民读本》基本上全部模仿中国本所讨论的问题。唯一谈到问题的有3个，依序为：9—9：立国之古；10—10：开化之早；82—61：宜振兴实业，作品有区别的地方，在于是中国还是越南（我国）。

---

① 朱树人《国民读本》下卷，上海：文明书局，1903年，第1a页。

② 同上，第2b页。

在越南本的79目中有至少60目属于“◎”组，相当于77%是来自中国本。这个比例还尚未包含“○”组的11目和“△”的2目，这当中大多数的内容都抄自中国本。目前尚未计算清楚征引原文的比例，但我们暂估不少于全部越南《新订国民读本》本的90%。同时，在中国本的101目里，越南本有24目完全没有，即东京义塾的编撰者删除了1/4中国本内容（24%）。总之，越南的《新订国民读本》删除了1/4中国《国民读本》的内容，其余3/4部分内容里，有90%直接接受中国内容，其他10%只是更改词句或增加新的内容。越南《新订国民读本》同时也保留中国本的内容顺序。这就是越南“新订”中国本的方法。

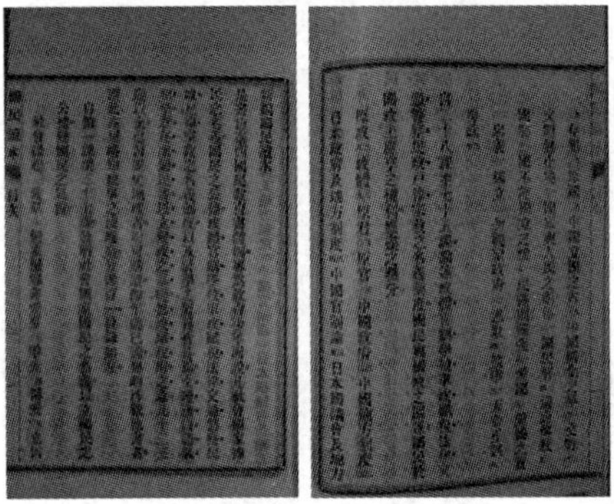

中国《国民读本》目录

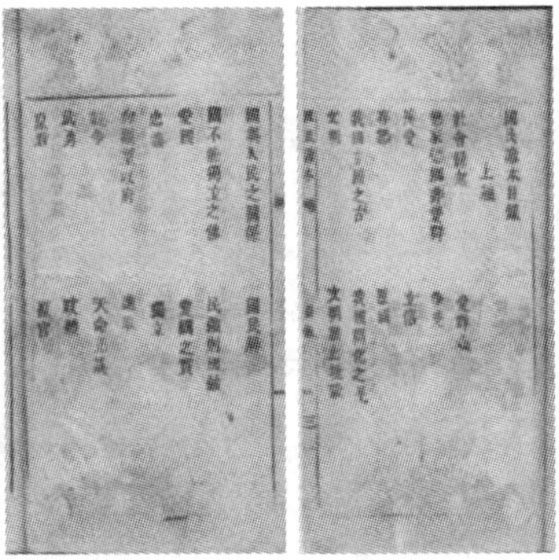

越南《新订国民读本》目录

除了以上内容对照之外，若根据越南、中国两本的编辑大意，也看到很多共同点，以下为编辑大意开头的对照：

中国《国民读本》编辑大意	越南《新订国民读本》编辑大意
国民教育者，所以培养忠义果敢之国民也。中土教育最重道德，智能次之。国民教育则莫之及焉。难者曰：尊君、亲上、守法、急公、奉租税、敬官长之义，吾齐民之稍有知识者类能言之；而才俊之士颇能究心于古今中外政治之得失。子谓其无国民教育者，何也？曰：历代文献，本朝掌故。惟有志于公卿大夫者，则习之，非国民教育普及齐民之旨。若夫定上下之分，严礼法之防，此教人民之道也。人民与国民之别，见本书国民解。教国民者不然，必发明国与民相关之理，使知吾身于社会国家之中，其位置若何，职分若何，起爱国爱群之念，养自治自立之才，其道莫要于此。教人民者曰：天子食租衣税，吾民当踊跃输将，逋赋者必诛。教国民者曰：国之有税，所以治国事也，国民而逋赋，是欺国以自欺矣。二者源同而流异，差毫厘而谬千里者也。①	国民教育者，所以培养忠义果敢之国民也。我国教育首重道德，智能次之。国民教育则莫之及焉。难者曰：尊君、亲上、守法、急公、奉租税、敬尊长之义，吾齐民之稍有知识者皆能言之；而才俊之士颇能究心于古今中外政治之得失。子谓其无国民教育，何也？曰：历代文献，本朝事故。惟有志于公卿大夫者，则习之，非国民教育普及齐民之旨。夫定上下之分，严礼法之防，此教人民之道也。教国民则不然，必发明国与民相关之理，使知吾身于社会国家之中，其位置若何，职分若何，起爱国爱群之念，养自治自立之才，其道莫要于此。二者源同而流异，差毫厘而谬千里者也。②

在此只有一些词汇不一样，如：“中土”（指中原）成“我国”（指越南），“最重”成“首重”，“敬官长”成“敬尊长”，

① 朱树人《国民读本》上卷，第1a页。

② 东京义塾《新订国民读本》上编《编辑大意》，河内：东京义塾印行，1907年，第4ab页。

“类能”成“皆能”等。其他地方，或因内容叙述而简略，或完全删除中国有关的部分。具体以编辑大意为例，越南本有2张（4页），中国本有4张（7页）。中国本有2张（4页）专门谈到“国政之败坏”①或“国民教育主使君民一德通国一心”②，或“中国多佳子弟，鲜良国民。凡国民不可少两种性质：一独立性质、一合群性质”③等问题。这些在越南本都被删除。

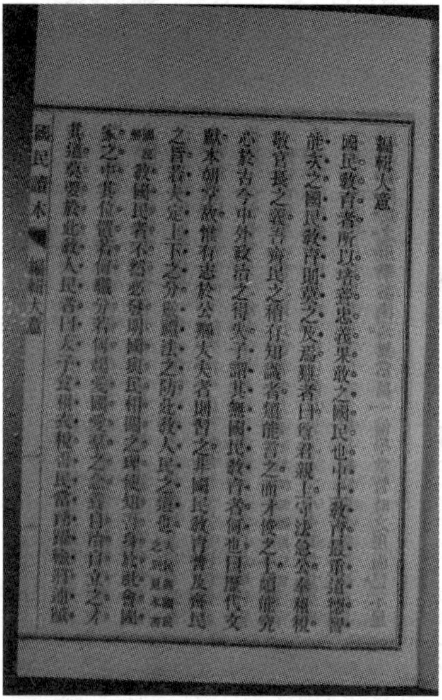

國民讀本 編輯大意

編輯大意
國民教育者所以培養忠義果敢之國民也中土教育最重道德智
能次之國民教育則莫之及焉難者曰尊君親上守法急公奉租稅
敬官長之義吾齊民之稍有知識者類能言之而才俊之士頗能究
心於古今中外政治之得失子謂其無國民教育者何也曰歷代文
獻本朝掌故惟有志於公卿大夫者閱習之非國民教育普及齊民
之旨蓋夫定上下之分嚴禮法之防此教人民之道也

中国《国民读本》编辑大意

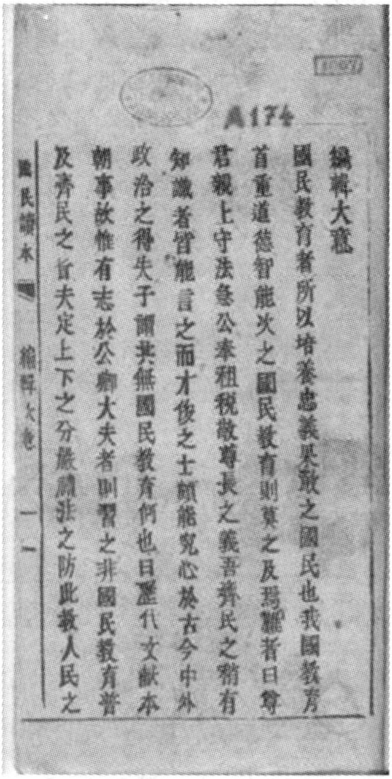

A174

編輯大意
國民教育者所以培養忠義果敢之國民也我國教育
首重道德智能次之國民教育則莫之及焉難者曰尊
君親上守法急公奉租稅敬尊長之義吾齊民之稍有
知識者皆能言之而才俊之士頗能究心於古今中外
政治之得失子謂其無國民教育何也曰歷代文獻本
朝事故惟有志於公卿大夫者則習之非國民教育普
及齊民之旨夫定上下之分嚴禮法之防此教人民之

國民讀本 編輯大意 一

越南《新订国民读本》编辑大意

① 朱树人《国民读本》上卷《编辑大意》，第2a页。
② 朱树人《国民读本》上卷《编辑大意》，第2a页。
③ 朱树人《国民读本》上卷《编辑大意》，第3a页。

九、结语

越南著名学者阮南认为：

> 东亚前现代社会里，在著作权（authorship）、版权（copyright）、知识产权（intellectual property）的概念—意识尚未清楚形成和受法律的限制之前，“自由”引用知识是普遍现象。在一定的程度里，它好像是“天下为公”的精神，所以不会因“抄袭”（plagiarism）或“违反版权”（copyright violation）而烦恼。①

东亚的各种《国民读本》在这样的背景之下形成。*The Citizen Readers*是英国和其他西方国家常见的书籍。该书早已在文明开阔、劝学、新知识、西方知识等方面肯定自己的价值。因此*The Citizen Reader* 也是很早飘洋过海从欧洲传到同文同种的东亚。在19世纪末20世纪初，东亚维新热潮中，从日本到中国和越南，*The Citizen Reader*

---

① Nguyễn Nam, “Thiên hạ vi công: Đọc lại *Tân đính luân lý giáo khoa thư* trên bối cảnh Đông Á đầu thế kỷ 20,” tr.121. 越文原文：“Trong xã hội Đông Á tiền hiện đại, khi ý thức / khái niệm về tác quyền (authorship), bản quyền (copyright) và sở hữu trí tuệ (intellectual property) còn chưa hình thành rõ rệt và chưa được tăng cường bởi hệ thống pháp chế, việc sử dụng “tự do” các thành tựu tri thức là khá phổ biến. Ở một chừng mực nào đấy, nó tựa hồ như dựa trên tinh thần “thiên hạ là của chung”, và hầu như không bị vướng bận với những cáo buộc “đạo văn” (plagiarism) hay “vi phạm bản quyền” (copyright violation).”

在开化、教育方面不断刻上自己的烙印。虽然在日本的流传线路还是存在一些模糊，但是我们可以确定，在不同的地方，每一个国家的作者所编的《国民读本》都“区别”于原书。这些区别来自不同国家的历史状况、政治活动、宣传新的文化思想、新的教育方法等，同时也来自编撰者的知识学问。无论如何改变，各国的版本都保留了新学知识、西方知识的核心问题。日本、中国和越南的编撰者没有指出他们所引用数据的来源，但从文本内容可以看到后者对前者接受了不少知识。依今天版权、著作权来看，这种做法是不能允许。但在近世东亚背景下，这是正常现象，得到各个国家的认同[①]。

---

① 本文大概于2017年初完成，4月27—28日在台湾中正大学《2017近世意象与文化转型》国际研讨会首次发表，同年10月25日修订版又在台湾“中央研究院”演讲中再发表。本文第一作者于同年11月16日去越南胡志明市国家大学参加国际研讨会时才能荣幸读到越南著名学者阮南（Nguyễn Nam）博士大作：“Du hành tĩnh tại qua lăng kính tưởng tượng: Nguồn gốc sách Quốc dân độc bản của Đông Kinh Nghĩa Thục”, Kỉ yếu hội thảo khoa học quốc tế Việt Nam- giao lưu văn hoá tư tưởng phương Đông (TP HCM: NXB Đại học Quốc gia TP HCM, 2017), tr.330—349（英文题目为：“Travel in Place through the Prism of Imagination: The Origin of the Tonkin Free School’s Textbook Citizen’s Reader”）。该文用越文写，在研讨会论文集发表，其论文集于11月出版（该文初稿和完稿可能更早完成）。虽然是全无关系的两篇论文，但是本文与该文都引到同样结论：越南《新订国民读本》直接受到朱树人《国民读本》的影响。两文的区别在于，该文深入对照、探讨那两本书内容上的一些异同，并且分析在越南《新订国民读本》的文本接受过程中的读者的角色；而本文却溯源更早，指出越南和中国两本的来源就是从英国和日本而来。

附录

英、日、中、越《国民读本》目录对照表

The Citizen Reader（1886） H.O. Arnold—Forster	《国民读本》 （1890） （日本高贺诜三郎）	《国民读本》 （1910） （日本大限重信）	《国民读本》 （1903） （中国朱树人）	《新订国民读本》（1907） （越南东京义塾）
CHAPTER I. WHAT IS MEANT BY BEING A GOOD CITIZEN The Country we belong to—Why we are Proud of our Country—England is what we make it—How to become a Good Citizen—Private Duties—The Common Rule—How Lancashire did its Duty—How we can Help the Country—Two Ways of Doing our Duty CHAPTER II. PATRIOTISM What the word Means—The True Patriot—The Magazine at Delhi—The Story of Columbus, and its Lesson—False Patriotism— Be Just and Fear Hot CHAPTER III. HOW THE COUNTRY IS GOVERNED Who Governs—Parliament—The House of Commons—Voting— The Duty of Voters—The Ballot—Bribery CHAPTER IV. QUEEN, LORDS, AND COMMONS How Acts of Parliament are Made—	国民讀本目錄 第一章 國ノ定義及起原 第二章 國ノ資格 第三章 政治ノ体裁 第四章 政治ノ目的 第五章 法律 第六章 宪法 第七章 刑法 第八章 人权 第九章 租稅 第十章 兵役 第十一章 愛國ノ情 第十二章 國体ノ基本 第十三章 族制ノ種類 第十四章 君臣ノ情 第十五章 君主ト宗教ノ	国民读本目次（上编） 第一篇 大日本の國基 第一章 天壌無窮の皇室 第二章 國民の資性 第一節 至誠の道 第二節 忠君愛國 第三節 孝悌友愛 第四節 廉恥の心 第五節 好潔の民 第六節 同化の力 第二篇 大日本帝國の發達 第一章 豐葦原の中津國	国民读本上卷 社会缘起 爱群 恋家恋乡非爱群 争先 博爱 立信 存恕 原国 中国立国之古 中国开化之早 文明 文明无止境 国家与人民之关系 国民解 通商傅数 国耻 国不能独立之忏 民强则国强 爱国 爱国之实 忠义 独立	国民读本上编 社会缘起 爱群心 恋家恋乡非爱群 争先 博爱 立信 存恕 原国 我国立我之古 我国开化之早 文明 文明无止境说 国与人民之关系 国民解 国不能独立之忏 民强则国强 爱国 爱国之寔

The Queen— House of Lords—House of Commons—How Laws are Made— An Act of Parlia—ment—The Royal Assent—The Law of the Land—The Law must be Obeyed CHAPTER V. HOW THE LAWS ARE CARRIED OUT Public Offices—The Home Office— The Admiralty and War Offices—Colonial Office—The Foreign Office—Ambassadors— Other Offices—Post Office—The Penny Post—The Blind Postmaster—Public Examinations CHAPTER VI. OUR LITTLE PARLIAMENTS County Councils—How they are Elected—What they Do — Old Friends with New Faces—A Good Old Way CHAPTER VII. LAW AND JUSTICE The Old Plan and the New—The Bad Old Way—Two Rules— The Judges—The Work of the Judges—The Jury—Use of the Jury CHAPTER VIII.—Part I. THE TRIAL Maxims—The Crime—The Accusation—The Court—The Lawyers—The Judge—The Story of Judge Gascoinge and Prince	關 系 第十六章 官 制上 第十七章 官 制下	第一節 建國 創業 第二節 皇權 の伸張 第三節 藤原 氏時代 第二章 封建 時代 第一節 武門 の政治 第二節 封建 の社會 第三節 武士 道 第四節 文物 の興隆 第五節 開國 の由來 第三篇 今上 の御親政 第一章 明治 維新 第一節 大政 奉還 第二節 維新 の大詔 第三節 廢藩 置縣 第二章 立憲 政體の創始 第一節 專制 政治の弊	勿观望政府 进取 兢争 天命正误 勇武 原政 政体 原君 原官 中国政府 中国地方制度 日本政府及地 方制度 中国官制论 日本国议会及 地方议会 国民宜知政理 变政之难 教育 释学 中国学术论 中国学校 日本学校 科举之害 国民读本下卷 不行科举之无 害 原兵 中国兵制 中国兵制论 日本征兵法	忠义 独立 勿观望政府 进取 兢争 天命正误 勇武 政体 原君 原官 本国官爵及 政府 日本官爵及 政府 日本国议会 及地方议会 国民宜知政 理 论变揖习之 难 教育 释学 日本学校 论科举之害 国民读本下 编 论不行科举 之无害 原兵 日本征兵略 法 赋税

Henry—The Jury—The Trial—The Witness—The Prisoners—The Counsel— The Summing—up — The Verdict—Criminal and Civil Trials CHAPTER VIII.— Part II. THE AUTHORITY OF THE LAW The Power of the Judges—Punishments— Why we should Honour the Judge—The Policeman CHAPTER IX. THE NAVY AND ARMY. —PART I The Defence of the Country—Who Ought to Fight for the Country? Volunteer Enlistment and Conscription — The Frontier of England —Another Frontier—Why the Navy comes first—Our Sailors— The Marines—What the Navy does CHAPTER X. THE NAVY AND ARMY.— PART II The Army—The Four Branches of the Service—Who Commands the Army and Navy — Discipline — Practice — Patience — Faith in Others— Obedience to Lawful Orders—The Value of Discipline — The Loss of the Birkenhead CHAPTER XI. THE AUXILIARY FORCES		第二節 立憲政體の要旨 國民讀本目次（下編） 第三節 立憲政體の由來 第四節 立憲政體の準備 第五節 大日本帝國憲法の制定 第三章 立憲政體 第一節 統治の大權 第二節 臣民の權利義務 第三節 帝國議會 第四節 法律と命令 第五節 選擧權の尊重 第四章 行政の機關 第一節 中央政府 第二節 地方の行政 第三節 自治制度	赋税名义 中国赋税 中国赋税论 释权利职分 原法 法律名义 中国司法各官 日本裁判制度 中国刑罚 日本刑罚 中国刑狱之忏 中国狱讼之害 变法必先立信 论交通法 中国交通各法 论地方政务 地方应行政务 论地方警察 日本地方警察 编审 法国民迹据 户律举要一 户律举要二 户律举要三 宗教 教案 产业 国法保护产业 专利 众人分业主之利 人功生利	释权利责任 原法 释法 中国司法各官 日本裁判制度 日本刑罚 变法律必先立信 论交通法 地方应行政务 论地方警察 日本地方警察 编审 法国民迹据 宗教 产业 国法保护产业与产业所生之利 专利 人功生利 职业多寡有眼 我国宜振兴实业 分功之法 机器

Who are the Auxiliary Forces —Every Man must Serve if Required—Yeomanry—The Volunteers—The Use of the Volunteers— Our Countrymen in the Colonies—How Australia helped the Old Country—The Horrors of War—Unjust Wars CHAPTER XII. THE FLAG.—PART I The Union Jack—What the “Union Jack” Means—The Use of the Flag—The Story of Khartoum—The Flag at Lucknow—The Relief CHAPTER XIII. THE FLAG.— PART II The Use of the Flag in Peace—The Flag in War—Freedom under the Union Jack—Why we should Honour the Flag CHAPTER XIV. TAXATION What are Taxes ?—Who Pays ?—What Taxes are—Rates—School Rates — What the Country Pays—The Country’s Accounts—Direct and Indirect Taxes—Direct Taxes — Indirect Taxes — Who Pays Indirect Taxes—Taxes on Bread—Parliament Votes the Taxes		第五章 法律の擁護 第一節 裁判所 第二節 訴願及び行政裁判 第三節 警察の制度 第四節 監獄の制度 第六章 國家の兵備 第一節 軍備の要 第二節 兵役の義務 第三節 陸海軍の編制 第七章 運輸及び通信 第一節 運輸機關 第二節 通信機關 第八章 國家の交際 第一節 世界的關係 第二節 締盟國	职业多寡有眼 中国宜振兴实业 分功 机器 机器何害于人功 免分功及用机器之害 大工艺之益 工债 赀本 赀本消长之理 劝积蓄 大赀本家有益于贫户 贸易 通商 货币 圜法 赊借 银行 欠票汇票及银行折扣 钞票 公司	机器何害于人功 免分功及用机器之害 大工艺之益 工债 赀本 赀本消长之理 大赀本家有益于贫户 贸易 通商 货币 圜法 赊借 银行 欠票汇票及银行折扣票 公司

CHAPTER XV. OUR DUTY TOWARDS FOREIGN COUNTRIES— PART I The Barbarians — Look at Home—Result of Ignorance—How Travel Teaches us CHAPTER XVI. OUR DUTY TOWARDS FOREIGN COUNTRIES— PART II A Strange Country — An Account of the Tribe—Their Diet —Their Drink—Their Strange Birds and Plants—Their Manners—Their Clothes— Their Daily Habits—What is the Name of the Country CHAPTER XVII. OUR DUTY TOWARDS FOREIGN COUNTRIES—PART III A Lesson, to be sure of your Facts—The Story of the Two Knights—The Moral—How Wars are Begun—Enemies of their Country—Some Good Rules to Remember CHAPTER XVIII. EDUCATION What Education Means—Some Schoolroom Lessons—Precept and Practice— Schools and School Boards—Scholars— School		第九章 國家の財政 第一节 歳出歳人 第二节 纳税义务 第三節 公債 第十章 國家の富源 第一节 殖产兴业 第二节 勤俭贮蓄 第三節 富の運用 第四節 通貨及び銀行 第十一章 國家の膨膜 第一節 臺灣及び樺太 第二節 韓國の保護 第三節 關東州の租借 第十二章 國民の教化 第一節 教育の道 第二節 品性の修養		

Attend—ance a Credit to the School—Reading, Writing, and Something Else—Eyes and No Eyes—How to Rise—Compulsion—Three Reasons for Going to School CHAPTER XIX. THRIFT Save against Old Age—Save to Help Others— Save to Keep Out of the Workhouse— One More Reason for Saving—How to Save — Savings Banks—The Post Office Bank—Take Care of the Pence —What Pennies can do—Clubs and Friendly Societies—When to Begin Saving CHAPTER XX. FREEDOM England is a Free Country—What Freedom Is —What we are not Free to do—Trade Societies — Unpleasant Trades—Sale of Dangerous Things—Liberty of the Press—Abuse of Liberty—The Power of Newspapers—The Rule of Liberty CHAPTER XXI. HOW OUR FREEDOM WAS WON Our Freedom is New—Freedom of Thought —Freedom of the Press— Prynne — Cobbett — Other Instances— What we Owe to our Forefathers		第三節 國民の健康 . 第四篇 大國民の理想 第一章 臣民と國家 第一節 個人の責任 第二節 家族の結合 第三節 鄉黨の團結 第四節 國家の向上 第二章 國旗の光 第一節 日本の天職 第二節 平和と人道 第三節 國民の道德		

CHAPTER XXII. WATCHWORDS. English Liberty—Charters and Statutes—Magna Charta—Old Laws, Good and Bad—Another Gift of the Charta —Promise and Per—formance —Habeas Corpus—The End of Slavery—The Use of Watchword				

接受、改编、创新：《三字经》在古代越南考论

阮俊强[1]

一、小引

在中国的传统文化历史上，最基本的启蒙读物就是《三字经》《百家姓》与《千字文》，简称为“三百千”，其中最重要的是《三字经》一书[2]。关于《三字经》的成书年代，可谓观点纷呈，有“北宋晚年”“北宋”“南宋”“明代”等看法。这些年代与其书作者有密切关系：大部分学者认为其作者是南宋浙江王应麟（1223—1296），字伯厚；又有人认为是宋末广东区适子

---

① 作者单位：越南社会科学翰林院所属汉喃研究院。文原刊《域外汉籍研究集刊》第11辑。

② 详见：李逸安译注《三字经　百家姓　千字文　弟子规》，北京：中华书局，2009年；陆林辑校《〈三字经〉辑刊》，合肥：安徽教育出版社，1994年；徐梓、王雪梅编注《蒙学便读》，太原：山西教育出版社，1991年。

（1234？—1324？），或宋代广东粤中逸老[1]；有人提出是明代广东黎贞（1355—？）；最近张如安认为《三字经》成书在南宋绍熙年（1190—1194）到嘉定年（1208—1224）之间，所以作者年龄要早于王应麟与区适子。虽然对《三字经》成书年代与作者有很多不同意见，但大多数学者还是同意“南宋王应麟说”，根据两个证据：（1）王应麟的其他作品中有很多与《三字经》文体相同的三字句；（2）王应麟很关注编写启蒙读物，有《小学绀珠》《小学讽咏》《蒙训》《词学指南》等书，而且《小学绀珠》内容思想与《三字经》大体一致[2]。

关于流传的问题，在中国，直到16世纪初才出现关于《三字经》的记载，此后越来越多被提及。1795年出现陶格《满汉合璧三字经注解》的汉满译本，1832年就有崧岩富俊编辑《满蒙合璧三字

① 也有可能粤中逸老只是区适子的笔名。

② 关于《三字经》的成书年代与作者的问题，详见：James T. C. Liu, “The Classical Chinese Primer: Its Three—Character Style and Authorship”, *Journal of the American Oriental Society*, 1985, vol. 105, no. 2, pp. 191—196；李良品《〈三字经〉的成书过程与作者归属考略》，《社会科学家》2004年第5期，第156—160页；吴光《〈三字经〉的作者及文化意义管见》，《中共宁波市委党校学报》2007年第2期，第100—103页；李健明《〈三字经〉主要版本内容研究》，《学术研究》2008年第8期，第125—129页；徐梓《〈三字经〉的流传》，《历史月刊》2008年第251期，第126—129页；张如安《历史上最早记载〈三字经〉的文献：〈三字经〉成书于南宋中期新说》，《北京大学学报》2009年第2期，第82—85页；卢永芳《古代蒙学教材〈三字经〉研究》，四川师范大学2010年硕士学位论文；宫丽艳、刘经纬《近年来〈三字经〉研究述评》，《中共宁波市委党校学报》2013年第3期，第24—28页等材料。

经注解》的汉蒙译本[①]。在日本，江户时代中国商船“西五号唐船”一次为日本舶来296本《三字经》；1692年出版的《广益书籍目录》中有关于“三字经”与“三字经注解”的两种记载。日本学者小野泽路子指出，现在日本还保存古本《三字经》65种[②]。对于韩国，有明万历1607年木刻的《新刊三字经》和1643年手抄本《增注三字经》，是最早的两本[③]。在古代，日韩两国对《三字经》进行改编、注释和模仿，出现了很多《三字经》的仿制本。就西方而言，据天主教的历史记载，最早翻译本很可能就是Michel Ruggieri1582年的拉丁译本。在18、19世纪出现好多西方语言的译本：俄语有I. Razsokhin的1741—1751年间版、A. Leontiev的1779年版、N. Y. Bichurin的1829年版。英语有Robert Morrison的1812年版、E. C. Bridgman的1835年版、S. C. Malan的1856年版、Benjamin Jenkins的1860年版、Stanislas Julien的

① 关于《三字经》的满、蒙文本，详见肖朗、王鸣《〈三字经〉满、蒙文本及仿制本述论》，《浙江大学学报》（人文社会科学版）2008年第1期，第156—166页。

② 关于《三字经》在日本，详见：小野泽路子《和刻本〈三字经〉目录解题》，《日本汉文学研究》2009年第4期，第157—205页；谭建川《〈三字经〉在日本的流播与衍变》，《西南大学学报》（社会科学版）2010年第1期，第71—74页；鹤岛俊一郎、董明《〈三字经〉在日本的流传和日本的〈本朝三字经〉》，《北京师范大学学报》（社会科学版）2004年第4 期，第123—125页；杨姗《和刻本〈三字经〉考》，首都师范大学2012年硕士学位论文。

③ 关于《三字经》在韩国，详见钱茂伟《韩国藏本〈三字经〉研究》，《文献》2009年第4期，第162—166页。

1864年版、Herbert A. Giles的1873年版[①]。从20世纪起，《三字经》在中国与世界的流传更广泛，这里无需赘言。

从此可以看出，《三字经》在东亚各国乃至全世界都非常引人注目。可惜的是，这本书在越南的情况却少人关注，虽然也有一些现代研究者有所提及，但大部分是简单的介绍与翻译，而忽略了其在古代越南的情况。笔者2013年6月在日本东京的一场国际研讨会就《三字经》在古代越南的问题发表过有关汉文教科书的一篇英文文章。该文首次利用越南汉字、喃字古籍来探讨《三字经》在古代越南的传入、改编以及小学汉文教育应用等问题[②]。在此基础上，本文将继续研究这本重要汉文教科书在古代越南的注解、翻译与影响。为了便于读者了解情况，本文第二、三、四节先简介《三字经》的传入与版本学等问题，第五、六、七节集中探讨注解、翻译与影响这三个问题。

---

① 关于《三字经》在西方，详见张西平《西方汉学的奠基人罗明坚》，《历史研究》2001年第3 期，第101—115页；伍宇星《〈三字经〉在俄国》，《学术研究》2007年第8期，第110—115页；许然、卢莉《略论〈三字经〉在海内外的传播》，《天中学刊》2009年第3期，第128—130页；郑志明《西方来华传教士与〈三字经〉西传》，《黎明职业大学学报》2011年第3 期，第40—43页。

② Nguyen Tuan Cuong (阮俊强), "Primary Textbooks for Literary Sinitic in Premodern Vietnam: The Case of *Sanzijing* (三字经)", paper for the International Conference *Pedagogical access to the cosmopolitan code in the Sinographic Cosmopolis: Evidence from mokkan to the 20th century*, Waseda University & University of British Columbia, Tokyo, June 2013.

二、《三字经》传入越南

古代越南对《三字经》的记载不多，在早期国家史书与作家个人文集中还没发现对该书的记载。笔者找到的最早记载是越南阮朝范望（范复斋）《启童说约》（见图1，R.562）中嗣德六年（1853）写的《启童说约自序》：

> 余童年，先君子从俗命之，先读《三字经》及三皇诸史，次则读经传，习时举业文字，求合场规，取青紫而已。

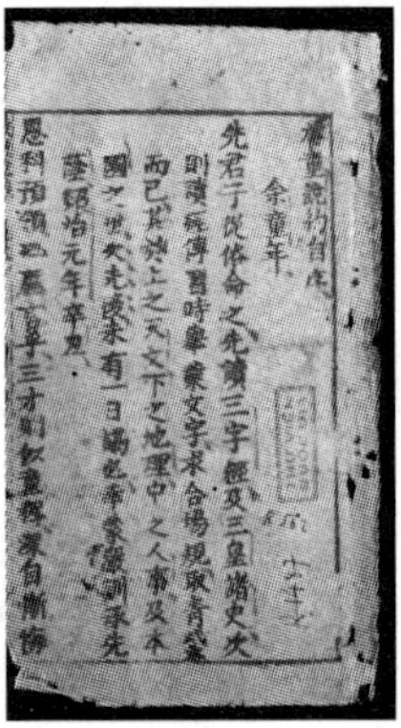

啓童說約自序

余童年，

先君子從俗命之先讀三字經及三皇諸史次

則讀經傳習時舉業文字求合場規取青紫

而已其於上之天文下之地理中之人事及本

國之世次先後未有一日[illegible]

紹治元年辛丑

恩科預領鄉薦[illegible]

图1　《启童说约》，R.562，页1a

作者范望的生卒年未详，只知道他于1841年考中举人。如果根据儒家赴考之前有“十年灯火”的一般观念，范望最晚于19世纪30年代初叶开始学习，而初学教材就是《三字经》。所以，因史料有限，笔者暂时把1830年看为《三字经》传入越南的可信年代。

更具体的另一证据就是书号为AB.304的《三字经解音演歌》，现藏于越南汉喃研究院。这本书封面上写“明命拾柒年新镌”，即1836年再版，表明第一版比这个年代更早。笔者相信，《三字经》传入越南的年代应该比这些年代更早，这个问题有待进一步考察。

三、哪一本《三字经》最普遍？

古代越南使用哪一本《三字经》？下面我们将考察一下不同版本的内容。

> 欧[①]适子本、王伯厚本，二本颇有同异。仍参著并列于左。今取其刺[②]句，与择其句，字义顺者，从之，以备考焉。（《三字经解音演歌》AB.304, R.653, 页1b）
>
> 按：《三字经》每句三字，便于童幼咕哔。宋儒王伯厚应麟所作，以课家塾也。欧适子本、伯厚本，二本间有同异。今本取其剩句，与择其句，字义顺者，从之。”（《三字经六八演音》R.129，页13a—b）
>
> 古本参订以下。今本取其字句，顺义者从之。（《三字书新汇》AB.279，页6a）

上面AB.304、R.653、R.129、AB.279四本承认，古代越南人斟酌王应麟与区适子两种版本的不同，具体文字差异如下表：

---

① 越南有几本把“区”错写成“欧”，因为字样相似。

② R.653本把“剩”错写成“刺”，因为字样相似。

序号	王伯厚	区适子（2）	AB.304, R.653	R.129	AB.279
	（1）				
1.	不知义	不知理	（2）		
2.	所当执	所当识	（2）		
3.	识某文	识某名	（2）		（1）
4.	君臣义	君臣也	（1）		
5.	稻粱菽	稻粱菰	（1）		
6.	曰哀惧	曰哀乐	（2）		
7.	七情具	乃七情	（2）		
8.	丝与竹	与丝竹	（2）		
9.	小学终	由孝经	（2）		
10.	子思笔	乃孔伋	（2）		
11.	我周公	我姬公	（2）		
12.	著六官	著六典	（2）		
13	号三皇	号三王	（1）		
14.	犹苦卓	犹苦学	（2）		
15.	始发愤	始发奋	（1）		
16.	且聪敏	且聪明	（2）		
17.	当自警	当少成	（2）		
18.	裕于后	垂于后	（2）		

统计表明，共有18处文字差异得到考订，其中有14 处采用了区适子本（《三字书新汇》有13处）。

放眼于更多的版本，笔者认为古代越南最普遍的为358句《三字经》版本（详见本文附录）。与中国最普遍的王相版本进行对照，下面30个地方存在文字差异：

序号	句数	越本	王相本	序号	句数	越本	王相本
1	28	不知理	不知义	16	115	由孝经	小学终
2	36	所当识	所当执	17	126	乃孔伋	子思笔
3	39	悌于长	弟于长	18	139	号五经	号六经
4	41	首孝悌	首孝弟	19	149	我姬公	我周公
5	44	识某名	识某文	20	151	著六典	著六官
6	49	一太极	（无）	21	160	当咏讽	当讽咏
7	50	二阴阳	（无）	22	188	称盛治	称盛世
8	84	曰哀乐	曰哀惧	23	266	心而推	心而惟
9	86	乃七情	七情具	24	292	犹苦学	犹苦卓
10	89	与丝竹	丝与竹	25	303	对大庭	对大廷
11	96	至曾玄	至元曾	26	305	彼晚成	彼既成
12	103	君则敬	长幼序	27	322	且聪明	且聪敏
13	104	臣则忠	友与朋	28	324	当少成	当自警
14	105	长幼序	君则敬	29	334	亦如是	亦若是
15	106	朋友公	臣则忠	30	350	垂于后	裕于后

四、《三字经》在古代越南的改编

（一）内容增补

1. 各本增补“一太极，二阴阳”两句

越南《三字经》大多数版本都在“三才者，天地人”前增补“一太极，二阴阳”两句。在中国，具有这两句的最早本是许印芳（1832—1901）1887年所撰《增订发蒙三字经》，但是越南1836年新刊的《三字经解音演歌》（见图2，AB.304）已经出现了这两句，肯定未受许印芳的影响，而许印芳也不一定受越南本的影响。可以说越中两国各自增补这两句，而不一定要参考彼此。1910年《三字书新汇》作者陈仲杭也写道：“本国先达增著二句一太极二阴阳。”（见图3，AB.279，6b页）

图2 《三字经解音演歌》，AB.304 (1836)，封面

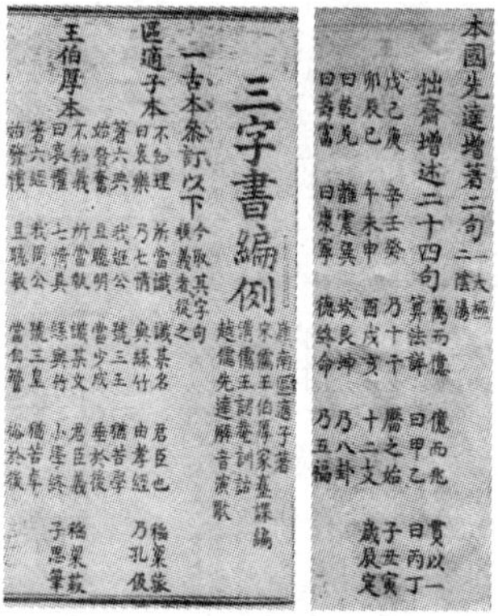

图3 《三字书新汇》，AB.279，页6a—6b

笔者认为，越南各本增补这两句的原因是系统化了《三字经》内容中的各种科学范畴，补充了“一”与“二”而使“一太极、二阴阳、三才、三光、三纲、四时、四方、五行、五常、六谷、六畜、七情、八音、九族、十义”等数字更有科学性、系统性和完备性。

2.《三字书新汇》增补24句

除了上述两句，《三字书新汇》（AB.279）作者陈仲杭还增补了另外24句，分成两段。第一段是放在“百而千，千而万”后的“万而亿，亿而兆，贯以一，算法详”4句，增加了“亿”与“兆”两个更大数字，又给这一段中的“一、十、百、千、万、亿、兆”的范畴一个“算法”作名字。第二段是在“乃八音”后增补了“曰甲乙，曰丙丁，戊己庚，辛壬癸，乃十干，历之始，子丑寅，卯辰巳，午未申，酉戌亥，十二支，岁时定，曰乾兑，离震巽，坎艮坤，乃八卦，曰寿福，曰康宁，德终命，乃五福”等20句。这一段加了关于“十干”“十二支”“八卦”“五福”等东亚传统中的重要范畴，而《三字经》原本未有介绍。《三字书新汇》合计增补了26句，总长达382句，是古代越南《三字经》的经文最长版本。

《三字经》在中国也经常得到增补。王相1666年《三字经训诂》只有356句，贺兴思于道光年间完成的《三字经注解备要》有380句，章太炎（1869—1936）《重订三字经》有426句，许印芳1887年《增订发蒙三字经》长达1172句。最近在中国比较普遍的是复旦大学教授钱文忠2009年《钱文忠解读〈三字经〉》，有374句[①]。有趣的是越中两国增补的内容不尽相同，越南本增补了知识方面的内容，中国各本却主要增补从元代至民国时代的历史内容（只有许印芳本因为规模太大，所以知识与历史两方面都增补）。这一点证明两国教育思想不同，越方偏重知识教育，中方注重历史教育。原因可能在于，中国每一时代的科举要考更新的历史内容，而且越南各代科举中历史内容止于唐宋，不考元代至民国史，所以在小学教科书中不需要增补后代历史方面的知识。另一方面，越南学者认为对于越南学习者而言，《三字经》的内容存在一些不足，因而加以增补，使得《三字经》在知识方面更加丰富。

---

① 钱文忠《钱文忠解读〈三字经〉》，北京：中国民主法制出版社，2009年。

（二）句序改编

1.“十义”句序改编

关于十义范畴，中国本都是“父子恩，夫妇从，兄则友，弟则恭，长幼序，友与朋，君则敬，臣则忠”，其中“父子、夫妇、兄弟”是家庭关系，“长幼、朋友、君臣”是社会关系。关于社会关系方面，越南各本几乎都把“友与朋”改为“朋友公”，并且把这四句顺序改为“君则敬，臣则忠，长幼序，朋友公”，意味着把“长幼→朋友→君臣”改成“君臣→长幼→朋友”，也就是说把“君臣”关系提到前面，很可能是为了表示“尊君”的目的。

2.“五经”句序改编

中国《三字经》谈到五经时，次序就是“易→书→礼→诗→春秋”，越南大部分也保留这个次序。但是在《三字经训诂》（VHv.2033），这个次序被改为“诗→书→易→礼→春秋”，而每一部经典的诗句内容不变。笔者认为，这种改编的原因可能在于遵守《三字经》中“诗书易，礼春秋，号六经，当讲求”四句的五经顺序，所以这种句序改编比原本更合理。

3.勤学榜样部分句序改编

略读越南《三字经训诂》（VHv.2033，页10a—11b）内容，读者不难发现这一本已经改编了勤学榜样的顺序，而相应诗句内容都不变。笔者发现，越南本的改编就是为了遵守两种标准：年龄与性别。我们先观察中国本的勤学榜样顺序：

中国本	人名	苏老泉	梁颢	祖莹	李泌	蔡文姬	谢道韫	刘晏
	年龄 / 性别	27	82	8	7	（女）	（女）	7

上表说明，中国本的勤学榜样没有按年龄与性别排列。越南《三字经训诂》编者发现了这种不合理的安排后就改成下述顺序：

越南本《三字经训诂》	人名	梁颢	苏老泉	刘晏	祖莹	李泌	蔡文姬	谢道韫
	年龄 / 性别	82	27	7	8	7	（女）	（女）

经调整，勤学榜样的排序较为合理：性别上先男后女，男性中又按年龄从大到小排列，只是七八岁部分略有混乱。

中国学者钱茂伟[①]指出，在韩国有一本《新刊三字经》，先把“莹八岁，能咏诗”两句改成“昉四岁，能咏诗”，然后也把勤学榜样部分改成下面顺序：

韩国本《新刊三字经》	人名	任昉	李泌	蔡文姬	谢道韫	刘晏	苏老泉	梁颢
	年龄 / 性别	4	7	（女）	（女）	7	27	82

可以看出，古代越南与韩国读者都发现中国本编排勤学榜样的不合理之处，然后都进行再编排。不过，韩国本采用年龄递增顺序而未注意区分性别，越南本则既采用年龄递减顺序又区分先男后女的次序。

① 钱茂伟《韩国藏本〈三字经〉研究》，《文献》2009年第4期，第162—166页。

五、《三字经》在古代越南的注解

古代越南对《三字经》有两种加注方式，第一是节略中国注解，第二是越南独有注解。

（一）节略中国注解

据笔者考察，在《三字经国音歌》（AB.304、R.653，页1a—7b）、《三字书新汇》（AB.279，页6b—11a）、《三字经六八演音》（R.129，页13b—17b）等四本书中记载了总共68条注解，主要是对抽象概念、人名、地名、时代与勤学故事的内容加注。具体见下表。

次数	注解词目	AB.304, R.653	AB.279	R.129	次数	注解词目	AB.304, R.653	AB.279	R.129
1	性近			+	35	五伯			+
2	性善	+	+	+	36	七雄			+
3	性近			+	37	诸史	+	+	
4	择邻	+	+		38	三皇二帝	+	+	
5	义方	+	+	+	39	三王	+	+	
6	幼不学	+	+		40	周辙东	+	+	
7	玉不琢	+	+	+	41	春秋战国	+	+	
8	温席	+	+	+	42	嬴秦	+	+	
9	让梨	+	+	+	43	西汉东汉	+	+	
10	某数	+	+		44	三国	+	+	

11	三纲	+	+		45	南朝	+	+	
12	四时	+	+		46	北元魏	+	+	
13	四方	+	+		47	隋	+	+	
14	五行	+	+		48	唐	+	+	
15	五常	+	+		49	五代	+	+	
16	六谷	+	+		50	炎宋	+	+	
17	八音	+	+	+	51	十七史	+	+	+
18	九族	+	+		52	师项橐	+	+	+ 项橐
19	十义	+	+		53	赵中令	+	+	
20	明句读	+	+		54	披蒲削竹	+	+	+
21	四书	+	+		55	悬梁刺股	+	+	+
22	论语	+	+		56	囊萤映雪	+	+	+
23	孟子	+	+		57	负薪挂角	+	+	+
24	中庸	+	+		58	苏老泉	+	+	+
25	大学	+	+		59	梁灏	+	+	+
26	孝经通	+	+		60	莹泌	+	+	+
27	六经	+	+	+	61	蔡谢	+	+	+
28	三易	+	+	+	62	刘晏	+	+	+
29	周礼	+	+		63	犬鸡	+	+	
30	二戴礼记	+	+	+ 二戴	64	蚕蜂	+	+	
31	四诗	+	+	+	65	扬显	+	+	
32	春秋	+	+		66	遗子教子	+		

33	三传	+	+	+	67	遗子一经		+	
34	五子	+	+	+	68	籯		+	

《三字经国音歌》（见图4）与《三字书新汇》的注解颇为相似，都是源于中国王相《三字经训诂》的注解，但减少了词目的数量与每一词目的内容。

《三字经六八演音》（见图5）进一步减少了上述两本注解的词目数量与词目内容，但同时增加了“性近”“五伯”“七雄”等新注，注解部分后还增加了一段对《三字经》内容与结构的论述（页16a—17b），可能是本书著者“冬青氏”的话。该书在参考原有越南注解的基础上，删减旧注（特别是对经、史部分的注解），保留有关中国典故的难懂注解（例如勤学榜样部分），这表明冬青氏作注时颇为自由，不拘束于旧注。

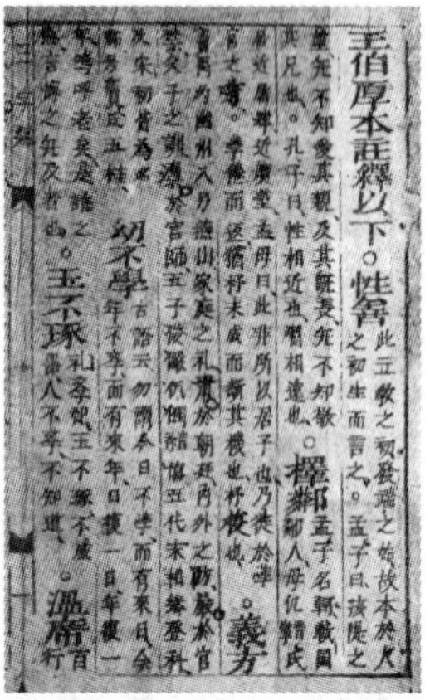

图4 《三字经国音歌》
R.653，页1a

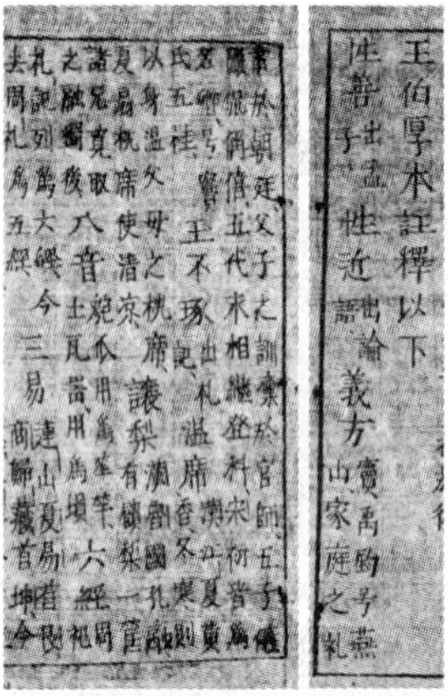

图5 《三字经六八演音》
R.129，页13b—14a

《三字书新汇》（AB.279，页11a—12b），在注解部分后还“增录”一篇《小儿论》，讲孔子与七岁神童项橐对答、孔子佩服并拜他为师的故事。这个故事本来出现在明代《历朝故事统宗》与《东园杂字》两本书中。越南儒家学者增录这个故事的目的正是鼓励儿童的勤学精神。

（二）创造越南注解

武惟清（1811—1863）为嗣德辛亥年（1851）榜眼，当年不取状元，所以他是金榜第一名，后历任翰林院侍读、国子监司业、升国子监祭酒。虽然官路与高级教育有密切关系，但武惟清很重视小学教育，编写《三字经撮要》（A.1044）以作“训蒙指南”。

《三字经撮要》是手抄本，共46页。编者把《三字经》内容分为数2或4句的小段而分别加注。注解形式与王相《三字经训诂》相同，但注解内容不同。比如，注解“性本善”中的“性”时，王相说：“天之所赋谓之性”，就是《中庸》首句“天命之谓性”的精神；武惟清却写：“言人有生之初，得天地之理以为性，性即理也”（页1a，见图6）。注解“性相近，习相远”时，武惟清又写道：“上言天地之性纯粹至善，此言气质之性有善有恶。”（同上）“性即理”是宋儒程颐提出、朱熹发扬的宋代理学重要观念；“天地之性”与“气质之性”也是宋儒张载提出的理学中有关人性论的最为重要的两个概念。王相注本并未提到这三个理学概念。贺兴思《三字经注解备要》中也有“性者理也”的命题，但也未提及“天地之性”与“气质之性”。这一点说明，《三字经撮要》对《三字经》注解历史上的贡献就是根据宋代理学思想作注。总之，武惟清的注解特点是参考理学、文法简易、义理详明、内容丰富，是古代越南《三字经》注解的最优秀代表。

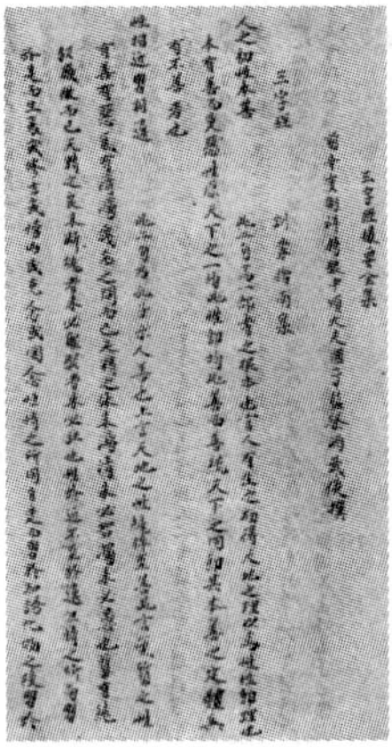

图6 《三字经撮要》A.1044，页1a

六、《三字经》在越南的翻译

在越南，《三字经》已经被翻译成喃字的越南语、法语、拉丁字母的越南语三种译本，其中前两者属于古近代的范畴，最后者属于现当代的范畴。本文主要考察古代、近代的时候，所以研究对象为喃字的越南语、法语这两种译本[①]。

---

① 关于拉丁字母越南语的现代翻译，从1923年到2009年，一共有10种译本。该问题将在另一篇文章中论述。

（一）喃字的越南语翻译

喃字是基于汉字的笔画与造字法，再加以本地创造的造字法，而创造出来一种方块文字，从11世纪开始，用来记载越南语。据笔者考察，古代越南有四种《三字经》喃字译本，统计结果如下：

译本	异本	书号	翻译页数	抄/刻	年代[①]	汉文句数	六八诗体翻译句数[②]	散文翻译句数
（1）《三字经国音歌》	（1a）《三字经国音歌》	AB.304	1a—15b	刻	1836	358	180/182	358
	（1b）《三字经国音歌》	R.635	1a—15b	刻	1887	358	180/182	358
	（1c）《三字书新汇》	AB.279	13a—28b	刻	1910	382	194/196	382
	（1d）《三字经国音歌》	VNv.185	11a—26a	抄	1907	358	180/182	358
	（1e）《三字经国音歌》	VNv.225	7a—22a	抄	1928	358	180/182	358
	（1f）《三字经训诂》	VHv.2033	1a—12a	抄	1848后	356	(+)	(+)

① 年代栏中“1848后”表示书中有避讳字，把“时”写成“辰”。“福时”是越南阮朝皇帝嗣德（1848—1883年在位）的名字。

② 六八诗体翻译句数栏中的“/”记号，记号之前是从《三字经》正文内容翻译过来的喃文句数，记号之后是译本的所有句数，包括《三字经》正文、译者创造出来的开头语与结语等喃文句数。

（1）《三字经国音歌》	（1g）《三字经释义》	VNv.257	1a—8b	抄	1848后		178/182	
	（1h）《三字经国音歌》	VHv.276	24a—27b	抄		358	180/182	
（2）《三字经六八演音》		R.129	1a—13a	刻	1905	358	180/180	
（3）《三字解音》		AB.474	1a—11a	抄	1848后		316/328	
（4）《三字经演音》		R.2042	1a—18b	抄	1848后		356/358	

1. 译本的年代问题

各译本都出现在19世纪中叶到20世纪初叶，最早是1836年，而大部分是1848年后，因为一本中有越南阮朝第四皇帝嗣德（1848—1883年在位）的避讳字，把“时”写成“辰”。有两本年代还未详。（1h）的手抄本中没有避讳字，也未发现其他版本学证据，所以可能是20世纪初叶，因为那时候的阮朝避讳定例愈来愈无效。（1e）本则更复杂，封面写着“岁在戊辰季春月”，可能有1808、1868、1928等三个“戊辰”年，而书中不避讳阮朝第一皇帝嘉隆（1802—1820年在位）的“种”字，也不避讳嗣德皇帝的“时”字（详见这两个字在页8a），所以很难是1808年或1868年的，可以判断是于1928年抄，与（1h）本一般晚。

2. 译本的版本问题（见图7—10）

有手抄本与木刻本两种。字形显明易读，只有（1h）本用难读的行草字形，但是因为是根据（1a）或（1b）本抄过来，所以对照解读也容易辨认。（3）本从页6b起的内容有一些混乱，（4）本因为装订有问题，所以一些书页顺序颠倒，不过两本都不难整理。只在（1a）、（1b）、（1c）、（1d）、（1e）、（1f）、（1h）、（2）等8本才有《三字经》汉文原文与越南语的喃字的两个部分，剩下几本只有越南语的喃字部分。在汉喃对照本中，绝大部分都把喃字译文放在相应的汉字原文下面（见图7—8），只有（1h）本把经文与注解的全部汉文部分放在书前面（页18b—24a），接着才是喃字翻译部分（页24a—27b）。（3）本说“李朝陈忠著”（页1a，见图9）可以肯定是假古说，《三字经》不可能出现在越南李朝（1009—1225），因为当时在中国还没出现这本书。同时，根据这一本的喃字文字结构与越南语的语音、词汇等特点，可以判断这种译品的成书年代不可能在李朝。

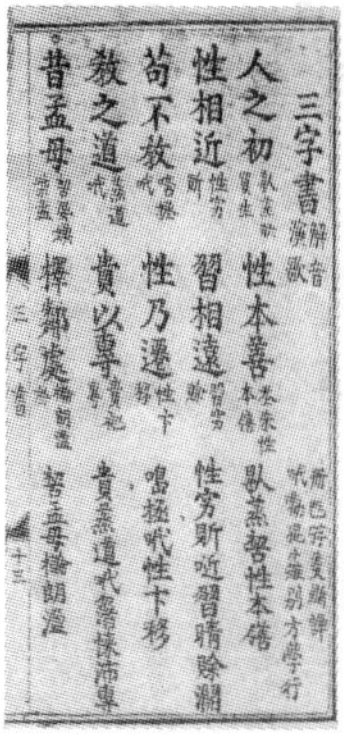

图7　《三字书新汇》，AB.279，页13a

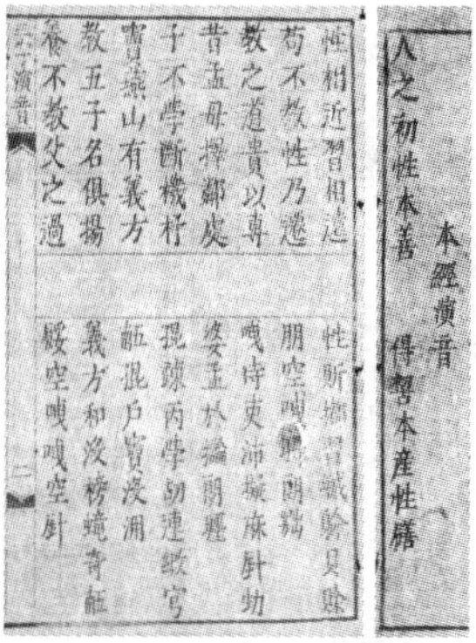

图8　《三字经六八演音》R.129，页1b—2a

图9　《三字解音》，AB.474，页1a

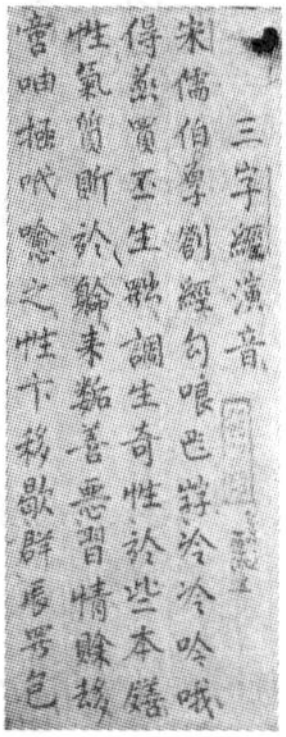

图10　《三字经演音》，R.2042，页1a

3. 译本的文体问题

译本采用韵文与散文两种文体。各译本都有韵文翻译，也都是使用越南传统的六八诗体（前句六字，后句八字，结成一联）。

（1a）、（1b）、（1c）、（1d）、（1e）等本中除了六八诗的翻译以外，还有散文翻译部分，就是说这些译本中韵文与散文的翻译都有。（1f）本有汉文正文（缺少越南所增补的“一太极，二阴阳”两句），有较多汉文注解，但韵文与散文的喃字翻译两部分都写得比较随便，开头部分还可以，但是后面常常不抄写，所以在上面统计表中使用“+”的记号来表示“有那一翻译部分”的意思。

4. 译本的翻译手法

关于翻译手法，有两种：“合句翻译”如在（1）与（2）两本，“单句翻译”如在（3）与（4）两本。合句翻译通常是把汉文两句合译成喃字一句，但是也有时候把汉文三或四句合译。单句翻译就是把每一《三字经》经文三字诗句翻译成六个字或者八个字的一个喃字句，偶尔也出现合译现象。例如（3）本把“二十七，始发愤，读书籍”汉文三句译成喃字一句：“𠄩进买发愿读书”（页9a），这一句子用现代越南语的文字“音译”（phonetic transcription）过来就是“Hai mươi bảy mới phát nguyền độc thư”（对译：二十七才发愿读书）。（1）本的各版本经常把358个汉字句合译成180个喃字句，而翻译内容绝大部分一样，所以只是一个译本。（1g）本少了喃字本的第49—50句，所以只剩下178句。（1c）本增补了24个汉字句，所以翻译句数也达到196个。（1c）本有时候改写他本的翻译内容，比如（1）各本一般都把“曰喜怒，曰哀乐，爱恶欲，乃七情”原文四句译成喃字两句：“浪惻悚浪伤愊，浪腰恄闷情嗑𧿆擒”（Rằng mừng giận rằng thương vui, Rằng yêu ghét muốn tình bui khó cầm［曰喜怒曰哀乐，曰爱恶欲，情是难以控制］），但（1c）本译成“浪惻悚浪伤愊，㥋恄闷 情𠫾坤拎”（Rằng mừng giận rằng thương vui, Yêu ghét muốn bảy tình người khôn cầm［曰喜怒曰哀乐，爱恶欲是难以控制的七个人情］）。

四种译本中，根据忠实原文、语言流畅、押韵正确三个原则，（1）本最为成功，所以已经有至少三次木刻、五次手抄。

（二）越南的法语翻译

1858—1945年间，越南是法国殖民地。为了了解越南的本土文化，法国人或者给法国人工作的越南人出版了《三字经》法语译本。据笔者考察，有1882年Abel des Michels[①] 与1911年阮有生（Nguyễn Hữu Sanh）[②] 的两种译本。

Abel des Michels（1833—1918）是法国研究者，长期留越工作，擅长越南语（喃字、拉丁字）与古今汉语。他的越法翻译成果有1863年《嘉定城通志》、1883年《陆云仙》、1884年《金云翘新传》、1892年《钦定越史通鉴纲目》。1882年，他在巴黎Ernest Leroux出版社出版了题为*Tam Tu Kinh ou le Livre des Phrases de Trois Caractères*（《三字经：三字句的书》）的译作，封面写着“Avec le grand commentarie de Vương tấn thăng”（王相详细注解）。正文第一部分（页1—271）是《三字经》的法语翻译与注解，《三字经》内容被分成104段，与王相本一样。译者使用越南的汉越词的写法来记音《三字经》中人名、地名、书名，比如“Châu Diệc”（周易，现代写法为“Chu Dịch”）、“Liên sơn”（连山）、“Qui tàng”（归藏）、

① Abel des Michels, *Tam Tu Kinh ou le Livre des Phrases de Trois Caractères*, Paris: Ernest Leroux, 1882.

② Nguyễn Hữu Sanh, *Le "Tam—Tự—Kinh": Livre des Phrases de trois Caractères*, Saigon: Imprimerie Commerciale Marcellin Rey, 1911.

"Chiến Quấc"（战国，现代写法为"Chiến Quốc"）、"Nghiêu, Thuấn"（尧，舜）、"Văn Vương"（文王）、"Phục Hi"（伏羲）、"Mạnh Tử"（孟子）等。正文第二部分就是清代王相《三字经训诂》原文汉字，每一字左边是该字序号、右边加以该字的两种拉丁字母读音，包括越南的汉越音与译者的当时中国北方记音系统。例如，对于"习相远"一句（见图11），译者分别记音为汉越音的"tập tương viễn"与中国的"sĩ siāng yuèn"（现代拼音是"xí xiāng yuǎn"）。虽然这种译本在法国巴黎出版，但是因为书中使用大量越南的"汉越读音"来解释汉字原文，所以可能判断这本书的读者要同时了解法语、拉丁字母的越南语、古今汉语，也就是处在越南的法国人，或者掌握法语的越南人。要注意的是，在19世纪末叶到20世纪初叶，越南的一批知识分子能使用喃字与拉丁字母的越南语、古代汉语和法语四种语言文字。

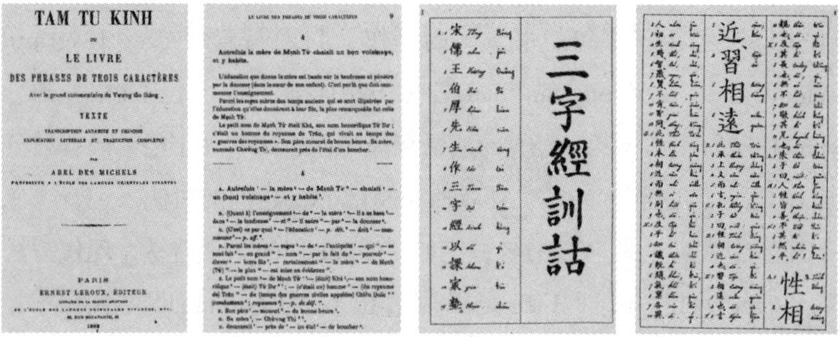

封面　译注部分，页9　原文汉文部分，页1　原文汉文部分，页2

图11　巴黎1882年Abel des Michels《三字经》法语翻译

阮有生是西贡东洋研究会（Société des Études Indochinoise, Saigon）的成员。1911年，他在西贡出版了*Le Tam—Tươ—Kinh: Livre* *des Phrases de trois Caractères*（《三字经：三字句的书》）。封面注明1911年版是“第二版”（2e édition），但未知第一版何时出版。该书包括75页，使用汉、法、越三种文字。左页是《三字经》原文，竖写大字；右页是注音、注义、法语翻译等内容，其中右页上面部分在每一个汉字的右边有三行拉丁字，分别说明该字的汉越读音、越南语中的意义、法语的意义，比如对“人”字分别写“Nhơn/ người/ homme”（见图12）。这种编纂结构说明这本书的目的是给懂越南语的法国人使用，或者在越南的法国院校中当作教学汉文的教材。

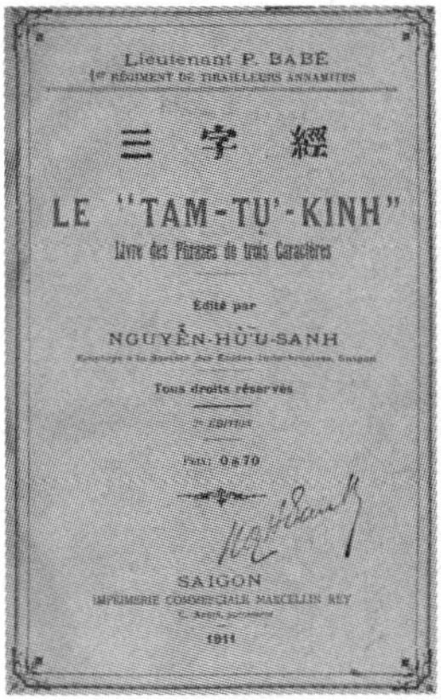
Lieutenant P. BABÉ
1er RÉGIMENT DE TIRAILLEURS ANNAMITES
三字經
LE "TAM-TỰ-KINH"
Livre des Phrases de trois Caractères
Édité par
NGUYỄN-HỮU-SANH
Tous droits réservés
PRIX: 0$70
SAIGON
IMPRIMERIE COMMERCIALE MARCELLIN REY
1911

封面

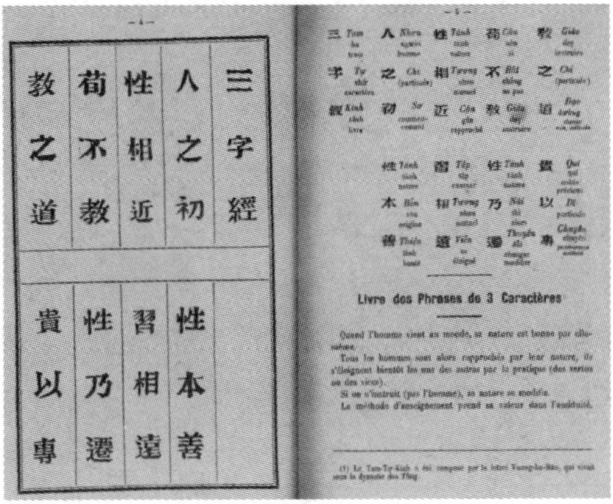
— 4 —
三字經
人之初
性相近
苟不教
教之道
性本善
習相遠
性乃遷
貴以專

Livre des Phrases de 3 Caractères

页4—5

图12　西贡1911年阮有生《三字经》法语翻译

上述两本法语译品都以王相《三字经训诂》为蓝本，所以经文部分只有356句，比古代越南汉喃字《三字经》普遍本少了“一太极，二阴阳”两句。这一点证明，在从“汉学”转为“法学”的过程当中，有一些与西学接触的越南学者已经回头使用中国原本，而不再使用越南本地的改编与增补版本。

七、《三字经》对古代越南书籍形式与内容的影响

（一）形式的影响：三字句的文体

由于《三字经》文体的影响，在中国还出现了《佛教三字经》《医学三字经》[①]《道教源流三字经》等著作，日本也有《本朝三字经》。在越南，三字句的文体也对古代越南作家有较大的影响，他们编写了下述“三字句”书籍。

1. 范阮海珠《圣教三字经》，A.2972（见图13）

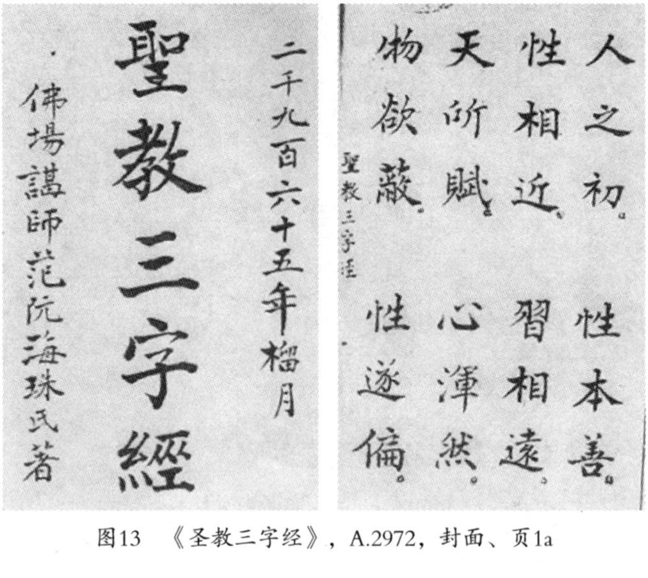
二千九百六十五年榴月
聖教三字經
佛場講師范阮海珠氏著

人之初。性本善。
性相近。習相遠。
天所賦。心渾然。
物欲蔽。性遂偏。
聖教三字経

图13　《圣教三字经》，A.2972，封面、页1a

① 中国作者陈念祖（1753—1823）的《医学三字经》早就传到越南，现在越南汉喃研究院还保留 VHv.50、VHv.791、VHv.43三种手抄本。于1958 年在西贡出版了越南语翻译两册，译者是越南医药协会考试委员会委员长、东医士陈惟平。

封面有“佛场讲师范阮海珠氏著”，页7a与16b写“我佛圣”“我佛门”，证明作者范阮海珠可能是佛教人，站在佛教的角度来写这一本宗教书。关于年代，封面写“二千九百六十五年榴月”（2965年5月），作者是佛教人，可能用佛历，转为公历是2421年（2965 — 544），还是不合理。是否有别的算历法？无论如何，看书的内容，页3b 有一个“时”字少了“日”字中间一横，而“时”是阮朝嗣德皇帝（1848—1883年在位）的避讳字，所以成书年代很可能是1848年以后。

全书有356个三字诗句（这个长度与王相《三字经》一致），记载了科学与宗教内容。开头部分写科学知识，里面引用一些《三字经》的原文内容， 例如开头一段写道：“人之初，性本善，性相近，习相远，天所赋，心浑然，物欲蔽，性遂偏。”后部分主要谈佛教内容，也有写儒教、道教、婆罗门教、天主教、回教，但是不难判断作者是站在佛教的本位去讨论其他宗教。

2.《女训三字书》，AB.22（见图14）

图14　《女训三字书》，AB.22，封面、页9b－10a

汉字书，全文218个三字诗句，木刻本较为清晰，书写整齐，只有汉文正文，没有翻译或注解。书中没有作者与年代的信息。在页 2a有一个 “华”字，写少了中间一竖，是 “华”字 的 “敬缺一笔”，表示阮朝绍治皇帝 （1840－1847年在位）的母亲的名字避讳。在这一页还写“时”字，毫无避讳嗣德皇帝（1848—1883年在位）的名字。这个现象说明这本书的成书年代可能是在1840—1848年间。

书中内容谈到女性要有的品质。除了工、容、言、行等“四德”以外，最后一段说女性要读书，从而有知识，去建设国家，对国家要有责任：

> 凡妇女，宜读书。不读书，必蠢愚。蠢人多，国就衰。昔鲁女，哭国危。千载下，犹韪之。尔女子，亦国民。国衰旺，尔有份。念之哉，诲谆谆。

在1840—1848 年间，越南还属于儒教文化时代，很普遍的观念就是 “女儿难教” 。但是《女训三字书》作者早就表达了重视妇女教育的较为开放的思想，把女性看为社会中正统的公民，要求她们学习，提高民智，发展国家。在19世纪中叶东亚各国的背景下，这样的观点无疑比较进步。

3.《蒙学越史三字教科》，A.2314

手抄本，其中有1924年元子成《序》。A.2314 书号中有两个部分，前一部分是《蒙学越史三字教科》（页1a—18b），后一部分是另外一个作品：《蒙学四字教科》。关于内容，《蒙学越史三字教科》包括384 个三字诗句，有押韵，教小孩子越南历史内容，从遥远的鸿庞时代到丁、前黎、李、陈、后黎、阮等历史时代，较为全面。

4.《大越三字史记》，VHv.1279、A.2318

现存两种手抄本，编者与年代都不详。书中有户部尚书范文树（1858—1930）的题词。使用三字形式来简介越南历史，上自鸿庞氏，下至黎朝昭统皇帝（1786—1789年在位）。

5.《越史三字新约全编》，VHv.1697、VHv.1820、VHv.235

现存三种刻本，汉字书，用三字文体来写诗，描述从鸿庞时代到西山朝的越南历史。

6. 阮克秉《汉学入门三字文》[1]（见图15）

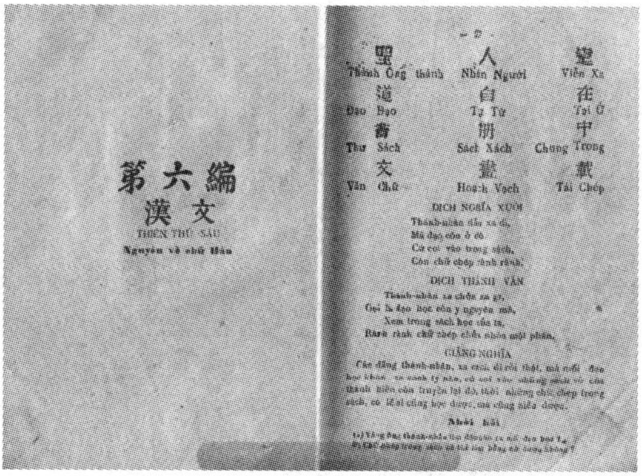

图15　阮克秉《汉学入门三字文》，1928年版

这本书虽然使用拉丁文字印刷，但是看它的编纂方式还是属于传统汉学。封面用汉字与拉丁文字写书的题目，下面还写着“Sách giậy học chữ Hán phổ thông các bước học, những người mới học chữ Hán dụng”（各级普通汉字教材，汉字初学者用）。全书135页，分为15

① 阮克秉《汉学入门三字文》，河内：合成印馆，1928年。

篇，每一篇的句数不同，总共472个三字诗句，具体如下：第1篇《原人》有8句；第2篇《原学》8句；第3篇《原我人》8句；第4篇《原我学》8句；第5篇《汉学》48句；第6篇《汉文》24句；第7篇《汉学关系》8句；第8篇《国粹》64句；第9篇《国音》40句；第10篇《汉学盛衰原因》40句；第11篇《汉学盛时》48句；第12篇《汉学衰时》48句；第13篇《汉学讲旧》24句；第14篇《汉学始事》48句；第15篇《汉学终事》48句。就知识结构而言，这本书偏重于汉学、国粹、国音（越南语）等内容。值得一提的是，教学内容不只讲中国汉学，还注意讲越南的特色，包括越南民族来源、汉人来越之前的越南本土教育与文字、越南国粹等。这种思想符合20世纪初叶越南知识分子的共同思想，他们受民族主义（nationalism）的影响，努力强调民族认同（national identity），证明越南具有与别的国家（尤其中国）不同的特色。

书中每一页有自上至下5个部分：

（1）汉文4句，在每一个汉字下面还写明该字的汉越音与意义。

（2）4句的散文翻译。

（3）4句的六八诗体的韵文翻译。

（5）检查该页知识的问题（见图15）。

对于1920年的越南汉学教育，不能否定这种教科书结构是较为合理，以前的汉学教科书没有那么全面和科学。

上述6本书均在19 世纪初中叶完成，当时《三字经》在越南已经较为普遍，所以这些书中“三字”的文体一定是受《三字经》的影响，而不是从其他书籍而来。

（二）内容的影响

劝学是《三字经》的重要内容之一。笔者在喃文《黎朝阮相公家训歌》[①]一书找到一段有关劝学的内容（见图16）。这本书虽然题为“黎朝阮相公”，就是越南黎朝名人阮廌（1380—1442），但据越南学者黄文楼的研究，书中劝妻劝子等内容的作者其实是阮朝李文馥（1785—1849）[②]。何况，考察全书的越南语与喃字结构，不难发现那不是15世纪的语言文字，只能是18世纪或19世纪的作品。

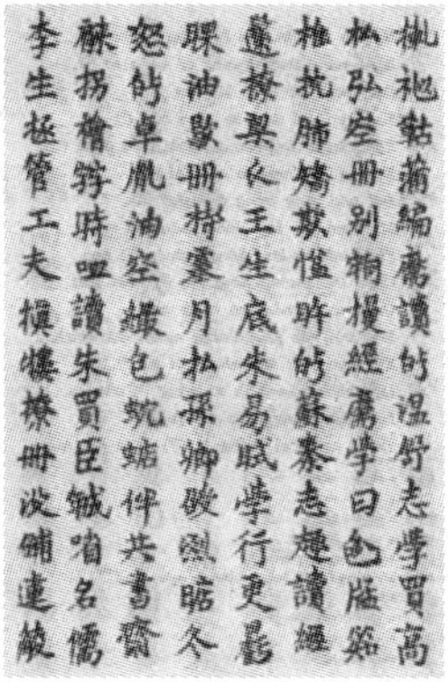

图16 《黎朝阮相公家训歌》劝学内容（摘）

这本书分为 6 个部分，最后一部分是有关劝学的，包括104 个

① Vũ Văn Kính phiên khảo, *Gia huấn ca*, TP.HCM: Trường Hán Nôm Nguyễn Trãi, 1994.（《黎朝阮相公家训歌》，木刻，1907 年。影印版：武文镜翻译、考察《家训歌》，胡志明市：阮廌汉喃学校出版，1994年）。

② Hoàng Văn Lâu, *Ai viết Gia Huấn ca?*, Nghiên cứu Hán Nôm, 1984, tr.112—120.（黄文楼《谁写〈家训歌〉？》，载《汉喃研究》，1984年，第112—120页）。

六八诗体句。这一段的中间部分提到12个中国勤学榜样，顺序如下：

路温舒→公孙弘→苏秦→孙敬→孙康→车胤→朱买臣→李密→祖莹→苏老泉→刘晏→梁颢

读过《三字经》的人都知道这12个勤学榜样在《三字经》中都说到了，一共有15个人：

路温舒→公孙弘→孙敬→苏秦→车胤→孙康→朱买臣→李密→苏老泉→梁颢→祖莹（→李泌）（→蔡文姬）（→谢道韫）→刘晏

由此可以判断，这种重合一定不是偶然的。最合理的结论就是，越南《家训歌》撰者参考了《三字经》的15个勤学榜样，然后使用其中的12个，略改他们的顺序，保留他们的勤学故事，而写成一首新的劝学诗。这一点说明《三字经》内容对越南古代文人有一定的影响。

八、小　结

本文使用越南汉文、喃文的一手材料深入考察《三字经》在越南的流传、改编、注解、翻译与影响，以后面三个方面为主要内容。通过多方面的考察，本文指出，《三字经》很可能早就传入越南，但是因为古代越南人因偏重大学而不经常记载有关小学的内容，所以根据现存材料，暂时可以说在19世纪30年代这本教材已经传入越南了。古代、近代越南人使用《三字经》的过程当中批判地、科学地增补内容、改编句序、加注、翻译成越南语与法语、模仿“三字”文体和借鉴《三字经》内容进行创作。古代越南读者认识到《三字经》中内容的不足、编排的不合理性，并进行补充、改编，从而系统化了《三字经》的若干部分。这些现象证明《三字经》在越南历史上具有较深的影响，也说明越南人使用这本书时不是被动的，而是主动的、有创造性的。由此可见，《三字经》在古代越南的流传与使用过程中的借鉴与改造就是越南与中国“和而不同”的一种较为明显的表现。

附录1

越南有关《三字经》的汉字喃字材料

1.《大越三字史记》，越南汉喃研究院书号VHv.1279、A.2318，手抄，年代未详。

2.《女训三字书》，越南汉喃研究院书号AB.22，木刻，1840—1848年间。

3.《三字解音》，越南汉喃研究院书号AB.474，手抄，1848年以后。

4.《三字经国音歌》，越南汉喃研究院书号VNv.276，手抄，年代未详。

5.《三字经解音演歌》，越南国家图书馆书号R.653，木刻，1887年。

6.《三字经解音演歌》，越南汉喃研究院书号AB.304，木刻，1836年。

7.《三字经解音演歌》，越南汉喃研究院书号VNv.185，手抄，1914年。

8.《三字经解音演歌》，越南汉喃研究院书号VNv.225，手抄，年代未详。

9.《三字经六八演音》，越南国家图书馆书号R.129，木刻，

1905年。

10．《三字经释义》，越南汉喃研究院书号VNv.257，手抄，1848年以后。

11．《三字经训诂》，越南汉喃研究院书号VHv.2033，手抄，1848年以后。

12．《三字经演音》，越南国家图书馆书号R.2042，手抄，1848年以后。

13．《医学三字经》，越南汉喃研究院书号VHv.50、VHv.791、VHv.43，手抄。

14．《越史三字新约全编》，越南汉喃研究院书号 VHv.1697、VHv.1820、VHv.235，木刻。

15．陈仲杭《三字书新汇》，越南汉喃研究院书号AB.279，木刻，1910年。

16．范阮海珠《圣教三字经》，越南汉喃研究院书号 A.2972，手抄，1848年以后。

17．范望《启童说约》，越南国家图书馆书号R.562，木刻，《序》写于1853年。

18．武惟清《三字经撮要》，越南汉喃研究院书号A.1044，手抄，年代未详。

19．《蒙学越史三字教科》，越南汉喃研究院书号 A.2314，手抄，1924年。

附录2

古代越南最普遍的《三字经》原文内容358句（粗字是与王相本不同）

1	人之初	30	方少时	59	曰春夏	88	木石金	117	论语者	146	有训诰
2	性本善	31	亲师友	60	曰秋冬	89	**与丝**竹	118	二十篇	147	有誓命
3	性相近	32	习礼仪	61	此四时	90	乃八音	119	群弟子	148	书之奥
4	习相远	33	香九龄	62	运不穷	91	高曾祖	120	记善言	149	我**姬**公
5	苟不教	34	能温席	63	曰南北	92	父而身	121	孟子者	150	作周礼
6	性乃迁	35	孝于亲	64	曰西东	93	身而子	122	七篇止	151	著六**典**
7	教之道	36	所当**识**	65	此四方	94	子而孙	123	讲道德	152	存治体
8	贵以专	37	融四岁	66	应乎中	95	自子孙	124	说仁义	153	大小戴
9	昔孟母	38	能让梨	67	曰水火	96	至**曾玄**	125	作中庸	154	注礼记
10	择邻处	39	**悌**于长	68	木金土	97	乃九族	126	乃孔伋	155	述圣言
11	子不学	40	宜先知	69	此五行	98	人之伦	127	中不偏	156	礼乐备
12	断机杼	41	首孝**悌**	70	本乎数	99	父子恩	128	庸不易	157	曰国风
13	窦燕山	42	次见闻	71	曰仁义	100	夫妇从	129	作大学	158	曰雅颂
14	有义方	43	知某数	72	礼智信	101	兄则友	130	乃曾子	159	号四诗
15	教五子	44	识某**名**	73	此五常	102	弟则恭	131	自修齐	160	当**咏讽**
16	名俱扬	45	一而十	74	不容紊	103	君则敬	132	至平治	161	诗既亡
17	养不教	46	十而百	75	稻粱菽	104	臣则忠	133	孝经通	162	春秋作
18	父之过	47	百而千	76	麦黍稷	105	长幼序	134	四书熟	163	寓褒贬
19	教不严	48	千而万	77	此六谷	106	朋友公	135	如六经	164	别善恶
20	师之惰	49	一太极	78	人所食	107	此十义	136	始可读	165	三传者
21	子不学	50	二阴阳	79	马牛羊	108	人所同	137	诗书易	166	有公羊
22	非所宜	51	三才者	80	鸡犬豕	109	凡训蒙	138	礼春秋	167	有左氏
23	幼不学	52	天地人	81	此六畜	110	须讲究	139	号**五**经	168	有穀梁
24	老何为	53	三光者	82	人所饲	111	详训诂	140	当讲求	169	经既明
25	玉不琢	54	日月星	83	曰喜怒	112	明句读	141	有连山	170	方读子
26	不成器	55	三纲者	84	曰哀**乐**	113	为学者	142	有归藏	171	撮其要
27	人不学	56	君臣义	85	爱恶欲	114	必有初	143	有周易	172	记其事
28	不知**理**	57	父子亲	86	乃七情	115	由孝经	144	三易详	173	五子者
29	为人子	58	夫妇顺	87	匏土革	116	至四书	145	有典谟	174	有荀扬

175	文中子	208	尚游说	241	唐高祖	274	读鲁论	307	尔小生	340	蜂酿蜜
176	及老庄	209	始春秋	242	起义师	275	彼既仕	308	宜立志	341	人不学
177	经子通	210	终战国	243	除隋乱	276	学且勤	309	莹八岁	342	不如物
178	读诸史	211	五霸强	244	创国基	277	披蒲编	310	能咏诗	343	幼而学
179	考世系	212	七雄出	245	二十传	278	削竹简	311	泌七岁	344	壮而行
180	知终始	213	嬴秦氏	246	三百载	279	彼无书	312	能赋棋	345	上致君
181	自羲农	214	始兼并	247	梁灭之	280	且知勉	313	彼颖悟	346	下泽民
182	至黄帝	215	传二世	248	国乃改	281	头悬梁	314	人称奇	347	扬名声
183	号三皇	216	楚汉争	249	梁唐晋	282	锥刺股	315	尔幼学	348	显父母
184	居上世	217	高祖兴	250	及汉周	283	彼不教	316	当效之	349	光于前
185	唐有虞	218	汉业建	251	称五代	284	自勤苦	317	蔡文姬	350	垂于后
186	号二帝	219	至孝平	252	皆有由	285	如囊萤	318	能辨琴	351	人遗子
187	相揖逊	220	王莽篡	253	炎宋兴	286	如映雪	319	谢道韫	352	金满籝
188	称盛治	221	光武兴	254	受周禅	287	家虽贫	320	能咏吟	353	我教子
189	夏有禹	222	为东汉	255	十八传	288	学不辍	321	彼女子	354	惟一经
190	商有汤	223	四百年	256	南北混	289	如负薪	322	且聪明	355	勤有功
191	周文武	224	终于献	257	十七史	290	如挂角	323	尔男子	356	戏无益
192	称三王	225	魏蜀吴	258	全在兹	291	身虽劳	324	当少成	357	戒之哉
193	夏传子	226	争汉鼎	259	载治乱	292	犹苦学	325	唐刘晏	358	宜勉力
194	家天下	227	号三国	260	知兴衰	293	苏老泉	326	方七岁		
195	四百载	228	迄两晋	261	读史者	294	二十七	327	举神童		
196	迁夏社	229	宋齐继	262	考实录	295	始发愤	328	作正字		
197	汤伐夏	230	梁陈承	263	通古今	296	读书籍	329	彼虽幼		
198	国号商	231	为南朝	264	若亲目	297	彼既老	330	身已仕		
199	六百载	232	都金陵	265	口而诵	298	犹悔迟	331	尔幼学		
200	至纣亡	233	北元魏	266	心而推	299	尔小生	332	勉而致		
201	周武王	234	分东西	267	朝于斯	300	宜早思	333	有为者		
202	始诛纣	235	宇文周	268	夕于斯	301	若梁灏	334	亦如是		
203	八百载	236	与高齐	269	昔仲尼	302	八十二	335	犬守夜		
204	最长久	237	迨至隋	270	师项橐	303	对大庭	336	鸡司晨		
205	周辙东	238	一土宇	271	古圣贤	304	魁多士	337	苟不学		
206	王纲坠	239	不再传	272	尚勤学	305	彼晚成	338	曷为人		
207	逞干戈	240	失统绪	273	赵中令	306	众称异	339	蚕吐丝		

求经、刊刻与传承脉络：汉文律藏在越南

——以18世纪名僧性泉往鼎湖山求经为例

阮苏兰[①]

一、缘起：18世纪初之前越南律藏之背景

汉传佛教经典可以说是传播到越南最早的汉文书籍之一。从经典的角度来看，律藏指的是佛教戒律的规定与评论相关的经书术语。这些经书对于僧人修习和僧团的体制起着重要作用。它们主要流传与实践于宗派内部生活，而很少涉及社会。

现今所存的文字文献与实物文献，尚未能肯定一部或多部律藏作品出现于10世纪之前的交州地区，但该地的佛教生活背景显示，戒律已经是僧团活动的一部分。牟子[②]在《理惑论》中只描述了公元

① 作者单位：越南社会科学翰林院所属汉喃研究院。文原刊《台湾东亚文明研究学刊》2020年第1期。

② 牟子，字子博，苍梧（今属中国广西）人，约生于165—170年，卒年未详。据《理惑论》序，189年汉灵帝驾崩，约194年三国之难，他与母亲避难交州，在羸娄学佛（交州首府，亦是汉代三大佛教中心之一）。《理惑论》是中国汉文佛教最早的作品。

2世纪后半叶交州僧侣是“沙门”。根据《高僧传》记载，名僧康僧会（？—280）[①]在交趾出家，并于公元247年来到建业。据《禅苑集英》记载，在牟子时期到公元3世纪中叶以及康僧会时期（约公元2世纪末至3世纪中叶）交州已有20座宝刹，僧人500位[②]，可见受戒活动相当普遍。这时期交州流行的《四十二章经》主要是针对出家人，而非在家修行者的经典。公元5世纪交州释道禅（457—527）在齐国活动、讲授戒律，显示该区域已经培养出精通戒律的禅师，其精通程度比中土还高[③]。然而，在之后的几个世纪里，交州僧侣主要被描述成带有密宗力量。在无言通禅派出现之前，有关戒律的细节都还相当模糊。

公元820年，无言通禅师（759？—826，以下简称无言通）[④] 从中土到交州在建初寺（今越南北宁省）创立自己的禅派，此禅派传灯到13世纪止。在无言通之前，毗尼多流支禅师（？—594）从北天竺到达中国长安和广州说法、译经后，公元580年来到交州法云寺并建

---

① 康僧会（?—280），祖籍康居，生于交趾的僧人，被称为越南佛教的第一位禅师。有关康僧会的传略，参考（南朝梁）慧皎《高僧传》卷一，大正新修大藏经刊行会编《大正新修大藏经》，东京：大藏经刊行会，1924 年，第50册，第325页。

② ［越］佚名《禅苑集英》卷上《通辩禅师传》，越南汉喃研究院藏本，1715年，编号：VHv.1267，第24页下。亦可参见 Cuong Tu Nguyen, *Zen in Medieval Vietnam: A Study and Translation of Thien Uyen Tap Anh* （Honolulu: University of Hawai’i Press, 1997）。

③ （唐）道宣《续高僧传》卷二十一《释道禅传》，［日］高楠顺次郎、渡边海旭、小野玄妙编《大正新修大藏经》第五十卷，东京：大正一切经刊行会，1927 年，第240—241页。

④ ［越］佚名《禅苑集英》卷上《通辩禅师传》，第19上—21页下。

立毗尼多流支禅派，法云与众善两寺是该流派行法的主要中心。阮郎根据《禅苑集英》认为，虽然得知印度僧人对禅门组织方式有所影响，但无法具体获知这些寺院的详细发展状况①。与毗尼多流支相比，无言通禅派的寺院组织受中华佛教影响更深，此可通过无言通禅师修行历程来间接进行推测②。无言通来到交州以前，曾在百丈怀海禅师（779—803）的寺院修习。百丈怀海禅师是禅院生活规制《百丈清规》的作者，因此无言通极有可能在自己的禅院运用该规制，故对10世纪交州的佛教戒律初步有了正式规制的实践。

至公元10世纪，越南律藏开始具体出现，这与当时《大藏经》的传播有关。“律藏”在与“经藏”和“论藏”构成元代所谓《三藏经》之前，这些戒律书籍已被收录进宋代早期的《大藏经》当中③。最早是越南前黎时期（980—1009），宋朝分别于公元1005年赐经与黎桓（941—1005）④以及约公元1007至1009年间赐经与黎龙

① Nguyễn Lang, *Việt Nam phật giáo sử luận*, Hà Nội: Nxb. Văn học, năm 2014, tr. 154.（阮郎《越南佛教史论》，河内：文学出版社，2014年，第154页）。初版由贝叶于1973年在西贡出版。

② Nguyễn Lang, Việt Nam Phật giáo sử luận, tr. 176.

③ Lê Quốc Việt, “Giao Châu một nẻo lối thông Tây vực: Thiền phái Trúc Lâm tiếp cận từ góc độ kinh lục,” Đặc san Suối nguồn, kỳ 1 và kỳ 2（năm 2016）, tr. 67—98, tr. 120—150.一文把《大藏经》传播到越南的时间推至10世纪，丁朝刊刻陀罗尼经场。笔者尚未找到证据印证此观点。因此本文还是以李朝从宋朝带回的《大藏经》为《大藏经》在越南流传的起始点。

④（元）黎崱著，武尚清点校《安南志略》卷十一《黎氏世家》，北京：中华书局，2000年，第287页，载言：“（黎大行应天十二年，宋景德二年）二年正月，诏上元节日，赐明提钱，令与占城、大食使、观灯宴饮。是月赐黎桓应《大藏经》，从其请也。”

铤（968—1009）[①]。自1010年李朝时期《开宝藏》透过大越与宋朝的外交途径传至越南起，根据越南史料记载，至1036年，《大藏经》在越南传播已有26年。在这26年间，《大藏经》至少有三个传本留存于镇福藏、八角经藏和重兴经藏[②]等国家藏经处。其中一次称为《大藏经》（1010年）[③]，其他两次则称为《三藏经》（1018年、1020年）[④]。此外，朝廷还曾三次颁令诏写（即抄写）从宋朝带回来的《大藏经》（1023年、1027年和1036年），藏于大兴藏（两种）和重

① ［越］吴士连等编，吴德寿、黄文楼翻译，潘辉黎校订《大越史记全书》卷一，河内：文学出版社，2017 年，第28页，载言：“（应天十四年，宋景德四年，1007）春，遣弟明昶，掌书记黄成雅献白犀于宋，乞《大藏经》文。”第29页上，载言：“（景瑞二年，宋大中祥符二年，1009）春，明昶自宋还，得《大藏经》文。”黎崱《安南志略》记载相同，但并没有指出该经是《大藏经》，见《安南志略》卷十一，第290页，载言：“（宋景德）四年七月，权安南静海军节度观察处置留后黎龙廷，遣弟黎明昶与掌书记黄成雅贡，龙廷表乞九经及佛经一藏从之。”

② 参考［越］阮苏兰著，阮黄燕译《越南封建时代国立图书馆略考》，王三庆、陈益源编《东亚汉文学与民族文化论丛（二）》，台北：乐学书局，2011年，第245—264页。Phạm Lê Huy, Phạm Văn Triệu, “Dấu tích kiến trúc Bát giác thời Lý tại hoàng thành Thăng Long: tư liệu và nghiên cứu,” Tạp chí Khảo cổ học, số 6（năm 2019）, tr. 47—71.

③ （元）黎崱《安南志略》卷十二《李氏世家》，第294页，载言：“十二月，公蕴遣使贺祀汾阴后土，又表乞《大藏经》及御札八体书法，从之。仍颁《大藏经》、太宗御书一百轴，降诏书奖谕。”

④ ［越］吴士连等著《大越史记全书》卷二《李纪·太祖皇帝》，第8页，载言：“（李太祖顺天九年，宋天禧二年，1018）夏六月，遣员外郎阮道清、范鹤如宋，乞《三藏经》。”“（李太祖顺天十一年，天禧四年，1020）阮道清使回，得《三藏经》，诏僧统费智往广州迎之。”

兴藏（一种）[1]。李朝不断对《大藏经》“更新”、重抄及收藏，可见当时佛教经典传播和使用已遍及全国[2]。另一方面，对于李朝寺观不断建设及增加，史臣黎文休（1230—1322）于《大越史记全书》叹云：

> 李太祖即帝位，甫及二年，宗庙未建，社稷未立，先于天德府创立八寺，又重修诸路寺观，而度京师千余人为僧，则土木财力之费，不可胜言也。[3]

---

① ［越］吴士连等著《大越史记全书》卷二《李纪·太祖皇帝》，第9页下，载言：“（李太祖顺天十四年，宋天圣元年，1023）秋九月，诏写《三藏经》留于大兴藏”；第10页下，载言：“（李太祖顺天十八年，天圣五年，1027）诏写《三藏经》”；第24页上，载言：“（李太宗通瑞三年，宋景佑三年，1036）二月，诏写《大藏经》留于重兴藏。”

② Nguyễn Lang, Việt Nam Phật giáo sử luận, tr. 203. 据该书“僧尼、寺院与经典”条统计：“当时京师共有五种《大藏经》让僧尼及修佛者研究。”笔者对以上观点进一步讨论。在《大越史记全书》所记载镇福、八角、大兴、崇兴等四处藏经书的地点，惟镇福一定在升龙城，八角、大兴位置尚未清楚，崇兴属于北宁仙游山崇光寺。因此很难确定当时京师已经有五种版本《大藏经》。根据史料记载，笔者推测阮郎根据《大越史记全书》天符睿武七年（1126）的“三月，设庆贺五经礼于寿圣寺”内容来提出该观点。但难以断定此五部经是五部《大藏经》。难以置信，李朝每次抄录《大藏经》都有记录，而有五部《大藏》都收藏在一个地方却无记录。阮郎在该章节提到李朝两次遣使向宋朝求《大藏经》：“1081年，帝命梁用律于宋求《大藏经》。1098 年阮文信北使时，也求另一部《大藏经》。”不知来源出自哪部史料，兹列出以供讨论。

③ ［越］吴士连等著《大越史记全书》卷二《李纪·英宗皇帝》，第3页。

地方寺庙也许需要重抄朝廷《大藏经》来进行收藏。如《禅苑集英》就曾提到宝鉴禅师在保福寺抄写藏经一事[①]。然而，这些珍贵文献因战火连绵，李朝传来之经书，至陈朝时已全部亡佚。黎崱在《安南志略》一书中引《安南陈求大藏经》，云："唐宋在时，曾驮来于白马；大兵至日，已化作于死灰"，所"念此小邦，阙于大藏。若不请求于上国，何以开导于群生"[②]。

律藏在越南的传播历史中，最重要的里程碑，乃是律藏作为《大藏经》系统的文本，其版本乃是13世纪陈朝于陈英宗三年（1295）"帝遣内员外郎陈克用、范讨偕行收得《大藏经》部回留天长府，副本刊行"[③]及次年（1296）"元贞（丙申）二年遣贡上表，求封王爵，不允；乞《大藏经》，赐之"[④]。《大藏经》两次被从元朝带回并正式在越南传播，可见《律藏》对于13至14世纪大越佛教产生了一定程度影响。原因有三： 其一，在《大藏经》传播到越南

① ［越］佚名《禅苑集英》卷上《宝鉴禅师传》，第24页下，载言："年三十去官，投多云保福寺主，落发其寺。藏经皆手亲写。"

② （元）黎崱《安南志略》卷六，第148页。

③ ［越］吴士连等著《大越史记全书》卷二《李纪·英宗皇帝》，第3页下。

④ （元）黎崱《安南志略》卷十三，第315页。该事件《大越史记全书》无记载。

的历史过程中，首次于1295年以“副本刊行”[①]，文本形式从手抄本（李朝）到刻本（陈朝）是一种突破，它有助于律藏大规模的流通与传播。值得注意的是，赐送《大藏经》刻本、抄本[②]给大寺院——尤其是当时新建的寺庙，此系陈朝佛教文化的特点。从陈朝人人出家、处处建寺庙的背景，或张汉超（?—1354）于《浴翠山灵济塔记》[③]讲述竹林禅派二祖“师铸佛像大小凡一千三百余尊，漆布二部，泥塑百余尊，建大刹二所，塔五座，立僧二百余所，各度僧尼一万五千余人”[④]的活动来看，可见律藏作为《大藏经》的一部分，它的数量及流传范围是前代不可比拟的。其二，律藏在越南最早记录于《三祖实录·第二祖年谱实录》：“看《四分律删补抄》板，印施凡五千余

---

① （元）黎崱《安南志略》卷十三，第315页。此外，陈朝还有两次刻印《大藏经》，记载于［越］性广《三祖实录》，《第二祖年谱实录》，越南汉喃研究院藏本，编号：A.2048，第一次于1311年：“兴隆十九年，封诏续刊《大藏经》板。师命宝刹主其事。”（第21页上）第二次于1319年：“（大庆六年己未）师（法螺禅师，竹林第二祖）募僧俗者，刺血印《大藏》千余卷，置琼林院。”（第24页）

② ［越］性广《三祖实录》，《第二祖实录年谱》，第19页上，载言：“（兴隆十六年，1308）（调御）又以经史外书百函，及所刺血写《大藏》小夹二十函付师，以广内外学。”第22页下，载言：“（大庆元年，1314）（陈）英宗赐《大藏经》五百函，以为其寺常住（超类）。”第24页上，载言：“（大庆六年，1319）英宗亲刺玉血写《大藏》小夹二十函赐师（法螺禅师）。”

③ ［越］张汉超《浴翠山灵济塔记》，越南汉喃研究院藏拓片，编号：30256，碑文立于越南宁平省浴翠山，拓本藏在越南汉喃研究院，碑文载言：“余谓：释迦老子以三空证道，灭后末时，少奉佛教，蛊或众生，天下五分，僧杀居其一，废灭彝伦，虚费财宝；鱼鱼而游，蚩蚩而从，其不为妖魅奸轨者几希！彼其所谓恶恶可。”

④ ［越］性广《三祖实录》，《第二祖年谱实录》，第29下—30页上。

卷。”[①]此记载可证明《四分律删补抄》本于14世纪已出现在越南，并大量刊刻成印本流传[②]。其三，从教授律藏内容活动可以想象，律藏的范围和规模对当时佛教实践的影响：“命游仙国师宗镜、武宁山国师抱璞，就超类寺讲之（即《四分律删补抄》）”[③]，或间接通过建设戒坛以度僧众[④]，或为上层阶级受戒，如皇族和官吏[⑤]。律藏的影响也可以在陈朝佛教经典看到，如以陈太宗（1218—1277）的《课虚录》[⑥]为代表。该书除了讲解五戒，还有专门讨论受戒部分，注重受持戒律。

随着竹林禅派的衰落，越南律藏的辉煌时代在陈朝末年逐渐消亡。自公元14世纪中叶，佛教有力的支持者——陈朝贵族阶层在政治和经济上逐渐失去势力。随着中央集权制度的瓦解，出身于儒学科举

---

① ［越］性广《三祖实录》，《第二祖年谱实录》，第26页上。

② ［越］阮氏锦《越南北传佛教戒律的传承与当代弘扬概述》，《世界宗教文化》2015年第6期，第119—123页。该文认为直到18世纪越南才出现有关戒律的经书。

③ ［越］性广《三祖实录》，《第二祖年谱实录》，第26页。

④ ［越］性广《三祖实录》，《第一祖实录》，第3页，载言：“甲辰二十二年，周行聚落，化除淫祠，教行十善……王公百官，备礼迎驾。王公百官，同受戒法。”第14页，载言：“立戒坛三所：大内真教寺一也、超类报恩寺二也、天长普明寺三也。”性广《三祖实录》，《第二祖年谱实录》，第22页，载言：“九月，奉诏就谅江永严寺，定天下僧职，及置伽蓝凡百余所……是时度十余人。后凡三年一度僧，皆减千数。”

⑤ ［越］性广《三祖实录》，《第二祖年谱实录》，第24下—25页上，载言：“大庆八年（1321）辛酉，上品怀宁侯铸千手大悲一像，及求受菩提心戒。”

⑥ 参考［越］陈太宗《课虚录》，北圻：北圻佛教会，1943年。

的官僚地主阶层开始兴起，该阶层打破了当时儒佛思想的平衡。同时，僧团深陷恶习，成为社会弊端[①]。僧侣与寺院不断增加，但出家人修习的质量和程度却与之呈反比。尤其是越南与占城战争时，寺院成为士兵躲避之地。据阮才书的说法，在1396年胡季犛（1336—？）下令遣散僧徒、迫使40岁以下的僧人还俗时，佛教才受到致命的打击[②]。但从文献的角度来看，越南佛教经籍和律藏经书的最“终点”可能发生得更晚，即属明时期（1407—1427）。因为越南李、陈时期的佛教文献（碑铭、金属、木头等）流传到后黎时期（1428—1789）相当稀少并有残缺。不仅在全国范围内越南人所编撰、刊刻、流通的佛教经典没有留下痕迹，甚至多次“进口”、重抄，重刻、收藏在各个寺院的《大藏经》也同样踪迹难寻。在此背景之下，律藏经典也无法流传下来。史学家将这种情况的原因，归咎于明朝对越南文献所实行的政策。尽管关于该政策的性质、程度、规模和后果有许多相互矛

① 参考［越］张汉超《开严寺碑记》，越南汉喃研究院藏拓片，编号：23637—23638，《浴翠山灵济塔记》；黎括的《北江沛村绍福寺碑记》，可见吴士连等著《大越史记全书》卷七《陈纪・艺宗皇帝》，第36页上。

② Nguyễn Tài Thư chủ biên, *Lịch sử Phật giáo Việt Nam*（Hà Nội: Nxb. Khoa học xã hội, năm1991）, tr. 285. 实际上，很难确定这是胡季犛的政策削弱僧人千年（即范师温）叛乱之后佛教的势力，还是陈顺宗的观点以防止佛教的滥用。

盾的讨论[①]，但无论明朝是否销毁全部越南文献，还是将所有文献运回金陵，其最终结果无疑都是相同的。或许，中国汉文佛教经典《大藏经》经过在越南的重抄、重刻、重印过程后，也被归于越南经书，以及由越南人所编撰、刊行的佛教著作内。而当时在大越普遍流传的是，1417年之后明朝传播至越南的中国汉文佛教经典[②]。可惜的是，目前没有足够的资料来确定这些经典当中是否有律藏存在。

黎朝初期（1428—1527）被认为是儒教鼎盛的时期，其与科举制度及集权官僚行政系统有着密切的关系。在此一时代，正史中仅记

---

① 参考何仟年《越南传入古籍略考》，《文献》2003 年第2期，第257—261页。和阮惠之的争论文章：Nguyễn Huệ Chi, “Cuộc kháng chiến trường kỳ chống xâm lược Minh và văn học yêu nước thế kỷ XV cùng những bước nối tiếp về sau,” Uỷ ban Khoa học xã hội （chủ biên）, Văn học Việt Nam trên những chặng đường chống phong kiến Trung Quốc xâm lược （Hà Nội: Nxb. Khoa học xã hội, năm 1981）, tr. 195—261. Hồ Bạch Thảo, “Thử lý giải tại sao những sử liệu thời Minh do Giáo sư Nguyễn Huệ Chi trưng lên từ Việt kiệu thư khác với Minh thực lục,” Tạp chí Văn hoá Nghệ An （ấn bản điện tử, đăng tải ngày 28 tháng 9 năm 2013）. Nguyễn Huệ Chi, “Sách Việt kiệu thư trong con mắt giới sử học đương đại （Nhân những băn khoăn của ông Hồ Bạch Thảo cũng nhân tin sắp thành lập Viện Khổng Tử ở Việt Nam）,” Tạp chí Nghiên cứu và Phát triển, số 9 （năm 2013）, tr.85—99。

② ［越］潘清简等编《钦定越史通鉴纲目》卷十三，台北：国立中央图书馆，1969 年，第3下—4页上，载言：“平定王二年，明永乐十七年（1417）春二月……又命僧传佛经于僧道司。”

录了些许与佛教有关的事情[1]，主要是求雨、求嗣、神像开光等密宗性的实践，以及僧侣考核、严禁僧人与宫里的人通奸、新建寺庙不可以乐捐等朝廷政策。这与李陈时期完全相反，李陈时期朝廷大事均与佛教有着不同程度的关联性。反观黎朝初期，没有任何一位皇帝公开并热情地推崇佛教，皇家成员如光淑皇太后（1421—1496）诚心拜佛，或黎宪宗（1717—1786）[2]时期一个宫人出家也只被视为个人行为，不若从前潮流。王公与官吏若没有抨击佛教，亦不会表现出特别关心。在黎朝初期的著作当中，对于佛教和佛教思想相关内容的记载都相当淡漠，甚至带有消极含义[3]。陈朝末年衰退的竹林禅派到了黎初时期，因为受到彻底销毁陈朝遗迹的主张，该禅派更加脆弱不堪。在往后几百年间，并没有出现任何有名望的禅师。许多学者认为，除了黎朝初期独尊儒家，使得佛教被认为是邪教，被排斥与严格控制之

---

① 参考Trần Văn Giáp, "Le bouddhisme en Annam, des origines au XIIIe siècle," Bulletin de l'École française d'Extrême—Orient, Vol. 32（1932）, pp. 191—268. 在该文章的附录，作者已统计黎初佛教的事件。参考 Trần Mạnh Quang, "Ứng xử của chính quyền phong kiến Việt Nam thế kỷ XV đối với các tôn giáo, tín ngưỡng qua tìm hiểu Đại Việt sử ký toàn thư," Nghiên cứu Tôn giáo, số 9（năm 2011）, tr. 24—31. Phạm Thị Chuyền, "Một số quy định đối với Phật giáo qua chính sử dưới triều Lê sơ," Nghiên cứu Tôn giáo, số 4（năm 2015）, tr. 34—45。

② 见阮保、阮冲懿《坤元至德之碑》，越南汉喃研究院藏拓片，编号：01919，和立在洞午寺的碑记，越南汉喃研究院藏拓片，编号：11518。参考Phạm Thị Chuyền, "Sử liệu Phật giáo thời Lê sơ qua tư liệu bi ký," Nghiên cứu Tôn giáo, số 2（năm 2016）, tr. 44—45。

③ 参考 Phạm Thị Chuyền, "Một số vấn đề về Phật giáo thời Lê sơ（1428—1527）qua nghiên cứu tư liệu văn chương," Nghiên cứu Tôn giáo, số 7（năm 2018）, tr. 31—51。

外，反而有研究论著认为，佛教虽在国家政治失去原本地位，但对人民群众的心灵生活，以及对部分儒士官僚仍发挥重要影响。然而，据黎朝初期佛教碑记资料，从平民阶级的视角来看，佛教在社会生活中的地位仍然很低[①]。在这样的背景下，几乎没有任何有关当时律藏传播的史料记载，是可以理解的。

从莫朝（1527—1592）起，得力于国家"三教并存"的主张，大越佛教开始出现复苏信号。寺院同时供奉三教是莫朝宗教特征，其中最著名的是高阳寺（今越南太平省，1578年建）和三教寺（今越南河内，1590年重修）。此外，一些佛教寺庙同时也有道观的作用（河内青威县约礼村寺是修建在会灵仙道观的基础上）或道教诸神的雕像，例如玉皇上帝、南曹北斗等。在人民和大施主捐助人力物力之下，全国各地的寺庙得到修缮、扩大或新建，而最集中是升龙（今越南河内市）和阳京（莫朝首府，今越南海防省）。在莫朝所建造、修缮的168座寺庙中，约有80座寺庙是皇族、官僚、儒士参与捐助。莫朝历任皇帝也信奉佛教，莫宣宗（?—1561）于1557年赏赐钱财给灵感寺（今越南北宁省），莫茂洽（1560—1592）于1582年向华新寺（今越南海防省）捐二十两白银[②]。佛教思想内容与儒教、道教也具

---

① 参考 Phạm Thị Thuỳ Vinh, "Một số đặc điểm về nội dung và hình thức của văn bia Lê sơ," Tạp chí Hán Nôm, số 3（năm 2008）, tr. 38—48. Phạm Thị Chuyền, "Sử liệu Phật giáo thời Lê sơ qua tư liệu bi ký," Nghiên cứu Tôn giáo, số 2, tr. 34—62. Đinh Khắc Thuân, "Văn bia Phật giáo thời Lê sơ," Thông báo khoa học số 2 năm 2017（Hà Nội: Bảo tàng Lịch sử Quốc gia, năm 2017）, tr.71—82.

② Đinh Khắc Thuân, Góp phần nghiên cứu lịch sử triều Mạc ở Việt Nam（Hà Nội: Nxb. Khoa học xã hội, năm 2012）, tr.173—174.

体表现在当时名士著作当中，如阮秉谦（1491—1585）即是一例[①]。可见，仅在66年间（1527—1592），佛教已恢复往日的活力，并为后来的复兴奠定了基础。可惜的是，史料只记载有关祭拜场所和祭拜活动等相关信息，僧人戒律修行活动与相关著作几乎没有记录。因此，尚未发现相关史料，以了解这一时期越南律藏的流传情形。

莫朝在1592年末被黎郑军队击败后，结束其在越南历史上的主导地位。大越历史进入新的时期，史称黎中兴朝，此朝代延续到1789年。这段时期越南虽然面临内战不断的动荡，如中央政权“两头制”[②]与占据高平、太原的莫朝和南方阮主的分立（自1677年始）等政权冲突；但因为特殊的政治、经济、社会和国际交流等条件使得佛教进入中兴时代[③]，包括北河和南河。尽管与佛教有关的事件不被正史所记载[④]，但通过铭文（碑记、钟记）则可窥见，这两个地区的皇家与贵族都积极参与大规模建造、新建各地的寺院，许多皇族和官吏成员受菩萨戒。阮主阮福凋（1675—1725）被认为是曹洞宗的第30代传人，法名兴龙。黎郑家族很多成员皆出家学佛，如黎太后郑氏玉竹

---

① ［越］阮秉谦《白云庵诗集》，越南汉喃研究院藏本，编号：A.2256；《三教像铭碑》，越南汉喃研究院藏拓片，编号：4662等。

② “两头制”是黎金银博士论文之语。参考 Lê Kim Ngân, Lưỡng đầu chế tại Việt Nam thời Lê Trung hưng（1599—1796）（Học viện Quốc gia Hành chính Sài Gòn, năm 1969）。该术语指的是黎郑双头体制并行，此后被广泛用来研究黎中兴时期的问题。

③ 参考谭志词《性泉禅师行状资料之补充》，《闽南佛学》第6辑，北京：宗教文化出版社，2008年，第204—221页。

④ 《大越史记续编》记载从1676—1789年越南历史，其中只记载 9 条关于佛教事件，而这些记录并不属于国家规模。见范公著等著《大越史记续编》，越南汉喃研究院藏本，编号：A. 1415；历史院藏本，编号：HV.119。

（法名妙圆）、公主黎氏玉缘（法名妙慧）都在宁福寺（俗名笔塔寺）出家。该阶段越南与中国之间的双向佛教交流，可以说是佛教复兴的另一个关键点。中国僧人如福建人拙拙禅师（1590—1644，以下简称拙拙）[①]、广东人元韶（1648—1728）[②]、江西人石濂（1633—1704）等僧人因多种原因，他们由不同路线来到越南，并在越南建立曹洞宗、临济宗等过程中发挥巨大作用，这也是竹林禅派复兴的主因之一。

本地僧人如水月禅师（1637—1704），或在大越修行的外国僧人如明行在在禅师（1596—1659，中国江西省建昌府人，以下简称明行在在），都曾到中国不同的佛教中心——求师学道或求经带回越南[③]。在越南国内，南河与北河僧人互相流动，如香海禅师（1628—

① 见明行在在（慧进）《祖师出世实录》，越南北宁佛迹山万福寺藏本，约20世纪刊刻。Nguyễn Quang Khải và Thích Nguyên Đạt（dịch thuật và giới thiệu）, Chuyết Chuyết tổ sư ngữ lục（Thanh Hoá: Nxb. Thanh Hoá, năm 2017）. Phạm Văn Tuấn, “Mấy vấn đề gắn với quê hương Chuyết Chuyết tổ sư,”Thông báo Hán Nôm học năm 2011（Hà Nội: Nxb. Thế giới, năm 2012）, tr. 951—958. Phạm Văn Tuấn, “Khảo về Chuyết Chuyết thiền sư（1509—1644）,” Đặc san Suối nguồn, số 3—4（năm 2013）, tr. 62—73.

② 参考 Charles J. Wheeler, “1683: an offshore perspective on Vietnamese Zen,” in Eric Tagliacozzo, Helen F. Siu, Peter C. Perdue（eds.）, Asia Inside Out: Changing Times（Cambridge, MA: Harvard University Press, 2015）, pp. 135—162。

③ 参考谭志词《越南闽籍侨僧拙公和尚与十七、十八世纪中越佛教交流》，暨南大学历史学系博士学位论文，2006年。谭志词《十七、十八世纪岭南与越南的佛教交流》，《世界宗教研究》2007 年第 3 期，第42—52页。

1715）[1]，或只在一方各地流动，如本地宗派莲宗（北河）或了观宗（南河）的成立，是以继承与结合竹林禅派和其他宗派为基础，因此，寺庙数量与僧人数量不断增长。欧洲传教士Adrian di St.Thecla神父（1667—1765）在南河生活约30年，他指出此地每个村社都有自己的寺庙，大的村社则有数个寺庙[2]。戒坛在南北两地不断建立以剃度僧众，这也是许多重要的越南佛教文献被收集和重刊的时期，例如《禅宗本行》《三祖实录》等文献。从16世纪到18世纪初佛教各方面的复兴，完全可以预见到这时期越南律藏同样也有了复兴的契机。

二、“禅林古镜久埋尘”：律藏的渴求

禅林古镜久埋尘，为法亡身几个人。五十三参今古在，八旬行脚也辛勤。[3]

---

① 参考如月《香海禅师语录》，越南汉喃研究院藏本，1747年，编号：VHv.2379。Sa môn Thích Không Hạnh và Cư sỹ Chân Thanh Lê Quốc Việt, “Truyền bản Hương Hải thiền sư ngữ lục-bản Sùng Khánh,” https://thuvienhuequang.vn/blogs/bai-viet/truyen-ban-huong-hai-thien-su-ngu-luc-ban-sung-khanh，检索日期：2019年6月15日。

② Adriano di St. Thecla, Opusculum de Sectis Apud Sinenses et Tunkinenses（《中国教派在北河研究》），英文版则见 Olga Dror, Mariya Berezovska, *A Small Treatises on the Sects among the Chinese and the Tonkinese: A Studys of Religion in China and North Vietnam in the Eighteen Century*（Ithaca: Cornell Southeast Asia Program, 2002）。

③ 如澄麟角禅师作给性泉禅师远游前之偈语。［越］福田（补遗）《继灯录》，越南河内社会科学通讯院藏刻印本，1859年，编号：HN.0356，下集，第45页下。

这是越南临济宗第三十六祖如澄麟角禅师（1696—1773，以下简称如澄）任命弟子性泉禅师（？—1761，以下简称性泉）18世纪初远游中国求法，和带回越南律藏经书所作之偈语。此次远游的原因是，如澄指出当时“大道（佛教，笔者注）寥寥，戒律已无闻矣”[①]。显然如澄“末法”的内涵是由“戒律已无闻”所造成。因此，如上所述从16到18世纪佛教复兴阶段越南律藏现状，使得如澄有如此认定。

佛教复兴常需要对整顿戒律提出要求。如同中国16世纪末到17世纪末佛教状况一样，虽然蓬勃发展，但表面往往浮华而无实学，致使律学衰微[②]。这是明朝时期自云栖袾宏（1532—1612）、蕅益智旭（1599—1655）到最有名的弘赞法师（1611—1685，以下简称弘赞）决心弘扬律仪、显扬戒律的动机，他们编撰经书流传万世。从莫朝结束后到17世纪初，越南政治、经济、社会和宗教背景形成一种特殊的“宗教力量”。包括黎孟挞在内的越南研究者，他们的论著在不同程度和不同定义下，均提及此一力量。但直到黎国越从碑文和佛教文献考察之下，始将“宗教力量”定义清楚为禅师—僧官—半世。该队伍的组成：

包括僧统、僧刚、僧正、僧副、禅僧、具寿、符录法师

---

① ［越］福田补遗《继灯录》，第45页下。

② 参考任继愈主编《中国佛教史》，北京：中国社会科学出版社，2014年。王建光《中国律宗通史》，江苏：凤凰出版社，2008年。周齐《明代佛教与政治文化》，北京：人民出版社，2005年。

（从僧录司出身）、道司（属尚林院）、雅淡以及上千位乡村寺庙系统，大部分尚未找到数据证明他们的出处与竹林禅派的关系。他们大部分不遵守临济—曹洞禅派修行规定，多半都有妻子、子女、俸禄，宗教—信仰混杂。①

“宗教力量”若从戒律的角度来看，固然带有地方性质和很多弊端。直到1633年，拙拙北河之行事件，结束该力量独大的背景，形成宗派方面的僧官—半世和曹洞，以及清规戒律方面的客—越和真—俗共同存在的背景。

据《祖师出世语录》，拙拙于1630年离开中国。在高棉、占城、大越南河等地云游三年后来到北河，并带来一些不知名目的经典，已知其中有《水陆诸科》，为当时开坛为亡灵祈福时使用。因此，拙拙得到黎皇郑主的信任，为临济宗派在越南北部的稳固发展奠定了基础。拙拙之后，临济宗派后分为两支，即明良禅师（？—1675，以下简称明良）②支派（如澄的祖师，越南河内应和县人）和明行在在支派。拙拙曾依照郑梉（1577—1657）的意愿，委托明行在在去中国求取经书③。明行在在所带回来的经典藏于佛迹寺，其中一些得到刻印并流传，其他则仍保存在北宁省佛迹寺中。但经过时

① Lê Quốc Việt, “Ghi chú về thiền sư Minh Lương Mãn Giác（?—1675）đời thứ 35 phái Lâm Tế tháp Kim Cương, chùa Vĩnh Phúc, núi Côn Cương,” Đặc san Suối nguồn, số 8（năm 2013）, tr. 92.

② 明良禅师的卒年系根据昆刚山永福寺《金刚宝塔碑词》内容。

③ 这次求经的确切年代未知。

间摧残，如今寺庙已无迹可考当时被带回越南的是哪些书籍[1]。但可以间接通过明行在在及其弟子在笔塔寺当住持时所刊刻的经书，来假设明行在在从中国所带回越南的经书，如《心珠一贯》（庆德三年［1651］刊刻）、《净慈要语》（重刊甲戌崇祯本［1634］）[2]、《般若波罗密多心经直说》（盛德二年［1654］刊刻）[3]和《天童颂古集》（盛德五年［1657］初刊，现存为景兴二十四年［1763］重刻本）。但这四部作品都不是戒律经典。由此可见，从实践的角度来看，虽然拙拙已把明朝清规戒律带到越南，但在临济宗宗门内部，明行在在支派尚未找到所流传的戒律经书。

明良与其宗门也很关注清规戒律，尤其是经典[4]。现今的史料只记载明良籍贯是河内应和县，其他重要信息如生卒年、出家之年、重要事迹都未详。然而，根据黎国越研究，明良于景治五年（1667）曾刻印《梵网经菩萨戒义疏发隐》一书，藏于永福寺。该本于嗣德

① 法国远东博古学院曾于1930年重修寺院时收集佛迹寺的雕版，现今雕版收藏地未详。

② （明）永觉元贤《净慈要语》，越南汉喃研究院藏两本，宁福寺重刊于1876年，编号：A.2054；乾安寺重刻于1837年，编号：AC.316。参考 Nguyễn Tuấn Cường, Nguyễn Đình Hưng, "Buddhist Print Culture and Knowledge Network in North Vietnam from Eighteenth to Nineteenth Centuries: A Case Study of Càn An Temple's Woodblock Collection," The 2018 International Association for Printing Woodblocks （IAPW） Symposium: Cultural History of Printing Woodblocks in Asia – Identification and Comparison （Seoul: Seoul University, 2018）。

③ （明）憨山德清《般若波罗密多心经直说》，越南汉喃研究院藏本，1654年，编号：AC.301。

④ 现存的史料很少明良禅师信息，生卒年未详，出家之年遗迹重要事迹尚无记录。

二十三年（1870）重刻[①]。该书的另一种刻本藏于河内馆使寺[②]。明良于两年后刻印《佛说问戒律中五百轻重事经新疏》。

真源正觉（1646—1726，以下简称真源）为明良衣钵继承者，继承老师对于戒律关注的志向，编撰《宗师发策登坛受戒体式》[③]一书。该书被认为成书于1711—1726年之间，而现存的版本是景兴九年（1748）重刊本。黎孟挞指出该书编撰的资料来源有两种，其一是真源直接引用的著作，如《大般涅盘经》（昙无谶译，亦称北本）、《梵网经》（鸠摩罗什［344—413］译）、《戒坛图经》（道宣著）等。其二，通过研究、对照《宗师发策》与佛教戒律经书文辞，来确定真源所参考的文献。越南的文献有《释传度门公文》（作者可能是法螺禅师）。中国的文献有《释门疏式》（全称：《雅俗通用释门疏式》，冰雪道人修订）或《释门疏式》的基础作品，如《宗贤遗范》《安事须知》《华严经》《毗尼日用录》等。

真源在安子山龙洞寺传戒给如澄。如澄，号高禅、救生上士，出身富贵，俗名郑什，晋光王郑柄（1688—1703）之子，娶黎熙宗（1663—1716）第四女为妻。如澄半世出家，成为北越南临济宗第三十七代祖。禅师结合（越南）竹林安子禅宗与（中国）河北临济

---

① Lê Quốc Việt, “Ghi chú về thiền sư Minh Lương Mãn Giác （?—1675） đời thứ 35 phái Lâm Tế tháp Kim Cương, chùa Vĩnh Phúc, núi Côn Cương,” tr. 92.

② Nguyễn Đình Hưng, “Sơ thám kho sách Hán Nôm chùa Quán Sứ,” Thông báo Hán Nôm học năm 2016 （Hà Nội: Nxb. Thế giới, năm 2017）, tr. 281—292.

③ 本文主要引用 Lê Mạnh Thát, Chân Nguyên thiền sư toàn tập, tập 1 （Sài Gòn: Tu thư Vạn Hạnh xuất bản, năm 1980）, tr. 43—109。

宗的禅学，形成莲宗派，发展到全北河[①]。真源被认为是“北河佛教的光明灯”[②]、竹林禅派复兴贡献者，用重刻和传播方式挽救该宗派书籍[③]，真源的学生受师傅之命继续恢复越南佛教经典。值得注意的是，其他禅师选择重刊前世著作，如1715年如智禅师（?—1722）重刊《禅苑集英》、1763年净光禅师重刊《上士语录》；或编撰大越佛教宗派历史，如1734年如山禅师编撰《继灯录》。如澄却关心戒律，从他在龙洞寺修习，只是一位法号如如的沙门开始，如澄就已编撰《五戒国音》[④]、喃译有关戒律经书，如《出家沙弥十戒国音》[⑤]。除了喃文著作外，如澄还考证并为《毗尼日用录》[⑥]写序。此文本完

---

① 莲宗祖庭莲宗寺建于 1733 年黎裕宗时期（1705—1729），今坐落于河内白梅坊。1841年因避阮朝绍治皇帝（绵宗）讳而改成莲派，莲宗寺改为莲派寺。经过多次重修，现今莲派寺是越南佛教重要山门之一。该寺还保存很多佛教雕版和佛教汉喃书籍。许多研究者认为莲宗寺也是后黎朝的莲花寺，此一疑问已被释同养否定，参考 Thích Đồng Dưỡng, “Chùa Liên Hoa thời Hậu Lê: Thử đặt lại vấn đề chùa Liên Hoa có phải là chùa Liên Phái hay không? ,” Văn hoá Phật giáo, số 112（năm 2010）, tr. 6—9。

② Nguyễn Lang, Việt Nam Phật giáo sử luận, sđd, tr. 538.

③ 参考Lê Mạnh Thát, Chân Nguyên thiền sư toàn tập; Phạm Văn Tuấn, “Kiến tính thành Phật” của Chân Nguyên thiền sư: giới thiệu và khảo cứu（Luận văn Thạc sĩ Đại học Khoa học xã hội và nhân văn [Hà Nội], năm 2007）. Thích Đồng Dưỡng, “Đi tìm một số bài tựa, bạt của thiền sư Chân Nguyên,” Văn hoá Phật giáo, số 113（năm 2010）, tr. 16—20。

④ 补陀寺（北江省）雕版，共10片，刊刻时间未详。

⑤ ［越］如澄麟角喃译《出家沙弥国音十戒》，越南汉喃研究院，景盛五年（1797）刻本，越南崇福寺藏板，编号：AB.366。雕版藏于普陀寺，存10片。

⑥ 崇福寺1797年重刊本，藏于法国亚洲学会，编号：Paris. SA. PD.2349。此本是明代崇祯丁丑年（1637）重印本。

全可能是北河临济宗所流传的版本，并被真源引用来编撰《宗师发策》。如澄在《五戒国音》和《十戒国音》用两句喃字六八体诗开题翻译成汉字为："如如哪教真源，演扬律藏流传数赊（喃字原文，汉译为：如如依真源之命，发扬律藏传万世）"。这两句显示如澄宗门很注重律藏问题。

不仅是如澄宗门，其他宗门名僧也体现出对当时戒律的关注。其代表有竹林禅派复兴贡献者——明珠香海禅师（1628—1715）[①]编撰喃字《解沙弥戒律》。不久之后，性广禅师（1694—1768）[②]编撰《沙弥尼学法威仪国音》[③]《尼八敬法方言》[④]，这都是出家学佛的经书。可见，当时律藏经典已经广为流传。除如澄外，其他不同宗派

---

① 香海禅师，南河人，向中国禅师圆景、圆宽修道、出家。1682 年到北河行道，来修道之人很多。到1700 年建设月堂道场，与真元成为复兴竹林禅派的最大贡献者之一。参考 Lê Mạnh Thát, Toàn tập Minh Châu Hương Hải （Tp. Hồ Chí Minh: Nxb. Tp. Hồ Chí Minh, năm 2000）, tr. 14—23。

② 参考Thích Đồng Dưỡng, "Giới thiệu con người và sự nghiệp thiền sư Tính Quảng," Tạp chí Khuông Việt, số 9 （năm 2010）, tr. 102—108。

③ 于《行持集要诸仪》收录《一时礼诵日用行持集要诸仪》的第二部分（安宁寺藏板，第110—115页）。此是《沙弥尼威仪》里的《威仪有七十事》六八体喃译。目前存两种刻本：第一种是安宁寺藏本，收录在北圻佛教会刊行于1943年的《越南佛典丛刊》。第二种是海阳永庆寺重刊，越南汉喃研究院藏本，嗣德三十六年（1883）沙门清沥序跋，编号：A.2446。如澄麟角禅师的《五戒国音》《十戒国音》以及《威仪国语》（相传是真元禅师之徒如氏禅师著作，行状未详，笔者怀疑该禅师的真实性，认为如氏是如澄之别名也）等著作都合订在该本。

④ 合订于《佛说因果本行》，越南汉喃研究院藏本，1800年，编号：AB.177。《尼八敬法方言》于嘉隆三年（1804）刊刻。景兴五年（1744）刻本，雕版藏于补陀寺。

精通戒律的禅师，为了满足内部修习和当时僧尼的需求，也将戒律书籍翻译成喃字。性广禅师在《略引八敬法叙》指出：“今见我土女人出家颇众，故以此法述为方言（喃字，笔者注）”[①]，因此，如澄所谓“戒律已无闻”是何种戒律？

根据上述的汉喃戒律经书，可将当时在北河流行戒律经书分为两个部分。其一是喃文部分，主要是以简单易懂的语言解释戒律义理，以作为僧尼刚出家时的学习资料。例如：《如澄演义五戒》《十戒》《性广出家女人解释修习之法》等。其二是汉文，主要是为中国汉文佛教书籍考证、编序等，例如《毗尼日用录》是进入禅门的基本经书。或根据北国戒律经典来给北河出家人编撰教材，如真源的《宗师发策》。值得注意的是，黎孟挞指出此书已参考并大量征引《戒坛图经》。《戒坛图经》的作者是中国律宗初祖道宣（596—667）。对该书的引用显示当时大越已经流传道宣的著作，但真源却完全没有提到道宣的两部重要著作，即律宗最基础的经典《四分律删繁补阙行事钞》（简称《行事钞》）和《四分律删补随机羯磨》（简称《羯磨》）。此种现实显示，也许当时北河没有流传小乘佛教的律藏，而主要是《四分律》《五分律》《十诵律》等。但在南河却有很多证据显示，从17世纪末到18世纪初许多重要的律藏经书已在此流传。《大南实录前编》记载1714年重修天姥寺，阮主遣人如清购经、律、论千余部[②]。法专律传妙严禅师（1726—1798），于1797年开山富安慈山

---

① 参考Thích Đồng Dưỡng, “Giới thiệu con người và sự nghiệp thiền sư Tính Quảng,” Tạp chí Khuông Việt, số 9, tr. 102—108。

② ［越］阮朝国史馆《大南实录前编》卷八，越南国家图书馆藏刻本，编号：R.773，第19页。

寺，并使该寺在此处成为18世纪到20世纪诸僧修习中心。禅师精通律学，曾讲解律学，其著作有：《毗尼沙弥威仪警策印注要略》《毗尼日用切要发印音注》《沙弥律仪要略增注发印》[①]和《事义律要略》[②]。在此之前，元韶（1648—1728）[③]于1687年至1690年依阮福溙（1650—1691）之命去请僧侣、佛经、法器等，律藏有可能被元韶在此趟行程中带回越南。但是，目前没有足够证据证明，在1682年香海禅师到北河时，律藏书籍亦随之从南河传播到北河。

在北河缺少重要律藏书籍的现实，其背景也许是如澄所认定的。“古镜”两字无疑是指戒律，即修习者修习、精进的修习手段。“已无闻”所指的是当时已经没有任何戒律书籍进行流传，除了《华严经》《梵网经》提到的戒律规定。若有相关记载，也只是刚入禅门者的一些基本规定，但对于修习者的基本工作如建设戒坛、受戒、传戒、守戒等却毫无用处。从“已”字可认为，律藏原来已在越南流传，特别是陈朝（14世纪《四分律》已被刊印、讲述，如前文所述），但到如澄时代却佚失了。如澄宗门内部非常关注戒律，但在国

---

① 其徒弟全日继承师父志愿，编撰《沙弥威仪增批注元小篇》。参考 Lê Mạnh Thát, Toàn tập Toàn Nhật Quang Đài, 2 tập（Tp. Hồ Chí Minh: Nxb. Tp. Hồ Chí Minh, năm 2005）。

② 根据 Nguyễn Hiền Đức 的研究，该作品其中一些部分已被印刷，一些稿本藏于富安慈光寺，但在 1929 年被大火全部烧毁。见 Nguyễn Hiền Đức, Lịch sử Phật giáo Đàng Trong, tập 2（Tp. Hồ Chí Minh: Nxb. Tp Hồ Chí Minh, năm 1995）, tr. 14。

③ 元韶（1648—1728），中国潮州人，到越南行道。香海从南河到北河时，元韶被请当顺化僧事的主持人。参考 Thích Thanh Từ, Thiền sư Việt Nam（Hà Nội: Nxb. Tôn giáo, năm 2010）。

内条件有限的背景下，使得如澄任命性泉前往中国求学，并搜购律藏书籍带回越南，此一求经活动的展开，是完全可以理解的[①]。

三、“远求大教，匡复弊端”[②]：律藏的重建

性泉，一云杜多和尚，如澄之徒[③]。从传承角度来看，性泉在1734年为妙圆尼师所立的《宝光宝塔》碑文中自称莲宗法子，可见性泉自认归于如澄宗门[④]。1928年莲派寺《家谱碑记》中也确认性泉属莲宗派，救生上士之后的继灯者。但是，性泉的徒弟所写的1780年[⑤]崇福寺碑文却把性泉归为临济宗。该论点被福田和尚（1784—1883，

---

① 有关越南后黎朝佛教经书刊刻与传播背景，参考李贵民《再制与变异：越南汉传佛教典籍的转化》，《佛光学报》新七卷，第一期，2021年1月，第111—137页。

② 如澄麟角禅师作给性泉禅师远游前之偈语。［越］福田补遗《继灯录》，卷上，第45页。

③ 性泉禅师的生卒年、出家前姓名、籍贯等信息都是禅师圆寂一百年之后的记载。这些信息有的地方互相矛盾。他在自己的两部著作，前后相差只有几年而信息却有些地方不统一。此问题不在本文讨论范围，笔者将再另文讨论。

④ 参考安子山华安寺（竹林禅派重地）的《宝光宝塔》碑文。引自 Thích Thanh Quyết, Trịnh Khắc Mạnh （chủ biên）, Trúc Lâm Yên Tử Phật giáo tùng thư（Hà Nội: Nxb. Khoa học xã hội, năm 2018）, tr. 240—243。

⑤ ［越］杜令铨《重修崇福寺庙庵碑记》，参考 Nguyễn Đình Hưng, “Góp thêm tư liệu về hành trạng của thiền sư Tính Tuyền,” Tham luận phát biểu tại Hội thảo các nhà nghiên cứu Hán Nôm trẻ, Viện Nghiên cứu Hán Nôm （Hà Nội: Viện Nghiên cứu Hán Nôm, năm 2019）。

以下简称福田）[①]记载于《禅门修持经咒律仪》[②]和《继灯录》当中。他指出临济宗已经分成莲宗、岑山、勤全、浦山等支派。每个支派又分成小派别，并产生有名的禅师。因此，很难确定哪位禅师是宗门的继承者。将性泉排在临济宗祖传世谱中，临济宗是大宗，包括小宗临济，也许正是后人对性泉和对临济宗功绩的评价。

性泉个人行道事业以及整个越南佛教发展的重要里程碑，是他赴中国修习戒律并求经带回越南。史料对于性泉北行的时间记载众说纷纭，如在《禅门修持毗尼日用》，福田认为性泉于永佑乙卯（1735）离开大越，而在《竹窗随笔》，却记录此行大约是景兴年间（1740—1786）[③]。根据《宝光宝塔》碑文内容来看，1734年性泉必定在大越。同时，根据崇福寺1734年《重修崇福寺庙庵碑记》来看，

---

① 关于福田的研究，参考 Thích Minh Tâm, “Vài nét về Phúc Điền hoà thượng, tác giả sách “Đạo giáo nguyên lưu”,” Thông báo Hán Nôm học năm 1997（Hà Nội: Nxb. Thế giới, năm 1998）, tr. 560—563. Thích Minh Tín , “Tìm hiểu thêm về Sa môn An Thiền,” Tạp chí Hán Nôm, số 1 （năm 2008）, tr. 48—55. Nguyễn Tuấn Cường （pháp danh: Thích Minh Nghiêm）, Nghiên cứu tác phẩm Đạo giáo nguyên lưu của Hoà thượng Phúc Điền （Luận án Tiến sĩ, Học viện Khoa học xã hội Việt Nam, năm 2016）. Lê Quang Sơn, Nghiên cứu bản giải âm tác phẩm “Thái căn đàm” của Hoà thượng Phúc Điền （Luận văn Thạc sĩ, Đại học Quốc gia Hà Nội, năm 2012）. Nguyễn Quang Khải, “Công đức của một số vị thiền sư tiêu biểu đối với việc khắc ván in kinh sách ở Bắc Ninh thế kỉ XVIII—XIX,” Nghiên cứu Phật học, số 5 （năm 2016）, tr. 51—55。

② ［越］福田《禅门修持经咒律仪》，越南海阳慧光书院影印灵应寺藏本，1884年。

③ （明）袾宏《竹窗随笔》，《重刻竹窗旧序》，越南河内胜严寺藏本，编号：TN.049；乾安寺1832 年刻本，第4页下。

大约1745至1746年性泉兴工修建该寺。因此，性泉之行或在1734年之前，也或在从1734到1745年的十年之间。如澄圆寂于1733年，性泉出发时仍被他嘱托，可见本次行程最合理的时间是1734年之前[①]。

多数针对性泉此次旅程的研究，都是根据福田的《继灯录》《道教源流》资料，以及他在《竹窗随笔·重刻竹窗旧序》的记录，皆认为性泉奉黎帝之命去中国求经[②]。《继灯录》下集曰："具奉得旨。"《道教源流》"奉诏求法"条记载："黎永佑莲宗寺临济谱性泉湛公和尚，奉旨往大清国鼎湖山，庆云禅寺，学道求戒搜寻经典，将回本国留在京都乾安寺。"[③]《竹窗随笔》记载："景兴年间，临济莲宗寺湛公和尚奉旨往大明国鼎湖山。"[④]此点是否可信，需要考虑以下因素。第一，当时官方所编纂的唯一正史资料《大越史记全书》，未有记载该事件，但其他有关建寺庙、铸佛像、考核僧侣等佛教的事均有见载。第二，后黎朝以前，官方求经之事，常是皇帝派使臣带上公文正式赴中国请求，尚未有皇帝命令僧侣前往搜集经书。第三，黎中兴时期的特点是"两头制"[⑤]，即"黎皇郑主"制度并行，实权属于郑主。当时用"诏"字一般是黎帝诏书，"旨"（如：令旨）常是郑主的命令。因为有时用"诏"，有时用"旨"，所以福田

① 释同养认为性泉禅师于 1730 年离开大越。见 Thích Đồng Dưỡng, "Về niên đại thiền sư Tính Tuyền," Văn hóa Phật giáo, số 161（năm 2012）, tr. 9—11。

② （明）袾宏《竹窗随笔》，《重刻竹窗旧序》，第4页下。

③ ［越］福田编《道教源流》，越南汉喃研究院藏，编号：A.1825，第15页。

④ （明）袾宏《竹窗随笔》，《重刻竹窗旧序》，第4页下。

⑤ 黎金银语，参考 Lê Kim Ngân, Lưỡng đầu chế tại Việt Nam thời Lê Trung hưng（1599—1796）（Học viện Quốc gia Hành chính Sài Gòn, năm 1969）。

也不清楚性泉受谁的命令。此外，之前虽有明行在在依照郑梉的意愿去中国求经书，但没有任何史料证明郑主有下“旨”类似工作。福田所编的《禅门修持毗尼日用》与《道教源流》于1845年刊刻，其中提到性泉到中国求法，但没提到是奉“旨”还是奉“诏”。因此，根据如澄与性泉的对话，需要远去“求大道”，笔者推测，性泉此行去中国是为了宗门内部的需求，更具体地说即是师父如澄的要求。且为了提高宗门的重要性，求经工作也往往带有浓厚的王权色彩，这不仅发生在越南，在其他国家也十分普遍。

跋山涉水六个月后，来到了大清国广州府鼎湖山庆云大禅寺。因为师傅如澄交付的大任，以及“寻究经律”的目标①，很容易理解性泉为何选择来到庆云大禅寺，而非他处。庆云大禅寺位于鼎湖山，建于1636年，注重“禅、净、律”同修。该寺在整理、编撰戒律方面卓有成就，同时组织法师开坛受戒，从明末到清代，直至现代在岭南和东南亚地区仍有着相当大的影响。根据《鼎湖山志》记载，这个地方在唐代即由六祖惠能禅师（638—713）的高徒智常禅师在此弘法②。庆云寺建立后，经过历代的发展与增修，禅寺规模极为宏大。两位开山祖师天湖栖壑道丘禅师（1586—1658）和弘赞法师（1611—1685）都是中国佛教史中“厘定戒律”的重要人物。“鼎湖戒”③指在庆云寺成规律戒、仪规传戒，弘赞“致使岭南禅门重新走上严明

① ［越］福田补遗《继灯录》，第45页下，载言：“自此思为深入，发弘誓愿，寻究经律。”

② （清）丁易修、释成鹫纂《鼎湖山庆云寺志》，越南汉喃研究院藏本，编号：AC.463，善本电子书由哈佛燕京图书馆扫描。越南福田于1844年重刻。

③ 李福标《论鼎湖山庆云寺的戒律学传统与地位》，《湖南大学学报》（社会科学版）2016年第5期，第30页。

戒律之路”[①]。庆云寺也是当时唯一符合性泉“远求大法”目的的寺院。

《继灯录》中有关福田对于性泉年表的记载，指出性泉在鼎湖山劳役三年，又学习了三年经律，方于1735年受比丘菩萨戒、具足戒[②]。性泉不止在当时中国的戒律中心学习，又参与了“三师七证”的“三坛大戒”传戒大典，是由方丈其金光端[③]主持的两百人大典。这是越南佛教史上的一件大事，首次有越南禅师按照当时中国佛教的标准仪式来受戒，这也成为性泉回国后实践戒律活动的基础，其贡献被福田评价为“潜者复兴，光者复续”，这应该指的是《继灯录》“一切僧尼请师为和尚重授戒法”[④]和《竹窗随笔》“登坛受戒，朝参暮叩”[⑤]当中的内容。可见，“鼎湖戒”在受戒坛的声望，使得受此戒的唯一越南禅师具有崇高权威，可在地方建设三坛大戒，并为僧尼受戒。因此，即使曾在越南受戒的佛门子弟，都认为可以

① 周军《〈鼎湖山志〉与明清之际岭南禅宗》，《肇庆学院学报》2009年第4期，第36—41页。

② ［越］福田补遗《继灯录》，第46页上，载言：“时师二十五岁，求进比丘菩萨戒……与授具戒。”

③ 庆云寺住持制度有两个阶段：一，明末清初有七位祖师，最后是成鹫。二，清代中叶到民国时期，住持职位三年一制。虽没有明确的时间，而每位住持在职间只开场传戒一次。根据其金光端塔碑，这位在退院前，于1747年勉强应邀南交国主之请到越南“谈玄讲道”。参考《鼎湖山庆云寺历代住持塔铭》，肇庆：庆云寺管理委员会，2014年。尚未找到越南数据有记载此事，金光端到越南时，性泉禅师已经圆寂两年，不知这位法师是受黎帝还是郑主之请？在越南之间是否有给任何人受戒？若能搜集到相关资料，笔者将持续深入探讨此一课题。

④ ［越］福田补遗《继灯录》卷下，第46页下。

⑤ （明）祩宏《竹窗随笔》，第5页上。

跟性泉重受戒法，是一件对自身修行的重新肯定。莲派寺现存1872年《重兴莲派寺离尘院别志》肯定“我国有具宿三坛从此始”①；《法慧塔并铭》记载性泉为僧人（如海贲）传戒②。因此，性泉已经完成如澄任命求法的第一心愿。如澄的第二心愿，则与性泉在越南传入、流布中国戒律经典的活动有关。

根据《继灯录》，性泉从鼎湖“请得经律论三百部，一千余卷”③。性泉回国时，如澄禅师已圆寂，因此性泉不留在莲宗寺，反而选择到崇福寺（今越南河内仁睦社）当住持。他所带回的经书藏于乾安寺属南同寨（黎朝时代的中都，今越南河内栋多郡南同坊）④。此地是性泉与徒弟进行刻印经书活动的地方，从而使该寺成为18世纪后半叶北河的重刊经书中心。根据《沩山警策文》的序文，宽翌禅师

---

① ［越］清庄《重兴莲派寺离尘院别志》，越南汉喃研究院藏拓片，编号：00204。

② ［越］佚名《法慧塔并铭》，越南汉喃研究院藏，编号：00423。

③ ［越］福田补遗《继灯录》卷下，第46页下，载言：“请得经律论三百部，一千余卷。”寺院建于1612 年，由当时僧侣与贵族的钱财和捐助，不断重修和完善于1697年和1757年。乾安寺的历史，参考 Nguyễn Tuấn Cường, Nguyễn Đình Hưng 2018 “Buddhist Print Culture and Knowledge Network in North Vietnam from Eighteenth to Nineteenth Centuries: A Case Study of Càn An Temple’s Woodblock Collection”。

④ Nguyễn Lang, Việt Nam Phật giáo sử luận, tr. 551.认为：“大约两百部经书已经被刻成雕版并印刷于该处普及（越南北方，作者注）。许多雕版藏于崇福和建安。”笔者推测，崇福可能是河内的崇福寺（即上提的三玄寺），建安可能是月光寺（建安，海防省），这都是性泉禅师曾住持的寺庙，或与这位和尚同师门。因欠缺资料，本文尚未提到两所寺庙的刻印和传承经书问题。

到乾安寺时已读到性泉刻印的经书，并称此处为“乾安经坊”[①]。此点证明，当时乾安寺所刊刻的经书数量，以及经书类目已达到一定程度，始能被称为“经坊”。

因中国带回的经书，乾安寺经坊对戒律经典弘传起了很大作用，尤其是《四分律》。福田在《竹窗随笔》指出自从有了乾安寺刻印的经书，大越才开始有“《四分律》《六道集》《解惑》《竹窗》等文”[②]。调查越南北方寺院所藏的书籍显示，其他寺院都到乾安寺请求副本，或在山门流传、使用，或做底本来重刊、重印。可惜的是，目前笔者尚未找到性泉在世时乾安寺的任何刻本或雕版。但通过考察现今乾安寺所存的佛教雕版，笔者希望厘清该地印刷戒律经书的状况。

与补陀、永岩、莲派[③]等名蓝的雕版相比，乾安寺的雕版可谓命运多舛。2016年之前，阮廷兴调查拍摄雕版之时，尚无人知晓乾安寺

---

① （唐）沩山灵佑《沩山警策文》，越南河内胜严寺藏本，编号：TN.080，第1页，载言：“曹峒宗第六世祖敕赐道源和尚宽翌祖师，亲诣干安经坊，拜读是文，再三披阅，深得其妙，略演国音，俾便初学行持。”

② 《竹窗随笔·重刻竹窗旧序》载言：“景兴年间，临济莲宗寺湛公和尚奉旨往大明国鼎湖山，得妙旨于金光端和尚，登坛受戒，朝参暮叩。多得经典将回本国京都乾安寺。若刊经者，始有《法华知音》《四分律》《六道集》《解惑》竹窗等文盛行于世。”（第5页上）

③ 参考Phạm Thị Huệ, Nguyễn Xuân Hoài, Mộc bản chùa Bổ Đà để mục tổng quan （Hà Nội: Nxb. Văn hoá Dân tộc, năm 2015）. Trịnh Khắc Mạnh, “Di sản mộc bản chùa Vĩnh Nghiêm và chùa Bổ Đà tỉnh Bắc Giang trong đời sống văn hóa Việt Nam,” Tạp chí Hán Nôm, số 2 （năm 2017）, tr. 21—29. Vũ Đức Nghiệu （chủ biên）, Mộc bản chùa Vĩnh Nghiêm chùa Bổ Đà: Những định hướng bảo tồn và phát huy giá trị của di sản （Hà Nội: Nxb. Đại học Quốc gia Hà Nội, năm 2018）。

雕版的存在[①]。经统计，现存十九部书籍的三百三十一面雕版（版双面刻），没有任何一部经典是完整的。其中除了十二片雕板损毁严重，无法归类为何种经典外，其余两百七十面雕版（18种书籍）可确定为佛教经书雕版。详细内容如下表：

表一[②] 乾安寺所藏佛教经典木刻板[③]

书名	木板面数	年代	备注
高王观世音真经	10	1812 前	编号 AC.50 与 VHv.1067 可能有关系

① 据阮廷兴（Nguyễn Đình Hưng）口述：2016年4月1日，他收到江孟锦（Giang Mạnh Cẩm，文化大学学生）提供的信息，得知在乾安寺厅外有很多雕版。阮与江向该寺住持谭青（Đàm Thanh）申请考察、点阅和拍照这些雕版，以作为资料保存。当时因为该寺正在维修，雕版已搬至厅外保存。2016 年 4 月 6 日，阮廷兴、江孟锦、黎国越（Lê Quốc Việt）、张锦怀（Trương Cẩm Hoài）等 4 人经过 4 天考察、点阅、拍照，确认乾安寺版库约有 150 块雕版，保存状况欠佳，有些已被虫蚁蛀蚀，有些则已损坏无法辨认文字。经寺院同意，工作人员对书目进行分类并拍照，并丈量尺寸。2018年7月13日，阮廷兴再次回到乾安寺调查时，住持告知寺院在维修的过程中，雕版已全部遗失。雕版的调查结果，参考Nguyễn Tuấn Cường, Nguyễn Đình Hưng, "Buddhist Print Culture and Knowledge Network in North Vietnam from Eighteenth to Nineteenth Centuries: A Case Study of Càn An Temple's Woodblock Collection"。

② 表中 A、AC、VHv 为越南汉喃研究院之藏书编号；R 为越南国家图书馆之藏书编号；Paris.SA.PD 为法国亚洲学会之藏书编号；TN 为河内胜严寺之藏书编号；PN 为普仁寺之藏书编号。以下表二、表三同。

③ 参考 Nguyễn Tuấn Cường, Nguyễn Đình Hưng, "Buddhist Print Culture and Knowledge Network in North Vietnam from Eighteenth to Nineteenth Centuries: A Case Study of Càn An Temple's Woodblock Collection"。

德生录	28	无	参考编号 AC.374（乾安寺重刻于 1823 年）
金刚经	32	1745	AC.254（乾安寺重刻于 1800 年）
解惑编	62	1796	（清）弘赞编，共 2 卷。参考编号 AC.598/1—2（福田重刻乾安寺本于 1859 年）
因果实录	23	1846	AC.427（乾安寺重刊康熙壬午本）；R.5856（乾安寺本重印于 1932 年）
西方香林禅师净土文	10	1796	
净慈要语	34	1837	AC.316（乾安寺重刊府本于 1837 年）
净土忏愿	15	1865 前	双面跟《往生净土决疑行愿二门》为同一个木刻版；AC.424, TN.058, TN.122 重刻乾安寺版
小阿弥陀经	2	无	
阿弥陀经	20	无	经折装
阿弥陀经	9	无	包背装
往生净土决疑行愿二门	3	1865 前	双面跟《净土忏愿》为同一个木刻版；TN.058, AC.133 重刻乾安寺版
忏悔文	2	无	
礼佛仪式	4	无	（清）弘赞编，共一卷
普门（品）	8	无	AC.71；R. 1191；TN. 125 版式、字形与乾安寺雕版类似。
施食	2	无	
庐山莲宗宝鉴	5	无	
云顶栖壑和尚不置田座约	1	无	
（零星）	12	无	
总计	282		

由此可见，一方面，目前乾安寺所藏的佛教雕版[①]大部分都是非律藏经书。此现象引发笔者疑问，即该寺的律藏雕版是因岁月而损坏，还是因已流传到其他山门？若是因为岁月流逝，雕版受到毁坏，那么显然无法找寻到性泉从北方所带回的《四分律》雕版和其他经书。另一方面，根据考察流传在乾安寺雕版（已遗失或现存）所印出的经书，或可为此经书流传状况提供一个新的切入点。但需要注意的是，乾安寺的经书还被其他寺院作为底本来进行刊刻，其代表性泉在崇福寺重修时主持过刊刻经书活动[②]。更值得注意的是，根据《往生集》[③]序文，当时沙门清锦[④]携带其书请乾安寺僧侣刊刻。此点有两种意义。第一，这可确定，直到明命十三年（1832）乾安寺仍维持作为刊刻佛经中心的角色。笔者考察越南佛教经书时，许多寺院虽在名义上是刊刻佛典活动的主持者，但其实是委托给经坊乾安寺代办。第二，除了刊刻性泉所带回的经书，该寺还刊刻其他寺院带来的书籍。因此考察乾安寺经书时，需有足够证据才可以肯定是否属于性泉所带回的经书。

---

① 除了佛教经书外，还有49版刊刻《少微》一书，此书属儒家书籍，未列入表内。

② ［越］杜令铨《重修崇福寺庙庵碑记》载言："庆成绀殿，珠宫，长廊，曲［槛］，灿然百新。既又为之造圣像、刻真经。"

③ （明）袾宏《往生集》，越南汉喃研究院藏本，编号：AC.157、AC.342；乾安寺重印本，1832年。

④ 除了该书外，在乾安寺的其他雕版当中，沙门清锦与照坚组织刻印《礼佛仪式》，照坚又是《因果实录》刊刻的主持人。

四、“弘四分律，自师为始”：律藏的发扬

“弘四分律，自师为始”[①]，这是福田评价性泉对越南佛教历史的贡献之语。这个总结应跟性泉从中国“请得经律论三百部，一千余卷”有关。“律”是其中的重要部分。从在越南流传的汉文律藏来说[②]，这个认定十分有趣。因为，现在很难辨别福田提到《四分律》的明确内涵。基本上有三个可能性：一、只提到了《四分律》（梵语：Dharmagupta-vinaya，又称《昙无德律》《四分律藏》）的译本，后以汉语结集为律藏，收入《大藏经》；二、《四分律》的中国历代注释本有唐法砺（569—635）《四分律疏》、唐道宣《四分律删繁补阙行事钞》、唐怀素《四分律开宗记》、宋圆照《四分律行事钞资持记》等；三、主要包含庆云禅寺弘赞关于戒律的著作[③]。

目前乾安寺没有保存任何戒律雕版，该寺的书籍都是19世纪末至20世纪初刊印，没有任何信息显示它们与性泉的关联性。性泉本身也没有记载有关带回越南的书籍。因此要厘清当时性泉所带回的戒律书籍，唯一方法，就是间接研究由福田编撰，性泉自中国带回越南的书目。福田根据考察当时性泉所带回的书籍状况，记载并附录于其著作《道教源流》。黎国越认为：“在鼎湖庆云寺游学之后，性泉带回

---

① ［越］福田补遗《继灯录》，第46页下。

② 如上所述，在性泉法师之前，律藏在李陈时期由《大藏经》的“进口”而传播到越南。但是，目前还没有足够资料确认哪种版本传播到越南时还存于世。

③ 关于弘赞和尚的著作，参考郑兴中《弘赞在犙生平与著作述略》，《肇庆学报》2017年第1期，第47—51页。

国大量三藏教典，藏于乾安寺，现今我们根据福田著作中的统计而知其书目和卷数。”[1]黎国越所说的“统计”是指《沙弥律仪解义》当中的一个目录——《重治比尼律藏总目》。通过对该目录的考察，笔者发现，该目录并没有任何信息足够显示与性泉带回书籍有关。该目录也许只是律藏总目而已。

1835年福田编撰《道教源流》。在一百多年间，该目录显示性泉带回越南书籍的状况。该目录的三百多部经书，只有一百五十二部留存[2]。其中，有些只有书名而无提要，原因是“本部蠹损”。若只统计有明确卷数的一百一十八部，其总数为一千一百三十卷。假设其他三十四部无提要，每部最少有一卷，那么这一百五十二部的卷数达到一千一百六十四卷。可见，若有三百部，卷数还会更多。现在不知晓福田在《道教源流》所称的“卷”是否完全和《继灯录》所提到的“卷”一致。如果一致，那么两个书目内在的差异也值得注意[3]。

根据福田编撰书目的方式，难以确认该书是否戒律经书。因其虽然是根据经书名称编目，但却是扼要简写名称。略举几例，简略前缀与后缀如:《资持》（1卷）应该是《四分律行事抄资持记》的简

---

① Lê Quốc Việt, “Giao Châu một nẻo lối thông Tây vực: Thiền phái Trúc Lâm tiếp cận từ góc độ kinh lục,” Đặc san Suối nguồn, kỳ 1, tr. 71.

② ［越］福田编《道教源流》，越南汉喃研究院藏本，编号：A.1825，第15页，载言：“奉诏求法，黎朝永佑莲宗寺临济谱性泉湛公和尚奉旨往大清国鼎湖山庆云大禅寺，学道受戒、搜寻经典将回本国，留在京师乾安寺。”

③ 实际上，福田在编撰的过程，同一个内容在不同的著作也出现矛盾信息。参考Thích Đồng Dưỡng, “Về niên đại thiền sư Tính Tuyền,” Văn hóa Phật giáo, số 161, tr. 9—11。

写[①]；只简略后缀如：《竹窗》（3 卷）当为《竹窗随笔》[②]，略写二字[③]；或只简略前缀如《内法传》实为《南海寄归内法传》[④]。且均不署作者姓名、编撰年代以及印本或抄本。在此背景下，下表中笔者统计了福田对性泉带回戒律经书的汇整（应该会有讹误）。

表二　性泉法师带回越南的（有关）戒律经书

书名	卷数	现存情况
菩萨五戒威仪经	无	未见
像法决疑经	无	未见
毗尼毗婆沙论	无	未见
宋高僧传	无	未见
根本律	无	未见
内法传	无	《南海寄归内法传》，藏书编号：AC.681/1—2（刻本）
杂事律	无	未见
毗尼切要	1	《毗尼日用切要香乳记》，藏书编号：AC.478（刻本）
资持	1	《四分律行事抄资持记》，藏书编号：AC.682/1—20（手抄本）
弘戒录	1	《樗庵语录》，藏书编号：AC.454（刻印本）

① ［越］福田编《四分律行事抄资持记》，越南汉喃研究院藏手抄本，编号：AC.682/1—20，共 5228 页。

② 越南汉喃研究院藏 2 种刻本（3册），编号 AC.350 和 AC.196/1—2；胜严寺藏编号TN.049；莲派寺所藏无编号。

③ 越南汉喃研究院现藏2种刻印本（每种含3卷），编号AC. 350 和 AC.196/1—2。

④ 这种缩写，以越南为例，是印刷与管理古籍的实际需求。禅师常以书名的前两到四字写于书背，以便于寻找书籍。

比丘戒录	1	未见(《比丘戒经》[？],藏书编号: TN.145 [刻印本])
搜神记	1	未见
梵网合注	10	《梵网经合注》，藏书编号：AC.180/1—2（刻印本）
羯磨指南	10	《羯磨指南》，藏书编号：AC.132/1—2（刻印本，12 卷）
六道集	2	《六道集》，藏书编号：AC.129（刻印本）、Paris.SA.PD.2355（1—2），（刻印本）
佛门定制	2	未见
戒坛	3	《删补受诸戒坛》，藏书编号：A. 2571［越］普进和尚题引于嗣德 34 年（1881 年），重刻成泰（1893）
四分如释	4	《四分戒本如释》,藏书编号: AC.181/1—2(刻印本）；见《四分戒本如释语》TN.001—004，（刻印本，12 卷）
治禅病秘要经	5	未见
优婆塞戒	5	未见
羯磨删补	8	《四分律删补随羯磨抄》灵光寺（河内）重刻康熙壬申本（1692 年），藏书编号：AC.149/1—2(刻印本，总 12 卷，阙第 7—9 卷)
释子须知	8	未见
总计	69	

如此，在福田编目的一百五十二部经书之中a，有二十二部最少六十九卷属于佛教戒律的内容。福田所编之书现在共留存二十八部

① 笔者已经统计福田在《道教源流》所记载性泉带回的152部书籍，并参考越南各地（如储存中心、国立及私立图书馆、寺院、私人藏书等）现存的书籍进行对照。因篇幅限制，无列入本文。

（书目共一百五十二部），其中戒律十部，另外的十二部戒律经书在越南尚未寻获[①]。根据表二，部分经书暂时不能确定其内容与版本的情况，但基本被包括在经律的三个类别之中。《四分如释》属于《四分律》的第一部分，规定了僧侣修行的戒律。《资持》（全名：《四分律行事抄资持记》）是《四分律》的注解。最后是弘赞关于《羯磨删补》等戒律的陈述。由此可以得到初步结论，福田歌颂性泉法师所用的《四分律》概念不仅单指这部书，还包括所有关于戒律经典，主要为《四分律》。

目前尚不得知福田有没有统计性泉所带回的书籍，以及当中有哪些戒律书籍。这些书籍因为遗失、损坏，或因为福田只盘点一所寺庙，而忽视了其他寺庙曾经借阅这些书籍进行重印或传教的活动。因此，要厘清性泉法师在越南弘扬中国戒律的功绩，我们试图还原1835年“福田目录”所缺漏的书籍。根据现存佛教经书，概可将其区分为三类：

第一类书籍是，书上的信息或佛教经典重刊雕版，有明确记载是由性泉从中国带回。该论点根据目前笔者找到三种文本，两种藏于河内青威县巨溪社胜严寺（俗称曲水寺）[②]，另一种藏于越南汉喃研究院。

---

① 越南佛教经典不集中的状况之下，笔者难以确定是否已经概括全部资料。目前笔者暂时引用已经公布的数据（国立图书馆、寺院、佛教经典数字化等）和个人多年搜集的资料。

② 已经被美国字喃遗产保存基金会（Vietnamese Nôm Preservation Foundation）数字化，另一种藏于越南汉喃研究院。

1.《沩山警策文》

藏书编号：TN. 042，成泰己亥（1900）夏刻印，六十八页。

大明沩山灵佑大祖师撰文；大南沂江道源和尚宽翌祖师演国语；后学春雷法孙正大校订重刊，兴福寺藏板。

重刊演音小引中写明：“于我越黎永佑年间杜多和尚奉旨北往求法。驮来升龙城之南同寨乾安寺珍藏之。”

2.《净土忏愿》

一印本，藏书编号：TN.122，成泰丁酉（1897）刻印，七十八页。序中一些文字残损，但仍可以根据内容得知，此书为性泉带回，之后重刻。“我国黎永佑间，湛公祖师就北国请回而板留乾安寺。嗣德乙丑永严法主得次集。”①

3.《毗尼日用》（全名：《禅门修持毗尼日用录》）

一印本，藏书编号A.2347，绍治五年（1845）刻印，两百七十八页。

其中叶三上写明：“昔比丘录是性泉祖师请得正本于大明国将回本国留于乾安寺后海育禅师刊刻。”

第二类书籍为可能由性泉带回的经书。此类是一些不在福田所编的书目里，但现今仍在越南流传的弘赞著作。该论点涉及性泉在中国求学和受戒的山门——鼎湖山庆云寺，此地以编撰戒律经书闻名，由栖壑开山至第七代成鹫（1637—1772），其间二代祖师弘赞编撰戒律甚丰，确立了鼎湖派在戒律中的地位。李贵民在《越南所藏明清佛教稀见文献初探》中写道：

① 虽然同名文本可于越南汉喃研究院（藏书编号：AC.424）和胜严寺藏书阁（藏书编号：TN.058）找到，但这些版本上都没有标注来源。

至此越南的戒律之学又重新恢复。而性泉法师所带回来的经律论当中，以弘赞法师的著作为最主要，目前在“越南汉喃文献目录数据库”中仍保存不少种类。[①]

李贵民已经把弘赞禅师的著作和藏于越南汉喃研究院的经书进行对照，以论证其观点。笔者认为，李贵民指出弘赞有四本著作已经出现在福田所整理的书目当中，即《六道集》（弘赞编辑严春广题重刻序，灵光寺重刻，成泰乙巳［1905］）；《解惑编》（弘赞编，板留含龙寺［北宁省］），《四分戒本如释》（刻印本）；《般若波罗密多心经添足》（刻印本）。由此可见，李贵民的做法完全是有章可循的。

在表二书目当中，李贵民指出现存于越南汉喃研究院的七本属于弘赞著作。经过对照，笔者发现这些书名没有出现在“福田书目”中。笔者除了查看越南汉喃研究院所藏的汉文佛教书籍（编号AC）外，还对照藏于越南及其他国家档案馆及私人所藏的汉文书籍，详细如表下：

表三　越南现存弘赞法师著作（“福田目录”以外）[②]

序号	书名	存所与编号	备注
1	（般若）心经贯义	AC.506	般若波罗密多心经添足之后

① 李贵民《越南所藏明清佛教稀见文献初探》，《佛光学报》2020年新6卷第1期，第299页。

② 这个表不包含在越南现存的福田书目里面所提到的株宏著作，如《放光般若波罗密经》（刻本，4 集，30 卷）；《佛说长阿含经》（刻本，3 集，22卷），《增一阿含经》重刻在龙队山（嗣德元年，1848）；《竹窗随笔》等。这部分书籍现在尚存，也曾经被“福田目录”提到。

2	沩山警策句释记	AC.140	刻印本
		AC. 136	
3	沙弥律仪要略增注	AC.622	［越］比丘昭妙写序，光明寺重刻于明命二十年（1839）
		AC.338	济川寺重刻于嗣德三十三年(1880)
		AC.311，AC.345, Paris. SA.D.2332	多宝寺重刊于嗣德三十四年(1881)
		AC.164	按佛迹寺木刻板
		TN.080	支那撰述、菩萨戒弟子云栖株宏辑;菩提心比丘鼎湖山沙门弘赞注，多宝寺重刊于嗣德三十四年。
		R.198	菩萨戒弟子云栖株宏辑、［越］安乐禅师题序，多宝寺重刊于嗣德三十四年（1881）
4	八关斋法	AC.143	无
5	四分律名义标释	AC.699/1 – 10	（清）弘赞编
6	诸经日诵	AC.258	（清）弘赞 校订，1600 年板
		AC.258	［越］海钦伸伸编宝谷寺重刊序文于嗣德二十九年（1876）
		AC.601	嗣德二十九年
		AC.118	翻印 AC.258 本，158 页，31 x 21
		AC.354	翻印 AC.601 本，56 页，27 x 16
		AC.117	显法寺重刻
		AC.209	刻印于海阳省嘉禄县鸿录社
7	式叉摩那沙弥尼律仪	AC.465	心圆校订，永严寺重刻于嗣德三十四年（1881）
		AC.694	

因此，如果性泉在选择带回国的文本中，专注于弘赞的著作，那么，性泉完全有可能将上述七种书籍带回越南。这些书籍后来不断被刊刻、印行和传播。但如果没有进行其他对照和求证，很难进行确认。这种严谨考证是必须的，因为目前在越南流通的很多书籍已在“福田目录”中被提及，或类似于弘赞著作，但它们的底本分别有不同的来源。如保大四年（1929）印本《佛本行集经》虽可见于性泉带回的经书书目之中，但与性泉从北方请回本国的文本没有关联。根据书中序言：“其我国从来阙焉，曾考于我皇越开辟以至于今，未得此经刻本流通”[①]，可知其重刊底本来源于河内法国远东博古学院从日本带回的《大藏经》。因此，笔者认为这是一种可能性的假设，并不能肯定其正确性。

第三类书籍，为南同寨乾安寺（今属河内市栋多郡南同坊）刻印的一些经书，如表一所列。依表分析，我们得出初步结论，如下：

乾安寺现存的一些雕版内容出现在福田所编的书目之中，可能是性泉自鼎湖山庆云寺带回越南。包括《解惑篇》《西方香林禅师净土文》与《往生净土决疑行愿二门》。

弘赞著作的雕版被收藏在乾安寺，有可能属于性泉所带回越南的书目，而福田却无记录，如《礼佛仪式》。

从印刷的角度来看，《金刚经》与《解惑编》一起被刊刻。因此，若可肯定《解惑编》一书是由性泉法师带回越南，据此，完全可以推测《金刚经》亦属性泉从鼎湖山所带回的经书。

---

① ［越］佚名《佛本行集经》卷一，越南国家图书馆藏本，1929 年，编号：R.815，第2页。

需考虑乾安寺现存木板的经书（未出现在福田的书目里）与曾经存于乾安寺的木刻板所印出来之文献（木板现已遗失）是否曾经属于性泉从鼎湖山所带回的经书里面的可能性。如《四十八愿经》（里面包含三部不同的典籍，分别是《四十八愿经》《往生净土忏愿仪》与《往生净土阙疑行愿二门》），《大报父母恩重经》（乾安寺重刻，绍治七年［1847］，藏书编号：AC.308；乾安寺藏板，含龙寺藏板，绍治7年［1847］，藏书编号：TN.039—TN.040）等经书在有其他信息对照时，需要考虑是否列入或移除在性泉带回越南的书目。

五、结论

越南律藏的历史可追溯至10世纪之前佛教在岭南及交趾的传播活动。大约历经四个世纪，律藏与《大藏经》同时一起在大越“进口”、重抄和重印。《四分律补抄》在14世纪前半叶的印刷事件，以及当时的戒律传播活动，两者均是律藏在越南出现的重要里程碑，同时亦显示大越佛教主要受《四分律》的影响。经过属明时期和黎初的不利佛教传播的历史背景，自16世纪开始，莫朝佛教在三教（儒、释、道）关系中得到初步恢复。17世纪黎中兴时期，佛教逐渐兴盛起来，但仍然有许多需要整顿的弊端。在国内佛教戒律经书欠缺的情况下，使得佛教教团整顿事业需要寻求北方经书。

性泉18世纪初至鼎湖山庆云寺求法、受戒、取经的过程是为了传播及规范宗门内部。后来其他宗门也来请求抄写、刊刻这些书籍作为僧侣修习的资料，这些资料无形之中成为18世纪越南北部戒律实践的规范。随着中国的严格戒律传播，戒律经书消弭了当时越南僧侣恶俗、迷信等问题，使其步入正轨，并一直延续至今日。可以说，其影响及传播已经超越了个人（性泉）、山门（如澄）和宗派（莲宗）的局限，成为越南佛教发展历史的大事。

此一巨大的影响主要来自性泉所带回书籍中戒律经书的传入和流布。性泉带回来的经书藏于乾安寺，此一有利条件，使得该地在19世纪末以前是当时北河和大越有名的“经坊”之一。一方面，乾安寺是刻印、发行佛教经书的地方。另一方面，乾安寺还接受其他山门委托刻印经书，并提供给其他山门底本以便刻印。与当时其他寺院相比，乾安寺具有此种特殊的优势，使得该寺成为其他山门禅师来参访的佛经资料中心，并随着这样的交流形式，佛教经典得以传播到整个北河地区。

虽然性泉没有留下有关带回书籍的任何统计数据，但在百年之后，福田收集并将他所接触过的有关书籍编成目录。通过1835年编撰的目录，可知编撰书目时所搜罗的书籍共有一百五十二部（约有一千一百六十四卷）。其中经书数量只剩下一半，但总卷数比性泉带回来的千卷（相传）还多（三百部，一千卷）。通过研究现存的佛教经书，可以确定哪些是属于性泉带回，进而被福田写进书目，同时亦可补充福田当时尚未检阅到的书籍。其中有三种是性泉之后刊印的书（内容明确指出该书籍由性泉带回越南）。有七种是弘赞的著作，弘赞是鼎湖派戒律（性泉受戒之地）最重要人物之一，因此这些书有可能也是性泉带回来的，其中有三种在福田的书目中被提到。最后是乾安寺现存的雕版经书，虽然不属于戒律书籍，有可能也是性泉带回的。

复原性泉带回越南的经书，无论对于研究18世纪中国汉文佛教经典的传播及流布，还是对于研究律藏本身都具有重要意义。同时，也可确定自性泉之后，《四分律》依然是越南普遍使用的律经。从而体证，中国鼎湖派戒律的传入对18世纪后的越南佛教僧团开始产生影响。

伪经和善书在越南的流传

——以儒佛道三教与民间信仰的交涉为中心

增尾伸一郎 著 李杰玲 译①

越南属于汉文化圈国家，是中国与印度文化交错的地区，有其独特的宗教文化。本文瞩目于河内现存汉文与喃文的宗教文献所含的伪经与善书，考察自宋以降，儒佛道三教合一的思想在亚细亚各地区广泛传播，及其与越南民间信仰的融合形态。

① 作者单位：东京成德大学人文学部，译者单位：海南师范大学国际文化教育学院。文原刊《民间文化论坛》2014年第3期。在长达四年的越南访问与史料调查中，承蒙小峰和明、千本英史、石井公成等先生的关照。而在越南社会科学院、汉喃研究院的阮氏莺（Nguyễn Thị Oanh）先生、越南宗教研究院的大西和彦先生、河内国家大学的范氏秋江（Phạm Thị Thu Giang）先生和范黎辉（Phạm Lê Huy）先生都给予了我极大的协助，对此，表示衷心感谢。本文日文版刊载于：《"偽"なるものの"射程"：漢字文化圏の神仏とその周辺》，勉誠出版，2013 年。备注：原文中有越南汉喃研究院所藏的《各寺经版玉山善书略抄目录》（写本）与《高王经注解》（版本）附载的《玉山祠经书藏板目录》的影印，此次省略。

一、开　篇

位于印度支那半岛东岸的越南，除南部胡志明市（旧西贡）为中心的湄公河三角洲外，以北部首都河内为中心的红河三角洲，与中部旧都顺化与砚港周边的小平野，山地占国土的七成以上。这三个地区长久以来侵略与融合相互交错重叠，尤其是北部和中部北境至10世纪中期一千余年，作为中国领土直接受其支配，因此受中国文化的影响色彩较浓。这一时期被称为“北属期”，期间，中国与印度的佛教同时传播，中国更有儒教和道教的传播，促进了其与民间信仰的融合[①]。文字以独自改编的汉字的构成要素来表示，读音则以越南音来标记，这样一种文字，即喃字，于13世纪末使用。在这之前，主要用汉字表记，喃字是14世纪以后才在典籍、文书等史料中普及的[②]。虽

① 关于越南的佛教，有久野芳隆的《安南的佛教》（佛教研究会编《南方圈的宗教》，大东出版社，1942 年）、川本邦衛《越南的佛教》（“亚细亚佛教史”中国编Ⅳ，《东亚诸地域的佛教》，佼成出版社，1976 年）、石井公成《越南的佛教》（“新亚细亚的佛教史”10《向汉字文化圈的拓展》，佼成出版社，2011 年）；关于道教与民间信仰的，有大西和彦的《越南的禳星仪礼》（《越南的社会与文化》1号，风响社，1999年6月）和《越南的道观、道士与唐宋道教》（“道教讲座”第六卷，《亚细亚诸地域与道教》，雄山阁，2001年）和《越南道教史研究小论》（《越南的社会与文化》4号，2003年3月），及其《十八世纪越南佛教礼仪文书中所见的佛僧的道士职责》（同前刊物第7号，2007年3月），另外还有一系列的论考。

② 关于亚细亚诸地域的文字，包括喃字的使用及其历史意义的，参考［日］李成市的“世界史的脚本”之七，《东亚文化圈的形成》，山川出版社，2000年。

然越南北属期以后各王朝旨在收集和运用汉字与喃字的文献史料，尤其是1802年到1945年作为阮朝首都的中部顺化，依次设置六所书院，担当着保存和印刷的中枢机构的职责。期间，从19世纪中期到20世纪后期，法国、中国、日本、美国相继在越南燃起激烈的战火，大部分好不容易才免遭战火烧毁的古典遗产现藏于河内社会科学院、汉喃研究院与第一公文书馆，对其进行国际性的调查研究和搜集的工作仍在进行中[①]。

关于这些汉喃文献，法国和越南双方虽然都做过许多目录，但近年，与福建省在历史上有着很深关系的台湾“中央”研究院，做了一份详细的书志资料《越南汉喃文献目录提要》全二卷四册，作为《中国文哲研究所图书文献专刊》的第七、八期刊行，接近其全容[②]。本文以该目录为线索，对河内现存汉喃文献中所见的伪经和善书的特质，与同属汉字、汉文化圈的朝鲜和日本做对比，试做一次小小的考察。

---

① 参考越南阮氏莺（Nguyễn Thị Oanh）《汉字、字喃研究院所藏文献——现状及课题》，《文学》隔月刊第六卷第六号，“特辑：东亚——重读汉文文化圈”，岩波书店，2005年 11月。

② 刘春银、王小盾、陈义主编，“中央研究院”中国文哲研究所刊。上卷为目录（经部147种，史部576种，子部1527种，集部1684种，总计5023种），有索引两册（2002年2月，1199页）；下卷包括前书补遗目录（神敕411件、神迹568件、俗例647件、地薄526件、古纸21件、社志109件，总计2282件），还有索引、附录等（2004年12月，1039页）。

二、越南往返——佛哲、平群广成与阿倍仲麻吕

日本与越南的交往始于8世纪前期的天平年间。《续日本纪》天平八年（736）八月二十三日条里载，入唐副使中臣名代与“唐人三人、波斯一人”结伴回国。三位唐人是指唐僧道璿、波斯门僧菩提仙那与林邑僧佛哲，波斯的则指波斯（今伊朗）人李密翳。其中，林邑在印度支那半岛湄公河下游的越南南部。根据大安寺的修荣在神护景云四年（770）撰录《南天竺波罗门僧正碑并序》[①]与《东大寺要录》卷二供养章所引《大安寺菩提传来记》[②]、虎关师炼《元亨释书》卷一五“南天竺菩提”“林邑国佛哲”[③]等，菩提仙那闻说中国五台山文殊菩萨灵验而志在修行，从南天竺入唐，但受遣唐使多治比广成等的邀请而改道日本，与佛哲（徹）、道璿同行。因一度渡海失败，大使多治比广成等迟了一年才到达，佛哲与菩提仙那停留并居住于大安寺，从事林邑乐的教习。他们到达日本之时，行基到难波津去欢迎他们，由于行基在东大寺卢舍那大佛完成前夕去世，天平胜宝四

① 《群书类从》传部（卷69）、第六辑（续群书类从完成会）、［日］竹内理三编《宁乐遗文》下卷（东京堂出版，1962年订正版）、《大日本佛教丛书》第72卷（讲谈社，1972年）所收。藏中しのぶ《奈良朝汉诗文比较文学研究》（翰林书房，2003年）、［日］藏中しのぶ等《〈南天竺婆罗门僧正碑并序〉注释》（《水门》21号，勉诚出版，2009年6月）中有详细的考证。

② ［日］简井英俊编《东大寺要录》，全国书房，1944年，国书刊行会复刊，1971年。《续续群书类从》第十一辑所收。

③ 《国史大系》第三十一卷，《国译一切经》和汉撰述部、史传部二十所收。

年（752）四月的开眼供养会就由菩提仙那担任导师，并演奏佛哲传授的林邑乐。林邑乐从此之后在大佛佛头修理供养的无遮大会与朝廷的飨宴、寺院的斋会等场合演奏，在雅乐寮传习下去。

与由林邑到唐土再到日本的佛哲相反的是，平群广成从唐土航海出发而失败，漂流到林邑，再经过唐土和渤海归国。平群广成与多治比广成、中臣名代等一样，是天平五年四月出发的遣唐使的判官，一行人于天平六年十月乘坐四艘船从苏州出航返国，但遇到暴风雨，平群广成那艘船上115名人员漂流到“昆仑国”。紧接着又遇到贼兵袭击、抢杀，有因此逃离的，有因疾疫而死去的，共九十余人。最后仅有广成等四人生还，他们拜谒昆仑王，从而得到食物。天平七年，他们暗中混入唐岭南道钦州（今广西壮族自治区钦州市）“熟昆仑”船，再度进入唐土。在唐王朝任职的阿倍仲麻吕的安排之下，他们从唐玄宗皇帝那里得到了船和食品，向着渤海出发。天平十年（738）三月，他们从登州出发，五月进入渤海，刚好这时渤海王大钦茂第二次向日本派遣使者，他们就随船回日本。途中，渤海大使的船沉没，而广成等人的船，则于天平十一年七月平安到达出羽国[①]。

同年十一月三日《续日本纪》条里载着“臣平群广成等朝拜”，之后便是对他们费时五年、七年才归国，满是苦难足迹的详细记述。他们一行人漂流所到的“昆仑国”是中国西戎的部族名，（《书经》禹贡），但也有将其视为盛产玉的黄河源流的山脉，即佛

① ［日］增村宏的《遣唐使的研究》（同朋舍，1988年）、上野诚的《伟大的天平之旅——遣唐使平群广成坎坷的冒险》（讲谈社，2012年）等作品是围绕这次航行而写的。

典中的须弥山，指湄公河下游以南的林邑国[①]。宋代李昉等人编撰的《文苑英华》卷四七一《翰林制诏·蕃书四》所载的玄宗皇帝的《敕日本国书》[②]中，有关于天平六年十月从苏州出航的四艘遣唐使船的记载，这四艘船有这样那样的结局，但对平群广成等人的船“漂至林邑国”之后是这样叙述的：“既在异域，言语不通，并被劫掠，或杀或卖，言念灾患，所不忍闻。”据说那些年林邑诸国向唐朝朝贡较多，有这样的敕令公告称，若遇漂流船，则通过安南都护送还唐朝，在等待送返时机时需加给养。

顺便说一下，为平群广成一行经由渤海归国做筹备的阿倍仲麻吕，养老元年（717）和吉备真备、玄昉等一起入唐，经过了二十年，他想与大使多治比广成等一起回国，但由于唐玄宗的重用而未能获得归国许可。其实现归国愿望，是在十五年后的天平胜宝五年（753）十一月，随前年入唐的藤原清河一行的船只，从苏州黄泗浦出航。当时，在第一船里的是大使藤原清河和阿倍仲麻吕，第二船是副使大伴古麻吕与鉴真，第三船是作为副使再次入唐的吉备真备，第四船是作为判官的布施人主[③]等，第一船和第二船虽然先后到达阿儿奈波岛（冲绳），但清河与阿倍仲麻吕所乘的第一船由于冲上暗礁动

① ［日］桑田六郎《南洋昆仑考》（《台北帝国大学文政学部史学科研究年报》1号，1934年5月）、松田寿男《昆仑国考》（《国学院杂志》47卷1号，1946年1月）。

② 这份敕书的起草者张九龄的文集《曲江集》和《全唐文》中都有载录。参考［日］茂在寅男、［日］西嶋定生、［日］田中健夫、［日］石井正敏编：《遣唐使研究与史料》，东海大学出版会，1987年。

③ 译者按：经原作者确认，“布施人主”为人名，日语读音为：ふせのひとぬし。

弹不得，以至于行踪不明。鉴真所乘的第二船，吉备真备的第三船都经益久岛顺利归国，途中由于火灾而延误的第四船也于四月到达萨摩。

第一船虽然想驶向奄美岛，但却漂流到了南方的安南。《续日本纪》宝龟十年（779）三月四日条里，有追赠藤原清河从二位的记事，其后，如是记曰："清河乃赠太政大臣房前第四子。胜宝五年，以大使入唐。归航之日遇逆风，漂至唐国南边驩州，时遇土人，合船被害，清河仅得以脱身，遂留唐国，不得归朝。后十余年，薨于唐。"又，阿倍仲麻吕三十五年后的归国之旅前，在明州（今宁波）所咏的《古今和歌集》卷九，满载着羁旅愁绪的著名的望乡歌曰："仰首长天望明月，或即升自三笠山。"藤原仲实《古今和歌集目录》（《群书类从》第 16 辑所收）的阿倍仲麻吕传中有这样一节说，船漂到驩州后，群盗袭击，一行170余人，生还者仅20余人。

二人同时仕于位于长安的唐王朝，在他乡终其余生，仲麻吕的后半生更是曲折坎坷。继玄宗之后，肃宗也很重用仲麻吕，唐朝上元元年（760），仲麻吕任镇南都护。在此两年前，唐朝将安南都护府改为镇南都督府，并置节度使，强化对越南的直接支配，仲麻吕于代宗永泰二年（766）任安南节度使，德化、龙武二州宣抚。该年，镇南都督再次改为安南都护，仲麻吕回到长安，已经是第二年的事情了[①]。

---

① 元代征战越南之际被带走的黎崱在中国，仿照《旧唐书》《新唐书》和《册府元龟》等，著成《安南史略》，其所载"朝衡"相关记事，以及《文苑英华》中写作"胡衡"所作的汉诗《奉命使日》等有介绍与考证，［日］杉本直治郎《阿倍仲麻吕传研究》（育芳社，1940年出版。勉诚出版，2006年增订版）、［日］川本邦衛《越南的诗与历史》第四章（文艺春秋社，1967年）中也有相关资料。

三、越南佛道儒三教与民间信仰

（一）北属期的佛教

佛哲的故乡——平群广成漂流而到的林邑国，是2世纪后期占族人从后汉的支配中取得独立的国家，与1世纪独立的高棉族人的扶南一起，很早就传播着印度佛教。与这两个地区邻接的越南北部，前汉末期设置交趾等三郡，成为南海交易的据点，印度的影响也波及了这一地区。然而与印度支那半岛其他的民族国家不同的是，千年间直接受中国支配的越南北部到中部，属于中国文化圈的地区，来自中国与印度这两方的佛教文化在此交错，得以独特地发展。

3世纪前期，吴国的孙权把交趾、合浦、九真、日南作为交州，南海、苍梧、桂林划为广州，以图向岭南地区做新的统治。越南王朝正史《大越史记全书》[①]里有不少关于北属期内对中国支配的叛乱事件，林邑对交州的攻略，以及把交州作为立足点，向中国反复发起攻击，所以交州与林邑的边境成为中国与印度文化势力角逐的场地[②]。

7世纪初，隋文帝攻陷林邑都城，夺得了大量的佛典与财宝，但并未像对交州的越南人那样施行强烈的暴政。到了唐代，对交州的支配却有所加强，7世纪后期，高宗把交州改称龙编并设置安南都护府，把它与朝鲜的安东都护府一起，作为南与东的属地。为此，中国

---

① 陈荆和编校《校合本大越史记全书》（全三卷），东京大学东洋文化研究所附属东洋学文献中心，1984—1986年。

② 关于交州与林邑的对立攻击，参考［日］川本邦衛：《越南的佛教》，“亚细亚佛教史”中国编Ⅳ：《东亚诸地域的佛教》，佼成出版社，1976年。

佛教在越南的影响明显占了上风。

经由西域而进入中国的佛教在传到江南之前，交州已经在传播从海路传来的印度佛教，建立寺院，僧侣得度，翻译佛经等活动已经开展，其中心是禅宗。出身于南天竺婆罗门的毗尼多流支于6世纪末来到交州并进入法云寺，将《象头精舍经》和《大乘方广总持经》等译成汉语，传播禅宗，形成了越南最初的禅宗法脉。进而在9世纪初，出身于广州的无言通师从马祖道一，传播南派禅宗。毗尼多流支派与无言通派在北属期后，直至长期执政的李朝末期13世纪初，仍保存着各自法脉。

关于这两派，到记录无言通派第八世通弁的言行的《照对录》，与基于该书而成的、编纂于14世纪的《禅苑集英》等禅宗史书中可采处甚多，但其实际情况仍有许多不明之处。其主要使用的经典，就无言通而言，是明显受禅宗和华严宗影响的中国撰述的伪经《圆觉经》，这部经典尤其受到无言通派的重视，撰录了许多注释书。《华严经》和《法华经》等虽明显受到陀罗尼的重视，但已有学者指出，从山川草木中自然地悟出真理，咏入提示悟境的偈这一点来看，其与毗尼多流支派是一致的[①]。正如973年在华闾为救地狱亡者而立一百根上刻《佛顶尊胜陀罗尼》的石柱，密教得以扎根。无言通派的僧侣中，也有兼学密教和净土教的。

（二）独立初期的佛教、道教、儒教

唐王朝于 907 年灭亡，中国进入五代十国时期，对周边诸国的

---

① ［日］石井公成《越南的佛教》，“新亚细亚的佛教史”10《向汉字文化圈的拓展》，佼成出版社，2011 年。第二节仰赖其论考者甚多。

影响减弱。越南吴权于937年举兵破广东南汉军，第二年，吴权登位，定古螺为都。继吴朝之后的丁朝、黎朝都是短命王朝，但都保护佛教和道教。这一时期尤其值得书写的是，黎朝太祖黎桓于1005年被赐予刊行不久的宋版大藏经（开宝藏）。第三代黎鋌也于1009年得到大藏经和儒教的九经，但他迫害僧侣，其背景有外交仪礼上的原因。

1010年建国的李朝，是越南第一个长期执政的王朝，太祖李公蕴幼小时是古法寺僧的养子，也曾在毗尼多流支派的万行禅师的指导下修行过，因此他致力于佛教的振兴。他建立和修复各地的佛寺，赐予僧服，奖励书写宋版大藏经。此后，李朝的多位皇帝为再得并流布宋版大藏经而把自己变为禅僧。

李朝的道家与佛教一样受到保护，太祖也致力于各地道观的修复。越南道教的传入至迟在5世纪，这时在交州，后汉张道陵开始传入天师道[①]。至唐代时期，已建了二十一所道观，丁朝970年，道士作为道官进入官僚组织，可见当时道士人数达到了要统制这一程度这么多。

李朝太祖于1011年在首都升龙（今河内市街北部）城内左右对称建造了道观太清宫和万岁寺，1018年向宋朝求赐大藏经和集道教经典的道藏[②]。李朝中期，四代仁宗以降，受北宋道教影响，依次建立景灵宫、五岳观、延生殿等道观，并时不时举行行幸与斋醮（道教仪

---

① 以下均据［日］大西和彦《越南的道观、道士与唐宋道教》（“道教讲座”第六卷），《亚细亚诸地域与道教》，雄山阁，2001年。

② 宋代1019年编撰的《天宫宝藏》4565卷今不存，其精华保存于张君房的《云笈七签》120卷（道藏·太玄部677—702册），今存。雕版《道藏》以徽宗政和年间（1111—1118）完成的《万寿道藏》为最早。

式）。太清宫和景灵宫在相继的陈朝（1225—1400）得以继承，尤其太清宫，是举行国家斋醮、祭祀天尊的场所。又，与同门道士一起从南宋福建来到越南的许宗道等，以通胜观为基点传播道教。从1284年到1288年，元军进攻之际，他们与陈朝军队一起行动，举行为供奉死者而作的黄箓斋和投龙简等斋醮与科仪。

李朝也积极促进儒教传播。11世纪中期，三代圣宗太平盛世时，建造祭祀孔子和周公的文庙，四代仁宗1075年开始儒教式的官吏选用考试制度科举，创设国子监，致力于培养官僚。举行与佛教、儒教和道教三教相关的考试，合格者则任以僧禄和道统。1109年释惠兴撰录的《天福寺洪钟铭》[①]里，吸收了《法华经》的诵读与本心悟禅的修行、儒教国家观与道教的世界观[②]，这一时期是宗教思想汇集的时期。

陈朝太宗建立国学院，颁行四书五经讲义，并进一步推动禅宗的振兴。师从无言通派第十七世慧忠的三代仁宗退位后出家，进入安子山，称竹林大士，著有《禅林铁嘴录》等。法螺与玄光禅师所继承的法流，是在无言通派加入临济宗的禅风而成。三者被称为竹林三祖，记录三者言行的《三祖实录》至今仍受重视。

陈朝也受到元朝进攻，法螺等反复号召书写大藏经，王族率先协助书写，这一点与高丽大藏经的编纂、刊行的背景有相通之处。持着“大治丙午年（1366）”的陈朝纪年的《吴氏家碑》里，记载着一

---

① 潘文阁、苏尔梦主编《越南汉喃铭文汇编》（第一集），远东学院（法国极东学院）、越南汉喃研究院，巴黎、河内，1998年。北属时期至李朝所收。

② 据［日］石井公成《越南的佛教》，“新亚细亚的佛教史”10《向汉字文化圈的拓展》，佼成出版社，2011年。

位叫隐元的道士有“符水之功”，与《玉帝经》一起，接受《大悲经》[①]，道士与符水信仰的关系，是玉皇上帝[②]与观音菩萨有关的经典所持的特点等，从这一时期道佛二经与民间信仰的关系这一点上来看，有很值得注意的内容[③]。13世纪末至14世纪初，喃字在佛教文献中也被广泛使用，这是佛教向地方渗透和女性信者增加的结果。

（三）黎朝以后的三经与民间信仰

陈朝灭亡后，从1413年到1437年明永乐帝进攻并支配越南的这一时期，四书五经和佛经普及。另一方面，朝廷对僧侣和道士的统制有所加强，明代大量没收历代王朝的史书和地理书、诗文集等，运往金陵（南京）。然而1428年黎利击退明军登位，改国号为大越，设置五经博士，奖励儒教，与此相对的是，佛教成为被管制的对象，禅宗带上了浓厚的儒家色彩，同时加快了与道教的融合，也可看到祈祷与咒诅这些仪式的流行。16世纪，政权分裂与抗争持续着，佛教一时衰退了，1578年建立的高阳寺的《三经像碑铭并序》里，记载着寺里同时祭祀着释迦、孔子和老子[④]，说明了三教交融的具体情形。

进入17世纪，佛教逐渐恢复原有势力。出身于福建的临济僧，

---

① 潘文阁、苏尔梦主编《越南汉喃铭文汇编》第二集，陈朝（上、下），越南汉喃研究院、台湾中正大学文学院，2002年。

② “玉皇上帝”为越南文献中对“玉皇大帝”的称呼——编者注。

③ ［日］大西和彦《越南道教史研究小论》，《越南的社会与文化》2003年（4）号。

④ ［越］丁·卡楚库·图安编《莫朝碑文》（越南汉喃研究院，1996年），关于这些史料，参考［日］大西和彦《越南道教史研究小论》，《越南的社会与文化》2003年（4号）。

又称为拙公和尚的拙拙禅师经由柬埔寨进入越南，从中部到北部，进行了二十年的传教。他提倡佛教的五戒与儒教的五常相一致，把儒教喻为星，道教喻为月，佛教喻为太阳的优劣论也广为人知。

拙公的弟子明行出生于中国江西省，在越南与拙公见面并拜其为师，把从中国带来的佛典放在佛迹寺，其中一部刻版付印。拙公晚年定居于宁福禅寺并继续传教活动，皇帝赞誉并供奉他为“成等觉大禅师化身菩萨”。今以河内为中心的北部寺院里先行实施奉请诸佛于道场的仪式，奉请拙公与明行成为通例，这可以说是二者在这一地区培养佛教的结果①。

1802年，越南最后的王朝阮朝成立，儒教成为国教，与此相对，佛教被视为迷信。民间所渗透的佛教，通过黎朝后期的精灵信仰与祖先信仰等，加深了佛教与民间信仰的混淆，也进一步加深了与道教的融合。这一时期，僧侣自称道士，其行旨在驱邪、治病和祈雨的法事。在供奉无缘佛的施恶鬼会中的水陆会，中心已由道士占据，他们念的不是佛咒而是道咒，这样的例子并不鲜见。这不能说于推动道佛二教融合徒劳无功，但窃以为二教融合更多是尊重各种仪礼和祭祀的主旨与方法，正确去实行的结果②。

越南道教玉皇上帝与其支配下的北斗、南曹的星辰为首的灶神等诸神尤其受到重视，使用融合道教与密教的咒法的符水师，统称为

---

① 据［日］石井公成《越南的佛教》，“新亚细亚的佛教史”10《向汉字文化圈的拓展》，佼成出版社，2011年。

② 据［日］大西和彦《十八世纪越南佛教礼仪文书中所见的佛僧的道士职责》，《越南的社会与文化》1号，2007年3月。

童骨[①]的男女灵媒圣母道，或者风水占卜等活动盛行[②]，我们可以看出，其背后原因是人们强烈地想从因多次战乱和灾害而充满苦难的生活中脱离出来。

四、汉文、喃文佛教文献中所见的伪经

上一节主要围绕北属期以后越南佛道儒三教与民间信仰交叉重叠的展开。在概观并继承前人研究的基础上，本节进一步以现存的汉文、喃文佛教文献所见的伪经为中心，对其做具体的考察。

开头部分提到的《越南汉喃文献目录提要》子部“佛教”里著录了 314 部文献，其细目为：

	经	律	注疏	论述
汉文书	6	2	1	74
喃文书	20	1	3	16
中国书重抄重印本	64	22	24	81
合计	90	25	28	171

乍一看，中国典籍的重抄重印本占着很高的比例，另外，与汉文比较，喃文经典较多，是出于传教的必要而翻译成喃文的结果。经典中《华严经》（目录号2611，以下同）、《妙法莲

① 译者按：据原作者介绍，“童骨”在越南民间信仰中，作为神灵与人类的中介者（灵媒）而受到重视，是咒术的宗教者。

② ［日］大西和彦《越南的禳星仪礼》，《越南的社会与文化》1 号，风响社，1999 年 6 月；《越南道教史研究小论》，《越南的社会与文化》4号，2003年3月。

华经》（2621）、《金刚般若波罗密经》（2638）、《大般涅槃经》（2634）、《大乘无量义经》（2639）、《大方等大集经》（2643）、《大方广佛华严经》（2644）、《阿弥陀经》（2646他）、《仁王护国般若波罗密多经》（2652）、《佛说长阿含经》（2659）、《佛本行集经》（2665）、《金光明最胜王经》（2673）、《金刚寿命经》（2675）、《维摩诘所说经》（2687）、《增一阿含经》（2689）、《药师经》（2692）、《护诸童子陀罗尼经》（2694）等，基本都是说护国与禳灾的功验的，但以下这些伪经为数也不少[①]：

（1）《佛说救苦真经》（2608）抄本，汉文与喃文。

敦煌出土斯坦因本4456号里有《救苦观世音经》一卷，说五道大神与阎罗王审判，向无量寿国的往生等。祀救助坠落地狱的亡者的、具有道教神格的救苦天尊，与祈愿禳除灾害、疾病而行的斋醮所用的忏悔文也有关[②]。

（2）《观音过海经》（2612）1898 年刊，香积寺观音阁藏版，汉文说观音菩萨的修行、除灾的功德等。

（3）《地母经》（2618）印本，喃文由关于济度众生的佛尊的颂歌组成。

（4）《佛说目连救母经演音》（2624）印本两种，喃文说释迦

① 关于伪经的概念及其形成与流传，见［日］牧田谛亮《疑经研究》“第一章《中国佛教中的疑经研究》”，京都大学人文科学研究所，1976 年，临川书店复刊。

② 参考［日］游佐升《关于唐代所见的救苦天尊信仰》，《东方宗教》，日本道教学会，1989年（73号）。

十大弟子之一、目莲救出坠落地狱的母亲的故事。同类经典有如下三种：

《目莲经》（2655）1737年，顺安府沂江社大光寺刊，中国重抄印本[①]。

《目莲忏法经》（2655）印本两种，中国重抄重印本。也有其抄本《慈悲道场目莲忏法》（1829，兴庆寺住持序文）。

《寿命鸿名盂兰》（2688）中国重抄重刊本，《金刚寿命经》《鸿名宝忏仪式》《盂兰盆经》的合刊本。

（5）《三千佛名经》（2638）印本三种（海阳省大心寺、河内灵光寺、北宁省灵光寺刊）。中国重抄重印本。从各种经典中抽出并列举佛名、佛典，诵读这些名号即得除灾招福，本书包括《佛说佛名经》《现在贤劫千佛名经》和《未来星宿劫千佛名经》。

（6）《万佛名经》（2683）印本，1846年，维仙县龙队山寺刊，中国重抄重刊本。

（7）《大报父母恩重经》（2649）印本，1847年，河内南同寨乾安寺刊，中国重抄重印本。书中说父母哺乳养育之恩与孩子的报恩，具有代表性地汲取孝思想的伪经。8世纪初，与道经《太上老君说法父母恩重经》先后形成，在敦煌、朝鲜、日本等中国周边地区广泛流传。《大报说报父母恩经》是其增广本，插图本也不少[②]。

---

① 编者按："中国重抄重印本"当作"中国书重抄重印本"，从文意来看，实为中国书籍的越南重抄重印本。原文错误地指称源自《越南汉喃文献目录提要》一书。下文类似指称同，不一一出注。

② ［日］牧田谛亮《疑经研究》"第一章《中国佛教中的疑经研究》"，京都大学人文科学研究所，1976 年，临川书店复刊。又，该书卷首载录了插图本（朝鲜本）的全册影印。

（8）《高王观世音经》（2678）印本，1875年，兴福寺刊。中国重抄重印本。

本经在唐代道宣664年撰写的《大唐内典录》卷一〇《历代众经应感兴敬录》[①]里初次出现，但据《魏书》卷八四庐景裕传，可知此为冠上东魏高欢（后来的北齐高祖武帝）之名的《观世音经》而拟定的伪经。730年智升撰录《开元录》之后的《伪妄乱真录》[②]记载，作为日用诵读的经文，至今仍在亚细亚地区广泛流传[③]。该书还附录了仪式、颂、偈、赞、咒与应验记。另有如下的别本：

《感应高王观世音经》（2684）印本两种。

1883年，河内玉山祠刊，1942年，南定省劝善堂刊。中国重抄重印本。该书是《感应观世音经》《般若波罗密多心经》和《佛说高王观世音经》三书的合刊。

又，与（1）中的《佛说救苦真经》相关的别本有如下两种。

（9）《观音解劫就苦感应高王般若真经》（2696）。

中国重抄重印本。1925年，兴安省积善堂刊。附载观音图和在家修行法。《观音解劫救苦感应般若真经》是锦江县龙宫殿刊。

（10）《消灾延寿命经》（2677）印本两种。

1907年，河内玉山祠刊。中国重抄重印本。说北斗七星禳灾，附载赞、偈，一本为道经《南北斗经》（《南斗延寿度人妙经》与

---

① 《大正新修大藏经》（以下简称大正藏）55卷，338页以下。

② 《大正藏》55卷，674—675页。

③ ［日］牧田谛亮《高王观世音经的出现》。牧田谛亮《疑经研究》“第一章《中国佛教中的疑经研究》”，京都大学人文科学研究所，1976年，临川书店复刊。

《太上玄灵北斗本命延生真经》的合订本，《目录提要》“道教”之2992里收录四部）的合订本。

（11）《大方广圆觉修多罗了义经》（2645）。

印本，太平省建昌府真云寺刊。中国重抄重印本。有序、插图、颂、偈、供钱、印行者名。

所谓《圆觉经》，即以一切众生本来有之，却无法悟入如来之圆、觉为主题。由文殊、普贤等一二菩萨问、释迦作答构成，立如来藏思想。《大乘起信论》的影响很强。

据说是从北印度佛陀多罗传到唐代中国最初的寺院洛阳白马寺，再通过汉译而流传过来的，智升《开元释经录》中有“此经近出，不详何年”，并记载着当时围绕它的真伪之辩。唐华严宗第五祖宗密兼修华严经学与禅学，并将其沉淀于《圆觉经》，著《圆觉经大疏》三卷、《圆觉经大疏释义钞》十三卷和《圆觉经道场修正义》十八卷等多种注释书，此后[1]《圆觉经》广泛流传[2]。

宗密的注疏早在朝鲜流传，但半岛的华严宗主要采用新罗的义湘、元晓等系统，从义天的《新编诸宗教藏总录》之《海东有本言行录》来看，似乎从高丽后期到朝鲜王朝时代，其流传更为显著。

汇集日本平安初期入唐八家请来经书的《诸阿阇梨真言秘密部类总录》（《八家秘录》），与平安后期的《东域传灯目录》无记载。但是镰仓时代，道元于南宋宝庆年间（1225—1227）在天童山师事如乘（又如净），记录这一时期的《宝庆记》（岩波文库，《道元

---

① 关于以中国为首，在朝鲜、日本，《圆觉经》的流传情况，参考《佛书解说大辞典》中的相关书目（会津荣岳执笔）。

② 无学祖元之师无准作周琪的《圆觉经夹送集解讲义》的跋文。

禅师全集》下卷等所收）里，有关于《圆觉经》与《首楞伽经》的内容的问答，如乘追问其真伪，怀疑《首楞伽经》是以前伪撰的，里面没有先代祖师的形迹，《圆觉经》与它的构成、内容酷似，这一问答引人注目。其后，元寇之后不久的弘安五年（1282），执权北条时宗创建圆觉寺，以无学祖元[①]为开山禅师，似乎还举办了“圆觉会”，渐渐流传开来，但在日本，是作为临济宗的一部分保留下来的。

（12）《首楞伽经》（2676），印本两种。

1949年河内太平洋印刷厂刊，中国重抄重印本。被简称为《首楞伽经》的两部经书之中，鸠摩罗什所译的《首楞伽经三昧经》二卷流传于印度，后汉支娄迦识以来，有多种译经。另一种为《大佛顶如来密因修证了义诸菩萨万行首楞伽严经》十卷，基于如来藏思想的禅定，也包含了密教思想，很久以前就已经受到禅宗的重视，但其成立期和内容都有许多疑问，被当作中国撰述的伪经，与（11）所说的《圆觉经》有很密切的关系。宋代以后，随着禅宗的发展而得到传播，明代作为加上“顿悟渐修”这一基础的经典而受到重视。该书在朝鲜也与《圆觉经》一起得到广泛流传，在日本禅宗的诸法会至今仍用“楞严咒”，作为后者卷七的陀罗尼别本而闻名。

继而我们再来看看注疏，与以上伪经相关的有许多，下面说说其流传的情形。

（13）《大方便佛报恩经注义》[②]（2726）印本三种。

1845年海阳省锦江县觉灵寺刊。1856年河内含灵寺刊。中国重抄重印本。有沙门释法专之序。《报恩经》说慈悲博爱之道与父母养

---

① 无学祖元之师无准为周琪的《圆觉经夹颂集解讲义》写跋文。

② 《大方便佛报恩经》七卷（失译），《大正藏》第三卷收录。

育之恩，是与《盂兰盆经》《父母恩重经》等关系密切的孝之经典之一，唐初之后，在亚细亚诸地域流传。

（14）《佛说目莲问戒律中五百轻重事经新疏》[①]印本，1669年，武江县扶朗社永福寺刊。中国重抄重印本。

（15）《高王经注解》[②]（2741），印本。1919年，河内玉山祠刊。中国书重抄重印本。清道光乙巳年（1845），有江宁贴仙、王政治之序，载录若干灵验故事。卷末附录《玉山祠经书藏板目录》，关于这则史料，请参考以下四条。

（16）《大方广圆觉了义经略疏》[③]（2729）印本，中国重抄重印本。有撰者和宗密、裴休之序，含插图。有1883年至灵县安宁社永庆寺所刊的别本（2745），也有颂辞与偈辞等。

（17）《圆觉经近释》[④]二卷（2744），印本两种，传世的有永庆寺无住重印本与至灵县安宁社永庆寺刊本，是明代通润从天台教学的立场出发，加以详细注释之本，易于诵读。

（18）《楞严正脉》[⑤]十卷（2746）印本，有1738年沙门性广序，与1841年补陀寺沙门慧空的再版之序。中国重抄重印本。

（19）《梵纲经合注》[⑥]（2742）印本，1857年，北宁省兴福寺

---

① 《目莲问戒律中五百轻重事》一卷（失译）及别本《——百轻重事》二卷（失译），为大正藏第24卷收录。

② （清）智敬撰录《高王观世音经注译》。《大日本续藏经》第一辑九十三套五所收。

③ 《大正藏》第三九卷所收。

④ 《大日本续藏经》第一辑十六套一册所收。

⑤ 据明代真鉴《首楞严经正脉疏》。《大日本续藏经》第一辑十八套2—5册所收。

⑥ 明代智旭《梵纲经合注》（又称《梵纲经菩萨心地品合注》）为《大日本续藏经》第一辑六十套四册所收。

刊。中国重抄重印本。

吴之智旭作注释，有崇祯十年（1637）的序与跋。发展《华严经》的菩萨戒思想，与《瑜伽师地论》一起，占据着菩萨戒的核心位置，但现在被视为伪经。日本则以新罗太贤的《梵纲经古述记》为首，可读到多种注疏本。

接下来所论述的部分是竹林禅派陈仁宗、法螺、玄光的言行事迹。

○《三祖实录》（2751），1765年安子山怜洞寺刊本，以下有印本四种，汉文书，加有禅宗系谱足迹。

○《大南禅苑传灯集录》（2754），1851年莲尊寺刊，印本一种，汉文书。

以上两种为首，还有《大道源流诸祖大法王传全书》（2756）、《竹林宗旨原声》（2769）、《禅苑集英》（2811）、《禅院传灯录》（2812）等，还有大量禅籍，与孔明空、觉海、徐道行[①]的事迹有关的《三祖演陀罗尼经》（2753）、《大悲忏法》（2847）、《大悲心忏》（2848）、《金刚解厄真经》（2880）、《金刚经因果象注》（2881）等，与密教有关。另有《净土会元》（2885）、《净土日诵》（2886）、《净土晨钟》（2887）、《净土礼忏行愿仪》（2888）、《净土十疑净土或问》（2889）等多与净土教有关的书中，还有以下这一部。

（20）《弥勒度世真经》（2817），印本，1938年河内陈氏长重刊，汉文书。说弥勒佛济度世间的经文，有偈与颂的插图，在其他的

① 关于徐道行的密教僧特征及其传承，参考［日］樱井由躬雄、［日］大西和彦《越南的佛教——以徐道行与佛迹山天福寺为中心》，《连载·东亚佛教》一《何为东亚佛教》，春秋社，1995年。

史料中没有看到这一经名，也许是越南的抄出本，也可能是撰述本。

又，《水陆全集》（2759）、《水陆科略解》（2761）、《蒙山宝台谢过水陆诸科》（2804）、《八关斋法》（2843）、《慈悲道场血盆忏法》（2898）等，与道教有很深关系的水陆会、八关斋和血盆经等混在一起，还记载了以下的伪经，但这与（20）一样，收入“经”类是否合适？

《天地八阳经》（2860）印本，1926年建安陇仙寺刊，中国重抄重印本。

这一经典最初见于唐代圆照的《贞元释经录》[1]，与有类似经名、内容的诸经对比来看，大约成书于8世纪前半叶。据说诵读此经可以让人从出生到死亡万事吉利；殡葬之际诵读的话，可保子孙繁荣，若安置于墓室之内，可保永久安宁。书中还有围绕四神、六甲禁讳、十二诸神等的文言，正如圆照在《贞元录》卷二八的《伪妄乱真录》所指出的，是“阴阳吉凶禳灾除祸之法”。为此，历代大藏经中并没有收录它，但在中野达慧主编的《大日本续藏经》，继而矢吹庆辉氏《大正藏》第八十五卷《古逸部・疑似部》中收录了，此后其存在及其内容就与其他伪经一起广为人知。

单就敦煌写本而言就有近百本，从汉文翻译成回鹘语（古土耳其）、蒙古语、西藏语[2]，也收录了西藏大藏经和蒙古大藏经的译本。另外，在朝鲜，至今仍反复刊行朝鲜文译文与汉文一起的经书，诸如此类，在亚细亚各地早就广泛传播。日本还残存着奈良时代传播

---

① 《大正藏》卷五五。

② ［日］小田寿典《佛说天地八阳神咒经一卷土耳其语翻译的研究》，法藏馆，2010年。

的、正仓院文书所写的记录。平安时代以后，主要是密教系寺院所写的、在修法时诵读的经本[1]。

如上所述，从越南现存佛典及其注疏类，可以清楚地看到中国宋代以后显著的佛道儒三教交融，并与民间信仰交叉重叠的情况，从

① 见拙稿《日本古代对〈天地八阳神咒经〉的接受》，道教文化研究会编：《道教文化展望》，平河出版社，1994年。

朝鲜来看，也有极为类似的倾向[①]，令人瞩目。

---

① 朝鲜11世纪末，以大觉国师义天编撰《新编诸宗教藏总录》为首，16世纪后期以后，做了汇集各地的版本记录的诸种《册板目录》（郑亨恩、尹炳泰编《韩国册板目录总览》韩国精神文化研究院，1979年。同编《韩国的册板目录》全三卷，延世大学校国学研究院、保景文化社，1995年）。关于现存板本、版本与写本的，有韩国国会图书馆司书局参考书志课编《韩国古书综合目录》（1968年），以同样的目录为次序做增订。在此，对全国范围内散见于诸寺院的佛典类板本与版本进行全部调查的有朴相国编的《全国寺刹所藏木板集》（韩国文化财管理局，1987年），据此，对摘要记载如下：

《高王观世音经》（1631年，庆尚道奉佛庵开刊，以下四种）；

《佛说广本太岁经》（1635年，太仁龙藏寺开刊，以下三种），诸种伪经与陀罗尼合订本；

《楞伽经》（1372年，安城青龙寺开刊，以下十五种）；

《大悲心陀罗尼》（1484年，公山圆通庵开板，以下七种）；

《大目莲经》（1536年，全罗道烟起寺开刊，以下六种）；

《大方广圆觉修多罗了义经》（1570年，全罗道安心寺重刊，以下十种）；

《大报父母恩重经》（1443年，全罗道华岩寺开板，以下四十一种）；

《梵纲经卢舍那佛说菩萨心地戒品》（1688年，全罗道屏风庵开板，以下四种）；

《水陆无遮平等斋仪撮要》（1514年，全罗道顺天府大光寺开板，以下十九种）；

《佛说预修十王生七经》（1454年，平安道平壤府天明寺开板，以下七种）。同《斋仪纂要》（1566年，平安道成川、灵泉开板，安国寺留镇，以下七种）；

《天地冥陆水陆杂文》（1571年，全罗道无为寺开板，以下三种）；

《天地冥阳水陆斋仪纂要》（1538年，庆尚道安东、广兴寺开刊，以下十五种）；

《天地八阳神咒经》（1657年，长兴天冠寺开板，以下十一种）；

又，拙稿《朝鲜道佛二教与巫俗的交涉》（《东京成德大学纪要》五号，1998年），同《朝鲜北斗信仰与所依经典》（《丰田短期大学研究纪要》四号，1994年）等有若干言及。关于这一问题，预计对近稿再做考察。

五、道经、劝善书的刊行与玉山祠

《越南汉喃文献目录提要》中的“道教与俗信”这一部分里“佛教”的多达78部，虽著录了392部，其细目如下所示：

	汉文书	喃文书	中国重抄重印本	合计
道教（经）	24	6	24	54
降笔文	45	69	50	164
神敕	26			26
其他	97	25	26	148

其中，明代《道藏》与清代《道藏辑要》、近年的《藏外道书》等佛教经典收载的，《太上老君清净经》（2949、2986）、《太上妙始经》（2950）、《妙武真经》（由《元始天尊说北方镇武妙经》与《镇武灵应护世消灾灭罪宝忏》组成）（2953）、《太阳太阴星君圣经》（2987）、《玉皇骨髓真经》（2990）、《玉皇本行经》（2991）、《南北斗经》（2992）、《洞真太上素灵洞元大有妙经》（2993）、《真武妙经附救劫宝章》（2995）、《高上玉皇普度尊经》（2996）、《黄庭真经》（《上清黄庭外景经》中附有《阴符经注》）（3000、3001）等。“其他”部里有《钦天解厄经》（3255、3261）、《龙王真经》（3271）、《玉枢宝经》（3316）、《玉皇经》（3317）等，止于一部。

其中占多数的，是以下所说的善书。

《阴骘文》（2961），又称《文昌帝君阴骘文》（2980），还有其注解《阴骘文注》（2962），同《注证》（2997），同

《诗笺》（2998）、喃字译本《阴骘国语》（2975）、《太上感应篇》（2981）及其注释《太上感应篇赘言》（2982）、同《集注》（2983）、同《说定》（2985）、同《图说》（2969、2984），以喃字译本的《太上感应篇金音》为首，有同《解音》（2972）、同《诵式》（2973）、同《演国音》（2976）、同《解音》（2977）等。

数量尤其多的是与关圣帝君和文昌帝君相关的，前者从明王朝开始就尊奉关圣帝君这一尊号，假托三国时代蜀国关羽的《关圣帝君警世文》（3111）以下，有《关圣帝君救劫劝世宝训演音》（3112）、《关帝宝君象注》（3111）、《关圣帝君觉世真言》（3156）、《关帝明圣经》（3157）等十二部。

后者文昌帝君是司学问与科举的神，尤其在宋代以后，随着官吏录用考试科举，在知识阶层中被广泛信仰。《文帝全书》五十卷（3122）、《文昌帝君孝经》（3119）、《文昌帝君孝经正文》（3120）、《文昌帝君养性文》（3123）等达十部。

其他的，有假托为全真教宗祖，进行据文字占卜、与扶乩也有很深关系的仙人吕洞宾的《吕祖师君世文》（3140）等三部，有奉劝实践道德的、揭示善行（功）与恶行（过）基准的《校订功过格辑编》（3147）等多方面的书。

这样的善书也称劝善书，奉劝所有阶层、所有年龄的人，不分男女，都实践道德的生活，反映了宋代以后显著的三教一致的倾向[①]。

① 关于主要的善书的形成过程及其思想、普及等情况，见［日］酒井忠夫《中国善书之研究》《酒井忠夫著作集》（第一、二卷），弘文堂，1960年，国书刊行会，1999、2000年。

越南和朝鲜一样，近代以前书肆并不发达，这样的典籍刊行，依靠信者供奉亲族与祖先、禳灾招福时祈祷，或通过其他各种各样的机会而捐献净财，用新的版木（刊印经书），新刻其中的刊记部分，也有增印某些部分的，无偿送给亲友或熟人。

《越南汉喃文献目录提要》著录的典籍多是从17世纪到20世纪刊行的经书，中国重抄重印本和喃字译本不在少数。

佛书是用各地寺院所藏版木施印的，道书则是在河内市现存的镇武观等，玄真观、玄武观等道观，还有像关圣庙、三圣庙那样的祠庙，像劝善坛、乐宣善坛，或曰文山堂、松善堂那样的堂坛等各种各样的地方印行的。其中，仅从刊记可知，玉山祠（堂）有超出五十种藏版，远多于其他地方。

玉山祠是设置于河内市中心的还剑湖中被称为玉山的小岛上的祠庙，自古以来就是著名的风景胜地。今架桥通行，祀文昌帝君、关帝、吕祖，与叫作翁童的越南灵媒，还合祀陈朝名将陈兴道（国峻）①。

越南社会科学委员会编撰的《越南碑文选集》②中载《玉山帝君祠记》与《重修文昌帝君碑记》，据此还不能明确其起源，19世纪初，阮朝成立之前，玉山已经建立了关帝庙，但嘉庆年间（1802—1820）荒废了。河西省东北部蕊溪社一位叫信斋的老翁修筑，绍治二年（1842），由考取科举者组织而成的向善会捐款赠筑了祀文昌帝君的殿舍。

---

① 关于玉山祠，参考［日］大西和彦《玉山祠》，《道教事典》，平河出版社，1994年。

② 越南社会科学委员会编《河内碑文选集》（第二卷），1978年。

关于玉山祠的出版情况，如前所述，据道书和佛书的刊记，以及下面两种藏版目录，可知其概要。其一是题为《各寺经版玉山善书略抄目录》（1991）的写本，书写年代不详[①]，是按各省各寺来整理的诸寺与玉山祠的藏版，达到二十张四十页，作为说明越南宗教文化具体情况的史料而备受重视。

另一目录为1919年重刻的《高王经注解》（2741）卷末所附的《玉山祠经书藏板目录》，有四张那么多，载录道经与《文帝全书》《关圣经》和《吕祖全书》等大量善书和医书，列举了两百余部。作为传达着玉山祠具有丰富的财力、人力支撑的出版情况的史料，也是很贵重的。

六、结　语

越南的宗教在长达一千年的北属期之后受到中国方方面面的影响，尤其是宋代以后，佛道儒三教一致与民间信仰的交叉融合，在其基本特征的形成上起着很大的作用。

几经战火而现存于首都河内的汉文与喃文宗教文献之中，有大量反映这一倾向的伪经和善书，这是与越南宗教本质相关的问题。其内容与敦煌及朝鲜、日本等中国周边诸地区类似的地方不少，尤其引人注目的是其与朝鲜的共通点很多。加上它们分别与中国的东端、南

---

① 该书的第九页面里的第一行有“乙未年玉山善书薄”，附载《玉山祠经书藏板目录》的版本《高王经注解》是1919年重刊本，较之更早的“乙未年”，是1895年或更早的1835年。又，久野芳隆氏在第二次世界大战中执笔而成的《安南的佛教》（参考前面第一部分的第一条注释）对该书的内容已经做了介绍。

端接壤的地理位置长期的、持续的政治支配与外交等的密切关系，也是一大原因。此外，由于各种各样的地域原因，符水师与童骨、圣母道或巫俗等重合交融，使越南形成了独特的宗教文化。这次所介绍的诸多史料，是可以说明越南宗教的历史展开的具体情况的资料，就个别内容做进一步的详细分析是很有必要的。

越南诗歌总集的中国藏本：黄德良《摘艳集》考论

刘玉珺[1]

《摘艳集》，又名《摘艳诗集》，是越南黎朝诗人黄德良所编撰的一部诗歌总集，也是现存的、继《越音诗集》之后的第二部越南古代汉诗总集，其文献价值不言而喻。此书未见有刊本行世，目前仅发现有两个抄本流传于世：一个为越南汉喃研究院所藏的VHv.2573号抄本（下文简称“越南本”），另一个为浙江图书馆所藏的清抄本，原为嘉业堂藏书（下文简称“浙图本”）。2003年，笔者借阅到了越南汉喃研究院所藏的VHv.2573号抄本复印件。2004年、2013年、2015年笔者三度赴杭州，从浙江图书馆借阅原嘉业堂所藏的旧抄本，三次阅览虽前后跨越十余年，但是得以将《摘艳集》进行一次较为全面的研究。本文拟从编者与序跋者相关事迹、流传递藏、版本差异、文献价值等角度，对其进行一番考论。

---

① 作者单位：西南交通大学人文学院、越南研究中心。文原刊《域外汉籍研究集刊》第12辑，今修订了原文的表格错误和部分叙述。

一、编者与跋文作者

关于黄德良的生平资料极少，生卒年无考。《全越诗录》卷一四记载他的生平曰：“嘉林午桥人，洪德戊戌科正进士。历参议，奉使。”[①]《鼎锲大越历朝登科录》卷一记载戊戌洪德九年（1483）赐进士六十二名，赐第二甲进士出身九名，黄德良位居第二甲九名进士之中，并记录其生平曰：“嘉林午捄人，原籍九皋社，奉使，仕至户部左侍郎。”[②]这两条记录都明确记载黄德良为嘉林人，中第的时间为洪德九年，即1483年，而且越南本《摘艳集》的黄德良自序落款为“洪德二十八戊戌科进士花郎参议黄德良序”、浙图本落款为“大明成化十九年春戊戌科进士海阳承政使司参议茂林郎嘉林黄德良序”，均可左证。据《皇越地舆志》的记载，嘉林县隶属北宁省顺安府，辖十总七十八社[③]。《大南一统志》（嗣德）却记载嘉林县曰：“在分府西北二十里，东西距二十九里，南北距二十一里，南至文江县界十六里，北至慈山东岸县界五里。李为嘉林郡，后为县，属明隶北江府，黎光顺改隶。本朝嘉隆初因之，明命十三年柝为分府统辖，领总十，社村八十八。”[④]可见，历史上的嘉林县所隶、所辖都有一

---

① ［越］黎贵惇编《全越诗录》卷十四，越南汉喃研究院所藏A.1262/4、A.132/2号抄本。

② ［越］武𣙩等编《鼎锲大越历朝登科录》卷一，越南国家图书馆所藏R.114号抄本。

③ ［越］佚名《皇越地舆志》卷一，越南明命十四年（1833）刻本。

④ ［越］阮朝国史馆编《大南一统志》（嗣德）卷三十八，越南汉喃研究院所藏A.69/1—12号抄本。

些变化，管辖的村社众多，各类地舆志又往往没有关于具体村社的记载，“午桥”与“午捄”孰是孰非，抑或是地名有所更改，难以确定，但黄德良是北宁嘉林县人却是毫无疑问的。

关于黄德良的职官，从上文的记录可知他曾任海阳承政使司参议，仕至户部左侍郎。黄德良出使中国一事，见载于明李文凤《越峤书》一书，其卷六记载弘治元年（1488）曰：“冬十二月，思遣其伪东阁授书覃文礼、王克迈、范勉麟，伪监察御史黄伯阳来贺，校理宋福临来进香，黄德良来谢。”①对此，《大越史记全书》也有相应的记载：“十二月十一日，遣使如明，覃文礼、王克述、范勉麟贺即位，黄伯阳奏占城地方并绥阜地方，宋福林进香，黄德良谢赐彩币。”②二书记录的人名有些出入，关于越南遣黄德良来谢的记录却是一致的。《大越史记全书》指出黄德良“来谢”是因明朝赐安南国王彩币一事。《越峤书》卷一六收录了安南国王于弘治元年（1488）十二月二十二日所上的《谢赐彩币表》，从中可以更详细地了解此事的来龙去脉，详见如下：

> 安南国王臣黎灏诚惶诚恐、稽首顿首上言：弘治元年十一月二十日，伏睹天使正使翰林院侍讲刘戬、副使刑科给事中吕献，赍到敕书一道，颁赐臣彩币。臣已祇拜，受讫，谨奉表称谢者。伏以邃筵瑞拱，鼎新辑瑞之朝；彩色彰施，贲及析圭之

---

① （明）李文凤《越峤书》卷六，《四库全书存目丛书》史部第163册，济南：齐鲁书社1996年影印北京大学图书馆藏明蓝格钞本。

② ［越］吴士连等著，陈荆和校合《大越史记全书》（中）本纪卷十三，东京：东京大学东洋文化研究所1985年，第733页。

壤。仰惟覆冒，深感裁成。恭惟皇帝陛下，纯粹体元、缉熙敬德。纂圣继神传之绪，历服无疆；弘东渐西被之仁，幅员有截。几席红云之下，均陶化日之中。臣幸际明昌，叨蒙粉饬。春秋一统，方来喜属于绵旒；天子万年，岁聘惟恭于奉币。臣下情云云。所有钦进方物另具本，差陪臣黄德良赍捧赴京外，谨奉表称谢以闻。[①]

从上文的考述来看，黄德良是一位经过科举考试选拔的越南优秀知识分子，因而他具有良好的汉文化修养，能够以谢恩使的身份出使明朝。关于黄德良的文学成就，数种典籍都评价他喜欢诗歌，创作颇受唐诗的影响，并编撰了诗歌总集《摘艳集》十五卷，如：

酷好诗学，矩步有唐，词章清丽，情景兼到。曾集陈时与国初诸名家诗，为《摘艳诗集》十五卷。[②]

嗜诗，矩度有唐音，常集陈朝与黎初诸家名诗为《摘艳集》十五卷[③]。

黄德良的诗作流传下来的数量不多，见载于《摘艳集》《全越诗录》《皇越诗选》等诗歌总集。其中《全越诗录》收录其诗最多，

---

① （明）李文凤《越峤书》卷十六，《四库全书存目丛书》史部第163册，济南：齐鲁书社1996年影印北京大学图书馆藏明蓝格钞本。

② ［越］黎贵惇编《全越诗录》卷十四，越南汉喃研究院所藏A.1262/4、A.132/2号抄本。

③ ［越］阮朝国史馆编《大南一统志》（嗣德），越南汉喃研究院所藏A.69/1—12号抄本。

卷一四收录了他的五首古体诗：即《道上》《村居》《游佛迹山天福寺》《安庆晓寒》《春日睡觉偶成》，还有二十首近体诗，分别为：《树下观书》《村居》《蟋蟀》《长信宫》《风雨夜》《题野寺》《游敬主山寺》《舟过求官江》《冬兴》《自嘲》《坡垒驿阻留漫成》《杨子江闲步》《病比丘尼》《秋江送别》《客中》《黄塘夜泊》《题采石谪仙楼》《题淮阴庙》《歌风台》《晓立偶成》。这个统计数字乃据《全越诗录》原文所计，实际上存在着将二首绝句误作一首律诗的情况，下文将详谈，此处不赘述。黄德良的诗作遗存的数量较少，从这些作品的艺术风格来看，他学习唐诗的表现远不如同时代的蔡顺等诗人突出[①]，不过总体上仍然不难发现他学习唐代诗歌的痕迹。试看这首《游佛迹山天福寺》："檐下枕石眠，树老秋阴薄。无人梦忽惊，空庭山叶落。"是诗揉合化用了方棫"午醉醒来晚，无人梦自惊"（《失题》，一作陈叔宝诗）与李颀"空庭叶落乍开合"（《爱敬寺古藤歌》）的诗意。

浙图本有一篇题为 "安南国翰林院侍讲学士延河黎贵惇"所作的跋文。案，黎贵惇乃越南黎朝著名的学者，字允厚，号桂堂，山南下镇延河县人，黎裕宗保泰七年（1726）出生于一个士大夫家庭。据《大越史记全书》的记载，黎贵惇于景兴十三年（1752）中第，廷试获赐第一甲进士及第第二名，而且他"自乡举至庭试皆第一"[②]，卒

① 刘玉珺《越南诗人蔡顺及〈吕塘遗稿诗集〉考论》，《外国文学评论》2013年第4期，第26—39页。

② ［越］吴士连等著，陈荆和校合《大越史记全书》（下）续编卷四，东京：东京大学东洋文化研究所，1986年，第1135页。

于景兴四十五年（1784），赐谥文忠[①]。黎贵惇可以说是越南18世纪最出色的学者，他在文学、史学、哲学等领域都曾取得过非常辉煌的成就。目前在法国巴黎各收藏机构与位于越南河内的汉喃研究院藏书中，就有近二十种题为黎贵惇所作，并且范围涉及经、史、子、集四部，此外《历朝宪章类志·文籍志》卷四二、卷四三还确切记载其暂未见有传本的典籍五种[②]。越南学者曾评价他为“越南封建社会时代最大的博学家”，“是唯一掌握了18世纪越南社会可能有的各种知识的学者”[③]，并有过“越南王安石”的美誉。对此，《登科录搜讲》记载黎贵惇云：

> 世传公未登第时，有旧进士公语人曰：“我国数年后有王安石入相，更张法度。”后公入相，颇有更张，时人以为安石身后，未知信否。我国有奉使还者，诸人曾问得见乾隆皇帝否，使公言：“乾隆皇帝亦无异北国客人，但我桂堂公日秃八分，而乾隆皇帝则十分耳。”盖公号桂堂，而目清秃大，异常人也。公天文地理无所不精，常作天文书、地理精言书、民政书。[④]

---

① 刘玉珺《“越南王安石”——黎贵惇》，《古典文学知识》2010年第2期，第96—104页。

② ［越］潘辉注《历朝宪章类志·文籍志》，西贡：越南教育文化部1974年翻译版附影印原文，第21b—101b页。

③ ［越］文新《黎贵惇生平及事业》，《黎贵惇全集》前言，河内：越南社会科学出版社，1977年。

④ ［越］佚名《登科录搜讲》，越南国家图书馆所藏R.21号抄本。

对于中越的文化与学术交流来说，黎贵惇一生中最重要的事件莫过于他历经三年出使清朝的宝贵经历。《大越史记全书》续编记载清乾隆二十四年（1759），“遣正使陈辉淧、副使黎贵惇、郑春澍，如清岁贡，附告懿宗哀”[①]。《钦定越史通鉴纲目》正编则记载黎显宗景兴二十一年（1760），“初帝遣陈辉宓、黎贵惇等如清岁贡，并附告懿宗丧”[②]。关于黎贵惇出使的确切时间，黎氏本人所撰写的《北使通录》其实有详细的说明，《北使通录》题辞云：“自乾隆戊寅冬奉命，己卯治行，庚辰春渡关，辛巳竣事南归，壬午春到国。”[③]乾隆戊寅、己卯、庚辰、辛巳、壬午年，即分别为公元1758年至1762年。所以关于黎贵惇的出使时间，《大越史记全书》续编记载的是治行之年，而《钦定越史通鉴纲目》正编则以使团正式启关北上为出使的正式时间。

二、《摘艳集》的流传与递藏

浙图本黎贵惇所作的跋文曰：“黄公德良所编《摘艳集》十五卷，今存者仅六卷，未能得其半。且卷尾亦无公诗，残编也。噫！使迟之又久，再数百年，斯六卷之逸响遗音，未知尚能存于天地间否？后人感慨，更当何如？”可见《摘艳集》原共十五卷，潘辉注《历朝

---

① ［越］吴士连等著，陈荆和校合《大越史记全书》（下）续编卷四，东京：东京大学东洋文化研究所，1986年，第1148页。

② ［越］潘清简《钦定越史通鉴纲目》正编卷四十二，越南建福元年（1884）刻本。

③ ［越］黎贵惇《北使通录》卷一，《越南汉文燕行文献集成（越南所藏编）》第四册，上海：复旦大学出版社，2010年，第10页。

宪章类志》亦记载有《摘艳诗集》十五卷，并曰：“黄德良撰辑，陈时及国初名公诸诗。”[①]现越南本与浙图本均为六卷本。虽然现存的两种《摘艳集》均为残编，通过书前的黄德良序，仍然可以较为清晰地把握住黄德良的编辑意图和了解书籍的原貌概况，其序曰：

诗不尽传于世有以也。古人于诗有以鲙炙喻之，有以锦绣喻之。鲙炙天下之绝味，锦绣天下之绝色，凡有口眼者，皆知贵重，不轻屑越。至如诗者，乃色外之色、味外之味，不可以常目视、以常口尝，诗人为能睹而甘之，此诗之不尽传于世者，一也。自李陈建国以来，素称文献，骚人才子，各挟所能，以鸣于世，岂无其人？然而名儒巨卿居馆阁者，或以事繁不暇乎编集；其官散职卑及困于场屋者，皆后其事，此诗之不传于世者，二也。其间或有好事者，又病于任重力弱，率皆半涂，此诗之不尽传于世者，三也。李陈之书籍见行于世者，惟禅家事为多，岂崇儒不如禅之深哉？盖禅家无禁，故书得锓梓，以寿其传，若诗文未经得旨，不敢刊行，此诗之不传于世者，四也。夫以四者所拘，历三代之久，虽金石之器，鬼为之呵，神为之护，犹散落沦没，况遗稿薄缊在箧笥之下、经兵火之余，而能保其无隐乎？德良学诗，惟唐之百家，至若李陈之时，无所考证。其或得一联半句于残编败壁者，往往抚卷兴叹！窃追咎当时之贤者，呜呼！岂有文献之邦，建国已数千年无卷可征，而反追诵于唐时诗家，岂不闵哉！以故过不自量，

① ［越］潘辉注《历朝宪章类志》卷四三《文籍志》，西贡：越南教育文化部1974年翻译版附影印原文，第53a页。

忘其无征不信之嫌，略任重力弱之病，旁搜广访，其所得者乃千百中之一二。仍博采在朝诸公，择其粹者分类于编撰十五卷，名“摘艳”。逐卷之末，窃附以拙作，用为家庭训，且待文衡之好事者，或广其传，庶免后人之咎今，犹今之咎昔者。（浙图本）

这段序文分析了越南早期诗作散佚严重的四个原因，又感叹学诗唯有学唐之百家，而极少能见到本国李陈汉诗，黄德良遂萌以一己之力广泛搜集李陈逸诗之心愿，并博采黎朝诸名家之诗，按类分为十五卷，每卷之末附有自己的作品。现存的六卷本《摘艳集》确按文体进行分类，卷一为五言绝句，卷二至卷六为七言绝句，律诗全部阙失，并且除卷一、卷六末附有黄德良自己的作品，其余四卷均未见。

越南本名《摘艳诗集》，列有作者姓名、目录和黄德良序，无跋，最后一卷末题“校订吴玉玗”。越南汉喃研究院所藏的书籍中，除了《摘艳诗集》之外，还有《阮长祚条陈》《裕庵吟录》《裕庵文集》《瑞芳神祠》五部书与吴玉玗有关。其中《阮长祚条陈》由越南中央科学书院邓春稳、杜孟函抄录，吴玉玗校订；《裕庵吟录》由邓维稳抄于1963年，吴玉玗校正；《裕庵文集》的增录补遗作品由杜陈饬、邓维稳抄录，吴玉玗校订；《瑞芳神祠》由杜辉曾抄，吴玉玗审阅。可见，吴玉玗为越南当代学者，而且除《裕庵文集》之外，凡是题有吴玉玗之名的书籍，编号均为VHv开头，即越南汉喃研究院较为晚近的收藏文献。《裕庵文集》以A编号，为原来法国远东学院的藏书，但是这部书也仅仅只有增录补遗之作由吴玉玗校订。由此，我们可以断定，越南本《摘艳诗集》抄写的时间较晚。

浙图本名《摘艳集》，无目录，有黄德良序、黎贵惇跋。缪荃孙曾经为此本写过解题，曰：

> 明黄德良编。德良安南国嘉林人，成化戊戌进士，官海阳承政使司参议。此集所选皆安南名儒巨卿之作。原书十五卷，今存者仅六卷。首有成化十九年自序，末有乾隆二十七年安南国翰林院侍讲学士延河梨贵惇手跋云：黄公德良所编《摘艳集》十五卷，今存者仅六卷，未能得其半，且卷尾亦无公诗，此残编也。使迟之又久，再数百年，斯六卷之逸响遗音，未知尚能存于天地间否？是此集在昔已缺如矣。有“宛平查氏藏书印”朱文方印，“仁和朱复庐校藏书籍”朱文方印。[①]

经查看此书乃旧乌丝栏行楷抄本，序文第一页另钤有“吴兴刘氏嘉业堂藏书记”“于斯堂印”白文方印，正文第一页钤有“浙江省立图书馆藏书印”“宛平查氏藏印”朱文方印。在正文末、跋文前也钤有“宛平查氏藏书印”朱文方印。这些藏书印为我们研究浙图本《摘艳集》的来源、递藏提供了非常重要的线索。

在这些藏书印中，“宛平查氏藏书印”乃清代藏书家查礼（1716—1783）的藏书印。查礼原名为礼，又名学礼，字恂叔，号俭堂，别号铁桥。《清史稿》有其传曰：

> 查礼，字恂叔，顺天宛平人。少劬学。乾隆元年，应博学鸿词科，报罢。入赀授户部主事，拣发广西，补庆远同知。

① 缪荃孙、吴昌绶、董康撰，吴格点校《嘉业堂藏书志》卷四，上海：复旦大学出版社，1997年，第1174页。

举卓异，上命督抚举堪任知府者。巡抚定长、李锡秦先后以礼荐。十八年，擢太平知府，母忧去。服阕，补四川宁远。三十三年，擢川北道。三十四年，调松茂道，小金川用兵，总督阿尔泰檄礼治饷；将军温福师进巴朗阿，大营以礼从，令修建汶川桃关索桥，逾月工竟，上嘉之，命专司督运西路粮饷。……四十一年，金川平，礼留办兵屯，拊循降番，叙功，赐孔雀翎。……四十三年，玛克苏尔衮布病死，上责礼失抚驭番夷之道。四十四年，擢按察使。瞻对番劫里塘热砦喇嘛寺，礼往按，得盗，置于法。四十五年，迁布政使。寻擢湖南巡抚。入觐，四十六年，卒于京师。子淳，大理寺少卿。[①]

从《清史稿》的记述来看，作为封疆大臣，查礼的一生主要从事军政事务，但是他擅长诗文写作，在书画、篆刻、藏书等方面均有所长，因而有“戎马书生”之称。查礼现有《铜鼓书堂遗稿》三十二卷、《铜鼓书堂藏印》四卷、《恂叔随笔》一卷、《榕巢词话》三卷，以及他所辑录的唱和诗《沽上题襟集》八卷等流传于世。据《清史稿·艺文志》的记载，查礼还编撰有《画梅题跋》一卷、《查氏一门烈女编》一卷[②]。

关于查礼的图书收藏，则须从其父兄查日乾、查为仁所建的水西庄谈起。袁枚《随园诗话》曾云：

---

① （民国）赵尔巽等《清史稿》卷三百三十二，北京：中华书局，1977年，第10962—10693页。

② （民国）赵尔巽等《清史稿》卷一百四十七、一百四十八，第 4353、4414页。

> 升平日久，海内殷富，商人士大夫慕古人顾阿瑛、徐良夫之风，蓄积书史，广开坛坫。扬州有马氏秋玉之玲珑山馆，天津有查氏心谷之水西庄，杭州有赵氏公千之小山堂、吴氏尺凫之瓶花斋，名流宴咏，殆无虚日。许佩璜刺史赠查云：“庇人孙北海，置驿郑甫阳。”其豪可想。①

查心谷即查礼之长兄查为仁，水西庄由查日乾始建于清雍正元年（1723），查礼与其兄查为仁、查为义同为水西庄的第二代主人。查礼之子查淳曾这样描述他的父亲：“查氏世居京师，而别业在天津，世所称水西庄是也。府君读书其中，兄弟互相砥砺，藏书累数万卷，江南胜友麇至如归，尊酒倡和，殆无虚日，故府君平生所作，于诗尤多。”②水西庄中曾广蓄文物图书，为了收藏书籍，查礼的妻子还曾支持他典衣购书。乾隆七年（1742）秋，有书商携大批书籍至水西庄，查礼欲购无资，其妻李钦说：“三冬尚远，衫褥犹可典，异书一去不复得，盍质金与之？”③查妻对他藏书事业的支持是不遗余力的。

另一白文方印“于斯堂印”亦是查氏之印。查日乾因业盐而成

---

①（清）袁枚著，顾学颉校点《随园诗话》卷三，北京：人民文学出版社，1982年，第92页。

②（清）查淳《铜鼓书堂遗稿》后序，见《铜鼓书堂遗稿》，《续修四库全书》1431册，上海：上海古籍出版社2002年影印清乾隆查淳刻本。

③（清）查礼《铜鼓书堂遗稿》卷三十一《亡妻李安人行略》，《续修四库全书》1431册，上海：上海古籍出版社2002年影印清乾隆查淳刻本，第227页。

为天津长芦盐运的巨富后，在东门里建宅第“于斯堂”。水西庄建成后，分为东西两堂的于斯堂则成了演出歌舞、和诗作画的地方。

从书上的“宛平查氏藏书印”“于斯堂印”可知，《摘艳集》曾是查氏家族万卷藏书中的一种，那么这部越南汉诗总集是如何传入中国，并又流传至查礼手中呢？

《摘艳集》的跋文为我们提供了一条非常宝贵的线索。黎贵惇的跋文落款云：“大清乾隆二十七年（1762）春正月人日安南国翰林院侍讲学士延河黎贵惇跋于广西太平府斤江舟次”，也就是说黎贵惇的跋文写于他出使中国经广西太平府的行船途中。广西太平府是清代越南使臣出使中国的必经之地，乾隆二十一年（1756）夏六月，查礼任太平府知府，他在《丽江书院记》中曰：

> 余以乾隆丙子夏六月来守是郡，目击其衰，不禁喟然兴叹。明经王模郡之，有齿德士也。前请余曰：“太平人士不被文翁之化，自辟土以来，安于荒陋而不迁，盖八百年于兹矣。”①

黎贵惇入清时，查礼仍在任上，并曾启镇南关纳贡。其《启镇南关纳安南国贡使》四首序曰：

> 乾隆己卯岁为安南职贡之期，闰六月安南国王黎维祎薨

① （清）查礼《铜鼓书堂遗稿》卷二九《丽江书院记》，《续修四库全书》1431册，上海：上海古籍出版社2002年影印清乾隆查淳刻本，第207—208页。

逝，王侄黎维褍暂权国政，陈乞告哀，与款贡并举。兹于庚辰二月二十五日，遣陪臣刑部侍郎陈辉淧爱春、翰林院侍讲黎贵惇允厚、翰林院侍制郑春澍作霖，奉表仪至关待命，爰启关纳之，作此纪事。[①]

黎、查二人曾相会于乾隆庚辰年，即1760年。浙图本《摘艳集》黎贵惇跋文作于1762年，显然黎氏是在返回越南再次途经太平府时而作，而黎贵惇和查礼的著作中都记载了是年正月二人再次相会于太平府。黎贵惇《北使通录》记载这一年正月初七日，即黎贵惇为《摘艳集》作跋文的这一天，曰：

令寄帖于道官查礼曰："榕巢之约，连日耿然，渴想台光，难对春风。未审来日，可能一候颜色否？"伊即帖报云："连日倥偬，榕巢小刁，谨于谷日，正在折柬相邀，适华翰至，甚契我心也。即此取订，余俟面谈可耳。"[②]

据查礼《铜鼓书堂遗稿》卷十五的记载，查礼与黎贵惇第二天就相会于榕巢，云："正月八日，招安南贡臣陈爱春侍郎、黎允厚侍讲集榕巢小饮，分韵得八庚。"此后，查礼与黎贵惇还有外交往来，同卷《铜鼓书堂遗稿》又云："正月二十八日，启镇南关，送安南贡臣陈

① （清）查礼《铜鼓书堂遗稿》卷十四，《续修四库全书》1431册，上海：上海古籍出版社2002年影印清乾隆查淳刻本，第106页。

② ［越］黎贵惇《北使通录》卷四，《越南汉文燕行文献集成（越南所藏编）》第四册，上海：复旦大学出版社，2010年，第357页。

爱春侍郎、黎允厚侍讲、郑作霖待制回国。”[①]虽然黎、查二人的著述都未直接提到《摘艳集》，但基于二人如此密切的交往，并综合上文所述，我们完全可以断定，《摘艳集》确由越南使臣黎贵惇携带入清，并被时任广西太平府知府的藏书家查礼迻录收藏。

“仁和朱复庐校藏书籍”是结一庐主人朱学勤（1823—1875）之子朱澄（？—1890）的藏书印，朱澄亦好聚书，与父亲同编有家藏书目《结一庐书目》四卷、《别本结一庐书目》《复庐书目》等。朱学勤父子去世后，结一庐尚存遗籍八十柜，售与朱学勤的女婿张佩纶，《结一庐剩余丛书》之版片则归刘氏嘉业堂。《摘艳集》当是与《结一庐剩余丛书》之版片一同归之于嘉业堂。

综上，浙图本《摘艳集》有一个非常清晰的递藏次序：查礼水西庄→朱澄结一庐→刘承干嘉业堂→浙江图书馆。

三、两种版本的差异

需要特别指出，我们今天看到的浙图本并非越南原抄本，而是查礼或是请人过录之本。首先，此本的序文落款“大明成化十九年春戊戌科进士”、跋文落款“大清乾隆二十七年春正月人日安南国翰林院侍讲学士”，均是中国人的习惯与口吻。其次，其纸张和抄写也与现存的越南古籍大不相同，却与中国同时期的古籍相若。再次，此抄本中的“柲”“弘”“暦”均缺末笔，显然是为了避康熙、乾隆的名讳。相反，现存的越南本，将“种”抄作“植”、“时”抄作

① （清）查礼《铜鼓书堂遗稿》卷十五，《续修四库全书》1431册，上海：上海古籍出版社2002年影印清乾隆查淳刻本，第113页。

"辰"，这是为了避越南阮朝嘉隆、嗣德两位皇帝之讳；将"听"抄作"咱"，这是越南抄本常见的俗字。

将两种版本进行比勘，可以发现二者差别较大。浙图本总体而言，所著录的诗歌数量要多于越南本。兹将两种版本所收录诗歌篇目的异同列表如下：

表3-1

卷次	作者	诗歌	浙图本	越南本	卷次	作者	诗歌	浙图本	越南本
卷一	阮忠彦	即事	有	有	卷四	阮鷹	杜舍秋砧	有	无
		湘中即事	有	有			寨头春渡	有	有
		登杨州城	有	有			暮云即事	有	有
	陈廷琛	题秋江送别图	有	有			晚立	有	有
	陈元旦	题玄天观	有	有			题南华禅房	有	有
	僧法螺	入俗恋青山	选录其一	选录其二			韶州即事	有	有
	僧玄光	午睡	有	无			靖安晚立	有	有
	阮飞卿	化城晨钟	有	无			题山鸟呼图	有	有
		黄江夜雨	有	无			春暮	有	有
	黎景询	元日江驿	有	无		黎少颖	宫词	有	无
		元日	有	无			山寺	有	有
		蒙里驿偶成	有	无			冬日偶成	有	有
	阮永锡	漫兴	有	无			辞家	有	有
		怀泽驿舟中作	有	无			苞山兰	有	有
	黎少颖	春咏	有	无			冬夜叹	有	有

卷一	黎少颖	礼悌山寺	有	无	卷四	黎少颖	避乱怀乡	有	有
		古意	有	无		黎叔显	春日感怀	有	有
		重游凤凰寺	有	无			题四皓庙	有	有
	阮彭	山寺老僧	有	无			梅	有	有
	王师霸	砖庭莎	有	无		阮廷美	池口晚泊	有	有
	尹衡	鹭	有	无		阮直	偶成	有	有
		针	有	无			题赵妃临池图	有	有
	蔡顺	黄江即事	有	无			丙戌偶成	有	有
		闷江即事	有	无		阮如堵	春日即事	有	有
		龙眼果	有	无		陈侃	秋雨忆故人	有	有
	符叔宏	古意	有	有			早梅	有	有
		野行	有	有			安乐庵吟	有	有
	冯硕	题鸣雁图	有	有			不如意	有	有
	黎苏	醉后偶成	有	有		王师霸	秋日重游山寺	有	有
		冬节即兴	有	有			春	有	有
		书堂即事	有	有			自嘲	有	有
	阮夏蕙	采莲曲二首	有	有			扑满	有	无
	黄德良	树下观书	有	有			嵋山听子规	有	有
		春日睡觉偶成	有	有			秋晓	有	有
		道上	有	有			秋夜	有	有
		树居二首	有	有		尹衡	题陶弘景听松风图	有	有
		蟋蟀	有	有			题食雁图	有	有
		长信宫二首	有	有			萤	有	有
		风雨夜	有	有			苔庭	有	有

卷一	黄德良	题野寺	有	有	卷四	陈景	宁江夜泛	有	有
		游敬主山寺	有	有			送黎公能让	有	有
		舟过捄官江	有	有			寄友人	有	有
		游佛迹山天福寺二首	有	仅录其二			寄汧侍郎仁寿	有	无
		冬兴	有	有			珠桥夜泊	有	有
		自嘲	有	有			识得	有	有
		坡垒驿阻留漫成	有	有			和南华道士	有	有
		安庆晓寒	有	有			渔兴	有	有
		杨子江闲步	有	有			寄安邦参议陈纲寮	有	有
		病比丘尼	有	有			宿宝临寺	有	有
		秋江送别二首	有	有			和南华道士韵	有	有
卷二	阮忠彦	安子江中	有	有		阮德贞	题漂母祠	有	有
		春昼	有	有	卷五	蔡顺	思亲	有	有
		初渡泸江	有	有			大滩渡	有	有
		芙蕾驿	有	有			题瀍津亭	有	无
		缕泉	有	有			顺安春望	有	有
		登盘陀胜景寺	有	有			李果	有	无
		湘江赠别	有	有			山村	有	有
		万石亭	有	有			桃花	有	有
		衡州回雁峰	有	有			茉莉花	有	有
		归兴	有	有			戏作	有	有
		即事	有	有			题昭君出塞图	有	有

卷二	阮忠彦	湓浦琵琶亭	有	有	卷五	蔡顺	题伏波庙	有	有
		荆门	有	有			三神仙	有	有
		夜泊陵城	有	有			明皇忆贵妃二首	有	有
		春日野寺	有	有			卜式	有	有
		长安怀古	有	有			冯道	有	有
	阮袓	白藤江	有	有		武琼	及第思亲	有	有
		送无山翁出山拜相	有	有			题金瓯山豊功寺	有	有
		月中桂	有	有			安子山花烟寺	有	有
	阮忆	钓台	有	有		杜觐	春燕	有	有
		泊舟应豊亭偶成	有	有			采石晚泊	有	有
		重阳前一日到菊堂旧居有感	有	有		阮旭	游忠节庵	有	无
		洞然堂有感	有	有			山村遣怀	有	有
		送人北行	有	有			月山桥夜泊	有	有
		题顾步鹤图	有	有			寄南华处士	有	有
	朱安	灵山杂兴	有	有			元日游肇庆寺	有	有
		清凉江	有	有			舟过同官港	有	有
	朱克让	题柴庄永兴寺	有	有		邓明璧	杜甫拜杜鹃	有	有
	阮子成	秋日偶成	有	有			郭巨埋儿	有	有
		诮杜宇	有	有			春日即事	有	有
	范师孟	题甘露寺	有	有			春日	有	有

卷二	范师孟	舟中即事	有	有	卷五	邓明璧	夏日词二首	有	有
		过安抚阮士固坟	有	有			四皓	有	有
	张汉超	菊花百咏之四	有	有			二征庙	有	有
	黎括	书堂二首	有	仅录其一			渔父	有	有
		送师孟北使	有	有			山中景二首	有	仅录其二
	陈公瑾	春日游山寺	有	有			城东居	有	有
	陈观	官舍	有	有			宿春盎寺	有	有
卷三	陈元旦	奉赓御制黄梅即事	有	有			到家	有	有
		壬寅六月作	有	有			宫怨	有	有
		戊申正月作	有	有			忆故人	有	有
		夜归舟中作	有	有			中秋赏月二首	有	有
		不寐	有	有			寄友人	有	有
	僧玄光	石室	有	有			早秋	有	有
		次宝庆寺壁间韵	有	有			秋怀	有	有
		地炉即事	有	有			早梅	有	有
		因事题究兰寺	有	有			八月梅	有	有
		梅花	有	有	卷六	覃文礼	题豊功寺	有	有
		昼眠	有	有			题赵飞燕姊妹相倚图	有	有
		山宇	有	有			九曲迷楼	有	有
		哀俘虏	有	有			漂母祠	有	有

卷三	僧玄光	泛舟	无	有	卷六	覃文礼	邓禹策	有	有
		题洞轩檀械假山	有	无			范蠡游五湖	有	有
		舟中	有	有			落花	有	有
		过万劫	有	有			客中送春二首	有	有
		赠仕途子弟	有	有			春宫词三首	有	有
		题淡水寺	有	有			春宫怨二首	有	有
		早秋	有	无			咏梅	有	有
		菊花六首	有	仅录其一			忆昔	有	有
	陈益稷	钓台	有	无			经梅村	有	有
	阮飞卿	大圣佑国寺早起	有	有			横山驿	有	有
		题仙游寺	有	有			古寺	有	有
		东岸春梦	有	有			中秋	有	有
		天长舟中二首	有	有			明皇思贵妃	有	有
		洮江郡舍	有	有			除夕前偶成	有	有
		山中	有	有			春日即事	有	有
		效宫体	有	无			夏日即事二首	有	有
		江村春景	有	有			对竹	有	有
		舟中偶成	有	有			石假山	有	有
		中秋玩月有怀	有	有			水边白鸟	有	有
		秋夜	有	有		黄德良	客中	有	有
		赠东潮范先生	有	有			黄塘夜泊	有	有

卷四	阮鷹	题伯牙鼓琴图	有	有	卷六	黄德良	题采石谪仙楼	有	有
		题东山寺	有	有			题淮阴庙	有	有
		题云窝	有	有			歌风台	有	有
		梦中山	有	有			晓立偶成	有	有
		偶成	有	有					

根据上表我们可以统计出，《摘艳集》两种版本的收诗数量明显不同：浙图本共收录42位诗人的诗歌277首，越南本共收录37位诗人的诗歌229首，其中卷一僧法螺的《入俗恋青山》共两首，浙图本和越南本各抄录其中的一首，卷二僧玄光《泛舟》一诗浙图本失收，而见于越南本。换而言之，去除重复，现存的《摘艳集》合计收录42位诗人的279首诗歌。这两种版本除了作品本身存在不少异文以外，还在如下方面有差异：

第一，诗题。从总体概貌而言，两种版本虽然有二十余首诗歌的题目存在着不同程度的差异，有实质性差别的却不多。例如，浙图本阮忠彦《初渡泸江》，题后有小字注："以下北使。"越南本无小字注，但诗题作《北使初渡泸江》。浙图本阮忠彦《衡州回雁峰》《春日野寺》，越南本则分别作《回雁峰》《春天野寺》。卷五武琼《题金瓯山豊功寺》、邓明璧《夏日词二首》《中秋赏月二首》，越南本分别作《题金瓯豊功寺》《夏日》《赏月偶成》等。也有一些诗题有意义上的本质差别，如浙图本卷二阮子成《秋日偶成》，越南本作《秋月偶成》，从诗歌本身的内容，并结合《全越诗录》各本来看，越南本误，当从浙图本。

第二，抄写次序。两种版本的《摘艳集》各类诗歌抄写的次序大致是相同的，除了越南本失收和误题的作品之外，仅有卷二阮忠彦的《归兴》，浙图本抄于《衡州回雁峰》与《即事》之间，而越南本抄于《登盘陀胜景寺》之后、《湘江赠别》之前。

第三，作者小传。浙图本比越南本仅仅只多收了五位诗人的作品，但是却多收录僧玄光、阮飞卿、黎景询、阮永锡、黎少颖、阮彭、王师霸、尹衡、蔡顺、陈益稷十位诗人的小传。小传一般简单记录诗人的字号、籍贯、科第、职官、著述等内容。如阮永锡小传云："字玄圭，归号仙山，仙游人。国初辛亥科登真儒正直科，官至兵部尚书、国子监祭酒。有《仙山集》四卷行于世。"

从总体而言，浙图本的版本质量要优于越南本，不仅抄录的内容更丰富，而且字迹清晰美观。但二本均存在着一些错讹。例如越南本卷二失抄阮昶之名，从而将他的《白藤江》《送无山翁出山拜相》《月中桂》附于阮忠彦名下；卷三阮飞卿《大圣佑国寺早起》一诗，越南本失诗题。又如，浙图本卷五蔡顺《冯道》之后的《客中》《黄塘夜泊》《题采石谪仙楼》《题淮阴庙》《歌风台》《晓立偶成》诸诗，实乃黄德良之作，越南本以"拙作"的名义附于卷六末。浙图本卷一至卷五均有少量作品原有阙文，留空以示，可据越南本补阙。现各卷试举一例，如卷一阮忠彦《湘中即事》次句："临江楚竹愁"，浙图本阙"愁"字；卷二范师孟《舟中即事》三四句："焚香坐对珥河月，惆怅烟溪峡石间"，浙图本阙"河月""惆怅"四字；卷三僧玄光《菊花》组诗第四首次句："月淡风光惬寸怀"，浙图本阙"风"字；卷四尹衡《和南华道士》全诗云："萧然庐室倚空岑，半枕泉声抵用琴。日上东窗春睡觉，白云犹锁洞门深"，浙图本阙第二、三两句及"白"字；卷五蔡顺《桃花》第三句："赏识不须披子去"，浙图本阙"子"字。

四、余论

作为现存的第二部越南汉诗总集，《摘艳集》虽然仅存残编，但它仍在文献学上有着重要意义。它不仅可以为《全越诗录》以及诗人的别集提供一个非常好的他校之本，纠正他书之误，而且也保留一些不见载于他书的作品。《全越诗录》卷一四收录了黄德良的五首古体诗和二十首近体诗，事实上却将他的《游佛迹山天福寺》二首五言绝句，误作为一首五言古诗，将他的《秋江送别》二首绝句，误作一首五言律诗；《全越诗录》同卷将邓明璧的《山中有景》二首七言绝句，误作一首七言律诗。又如，《全越诗录》卷一〇著录王师霸《扑满》一诗："货泉流布有恒言，扑满空劳用贮钱。若识古人垂戒意，不将模样入陶飘。"最后一句"陶飘"不可解，根据《摘艳集》我们可以知道当作"陶甄"，"陶甄"喻陶冶、教化，李善引如淳注张华《女史箴》"茫茫造化，二仪既分。散气流形，既陶既甄"曰："陶人作瓦器，谓之甄。"[1]《全越诗录》卷九收录黎叔显《春日感怀》云："白云影里关怀切，紫极天边入梦颖。湖海宦游多感兴，况逢南浦碧波春。""入梦颖"亦费解，据《摘艳集》卷四可知当作"入梦频"，因"颖""频"二字形似而误。

同时，《摘艳集》还收录一些《全越诗录》和诗人别集失收之作。例如法螺《入俗恋青山》有两首，《全越诗录》卷四仅收录其一，其二见于《摘艳集》越南本卷一。再如，《摘艳集》收录的蔡顺

① （梁）萧统编，（唐）李善注《文选》卷五十六，北京：中华书局，1977年，第768页。

《李果》《桃花》《茉莉花》《题伏波庙》诸诗，既不见于《全越诗录》诸本，也不见载于越南国家图书馆所藏的蔡顺《吕塘遗稿诗集》R.318号抄本。以上各例均多，不一一而论。

笔者曾在《越南汉喃古籍的文献学研究》一书中指出，越南使臣是中越书籍交流的重要承担者，不仅对中国书籍传播于越南起着举足轻重的作用，而且也为中国带来了越南汉籍①。《摘艳集》传入中国的历程也再次印证了上述论断。黎贵惇这位越南18世纪最著名的学者在出使中国的过程中，与清代著名藏书家查礼的相遇，开启了《摘艳集》在中国的一段曲折传播史，也为中越书籍交流史留下了一段佳话。

① 刘玉珺《越南汉喃古籍的文献学研究》第一章《古代中越书籍交流》，北京：中华书局，2007年，第66页。

王实甫《西厢记》越南流传之考述

阮黄燕[①]
[redacted]

一、引　言

对于中国读者来说，崔莺莺与张君瑞的爱情故事可谓家喻户晓。而王实甫《西厢记》的出现促进了两人爱情故事的广为流传，这一作用毋庸置疑。《西厢记》不仅在中国深入民心，同时也传到东亚各国并受到当地人民的喜爱。中国和越南在政治、文化、思想等方面都有着长期而密切的交流，因此作为千古奇文的《西厢记》自然也传播到了越南，并在越南产生了一定的影响。《西厢记》不仅在越南语言中留下痕迹，而且还出现了喃传、剧本和译本等各种改编和翻译版本，由此可知其受到越南民众喜爱的程度之高。本文主要探讨元杂剧《西厢记》在越南的流传状况，研究《西厢记》传入越南的时间及其在越南的各种改编、翻译版本，并以喃传《西厢传》和改良剧《西厢之下》作为个案研究，探讨其创作和改编，试图从作者群、作品形

① 作者单位：越南胡志明市人文社会科学大学东方学系。

式、受众审美意识和欣赏趣味、儒家精神等方面，结合不同时代的社会背景，深入讨论并解释20世纪前后《西厢记》在越南的流传、接受及其原因。

二、中国杂剧《西厢记》在越南的流传

（一）《西厢记》传入越南时间考

《西厢记》是否已传入越南，这个问题似乎不难确定。《西厢记》是元杂曲的代表作，自问世以来，深受中国文人墨客的喜爱。中越两国在思想、文化、历史等层面有着千丝万缕的联系，因而《西厢记》自然也很容易被越南士大夫所接受和欣赏。为了寻找《西厢记》在越南的流传源流，笔者考察了越南现存的各种书目，由此确定了《西厢记》传入越南的年代及其产生的影响。考察书目有以下几种：

越南汉喃研究院图书馆所藏书目[①]。

《越南汉喃遗产·书目提要》[②]（陈义）。

《越南汉喃遗产目录》补遗（上、下册）（陈义）[③]。

《越南汉喃文献目录提要》（上、下册）（刘春银、王小盾、

① 可参考越南汉喃研究院网站http://www.hannom.org.vn/default.asp?CatID=131。

② ［越］陈义《越南汉喃遗产》，《越南汉喃遗产·书目提要》第一集，河内：社会科学出版社，1993年。

③ ［越］陈义《越南汉喃遗产目录补遗》（全两册），河内：越南国家人文与社会科学中心汉喃研究院，2002年。

陈义）[①]。

台湾越南汉喃文献目录资料库系统[②]。

同时也参考了荷兰莱顿大学图书馆[③]、英国国家图书馆[④]及日本

---

① 刘春银、王小盾、陈义《越南汉喃文献目录提要》（全两册），台北："中央"研究院中国文哲研究所，2002年。

② 网址http://140.109.24.175/pasweb/。

③ ［越］张文平《荷兰莱顿大学所藏的汉喃书籍》，《汉南杂志100篇精选集》，河内：汉喃研究院，2000年，第57—69页。作者指出，目前莱顿大学图书馆所藏汉喃书籍有三十四种，包括：《幼学诗演义》《白鼠书籍》《真道要理》《杨玉古迹》《大南法和约》《大南国史演歌》《嘉定报》《协纪历》《皇越舆地志》《皇越律例》《许使新书》《训蒙一曲歌》《金龙赤凤全集》《金云翘录》《林生林瑞传》《李公新书》《李公新传》《南圻六省地舆志》《女则演音》《潘陈传》《风神邑伯考全集》《富贫传演歌》《冊吟逊巴没条》《三国志国语》《三国志国语本》《三字经演义》《新订万事不求人书》《西游演歌二本》《圣教国语》《千字文演义》《省辖丁田效目》《状元幼学诗》。

④ ［越］陈义《英国国家图书馆所藏之汉喃书籍》，《汉喃研究》1995年第3期。作者将英国国家图书馆所藏各种汉喃书进行描述，包括其作者、基本内容、卷数、刻印商等及与其他版本的比较。所藏书目包括以下几种，《安南志略》《北使水陆地图》《诏》《和约书》《金云翘绘本》《往津日记》《少微节要》《商约新和约》《大越史略》及46个㗂剧剧本。作者也列出非越南人所写的有关越南的汉喃书籍，包括Dictionnarium annamitico latinum（Nam Việt dương hiệp tự vị）、Technique du peuple annamite（ Kỹ thuật dân tộc Việt Nam）、《静净斋第八才子书花笺记》和《越南地舆图》。

四大藏书库[①]所藏的汉喃书目。

笔者另在越南古代书目中寻找《西厢记》的线索，结果发现在陈贞詥于维新八年（1914）所编辑的《内阁守册》[②]（越南汉喃研究院馆藏编号A.2644）中有提到《西厢记》。该书目部分部类，以嗣德、绍治诗文冠首，其后大致以经史子集排列，《白眉仙》《西游记》《唐征西传》《西厢记》等小说、戏剧作品列于最后[③]。《内阁守册》于维新八年（1914）编辑，又是阮朝皇家东阁之书目，可见《西厢记》至少在20世纪前就在越南高级知识分子之间有所流传。

那么，《西厢记》何时传入越南呢？因为资料的缺乏，这个问题并不容易解决。然而，我们可以通过几个线索来推论其最早传入越南的时间。

---

① 参考［越］陈义《日本四大藏书库所藏之汉喃书总目》，《汉喃研究》1998年第1期，第70—99页。两位作者指出，日本所藏汉喃书目包括以下各种：《安南志略》《鹦言诗集》《白马祠三甲乡例》《白云庵诗文集》《邦交录》《本朝叛逆列传》《本朝庶政杂编》《北圻河堤事迹》《北南实录》《北城地舆志》《北书载南事》《璧玉神经》《平南实录》《裴家训孩》《裴氏家谱》《各衙门勾差》《各镇总社名备览》《景兴条律》《高平实录》《高蛮事迹》《近南杂志》《征妇吟备录》《周原杂咏草》《朱谢轩诗后集卷之贰》《嘱书文契旧纸》《古黎律例》《古螺城事迹田土敕封合编》《公案查验秘法》《公余捷记》《公暇记闻上》《宫怨吟》《野史杂编》（D.X — 2 — 11: vt. — x）《野史辑编》（K. 244 — 25 —1: — vt.— x）《易经》《延河谱记》《游学纪闻（新书）》《杨族家谱》《大南正编列传初集》《大南典例撮要新书》《大南档案》等。

② 《内阁守册》是阮朝东阁上层及聚奎书院藏书目录，其中东阁上层著录六十七种，聚奎书院藏书著录二百六十七种。

③ 参考越南汉喃研究院网址http://www.hannom.org.vn/trichyeu.asp?param=5767&Catid=248。

在翻阅古人资料过程中，笔者找到了阮辉嗣（1743—1790）[①]的《花笺传》[②]（在第133，134句）有这样的描述：

Nàng Hồng dù chẳng giúp nhau,
Máy tây chi để bóng lầu xế trăng?
（红娘若不愿出手/西厢又何须待月？）

《花笺传》里面出现的“红娘”“西厢”这两个词语，是目前在越南文学史上我们所能找到的最早提及《西厢记》相关词语和细节的作品。阮辉嗣活动时间为景兴四年（1743）到光中三年（1790），而《西厢记》里面的人物与情节就如此自然、熟练地出现在其作品中，可见阮辉嗣乃至同时代其他越南文人也一定在景兴四年（1743）之前就接触到了《西厢记》这部作品。由此可以推断《西厢记》早在景兴四年（1743）之前就已经传入越南，并在越南精通汉语的上层社会知识分子间有所传播。

---

① 阮辉嗣（又名阮辉似，1743—1790），越南后黎末西山初著名政治家、军事家和诗人，河静省人。十六岁参加考试并中乡贡。二十四岁任国威县知府，景兴三十一年（1770）升进士，任山南处宪擦等官职。后因母亲过世告假回乡并在此隐居。黎朝衰败，光中皇帝登位后请他到京城富春任右侍郎。光中三年（1790）因病去世，享年47岁。目前只留下《花笺传》（或《花笺记演音》AB.269、《花笺润正》VNb.72）一部作品，其他在越南汉喃文献查询到的和越南汉喃研究院所列的作品都是阮辉嗣与他人合著或抄写其父作品。参考资料http://140.109.24.175/pasweb/Opac_book/book_detail.asp?systemno=0000001930 和 http://www.hannom.org.vn/default.asp?CatID=248。

② 《花笺传》，阮辉嗣作品，将中国唱本《花笺记》（又名《静净斋第八才子花笺记》）喃译成越南喃字长篇叙述诗。

这一点我们是可以肯定的，因为与阮辉嗣同时代的另一位文人——范廷琥（1768—1839）[①]也在其著作《雨中随笔》之《乐辨》中提到了《西厢记》[②]，并对其加以评价，“文人才子往往随笔加文，以发泄起牢骚瑰磊之气”。他所说的“牢骚瑰磊之气”，即是封建社会礼教对人们的生活和男女爱情的束缚。由此可见，早在18世纪，越南的文人、知识分子已经对中国《西厢记》这部作品并不陌生了。

（二）《西厢记》在越南的改编、翻译和出版

自传入越南以来，《西厢记》风靡民间，因此关于《西厢记》的翻译与受其影响而改编的作品数量十分可观。从作品的体裁来看，可分为喃传（或诗歌）、曲子、越南传统剧本和翻译文本。按语言划分，则有喃文和现代越南语两种。这充分体现了越南读者对《西厢记》的青睐。

于此，笔者以作品创作时间和语言为标准，将《西厢记》在越南的流传与影响分为两个阶段，分别是20世纪前和20世纪后。

20世纪前，《西厢记》在越南的流传特点，即其主要以词语、典故等形式出现在越南文人作品中，而且创作语言均为喃文（如上所述阮辉嗣的《花笺传》）。后来又出现了由《西厢记》改编的喃传

---

① 关于范廷琥生平，可参考“东野樵”条，郑克梦编著，黎辉煌、阮黄燕译《越南汉喃作家辞典》，新北：华艺数位股份有限公司学术出版部，2021年，第48—49页。

② 参考范廷琥《雨中随笔》，载陈庆浩、郑阿财、陈义《越南汉文小说丛刊》第二辑“笔记传奇小说类”，法国：远东学院出版，台北：台湾学生书局发行，1992年，第32页。

《西厢传》。由此可见，《西厢记》首先是被越南上层文人雅士所接受，之后再扩大影响范围，在精通汉文和喃字的文人中广为流传。

20世纪以来，喃文《西厢记》的地位大受动摇。因为随着越南拉丁文字的普及，以及中国等外国文学在越南兴起的翻译热潮的影响[①]，不仅出现了《西厢记》的越南语翻译本，同时也出现了由《西厢记》改编的曲子和多种嘲剧、改良剧剧本，这使《西厢记》有更多的机会接触并影响到更为广泛的受众。由此可知，这一时期的《西厢记》不仅为上层社会的文人所熟悉，而且也开始透过戏剧、曲子等不同的表演形式，迅速走进越南普通民众的视野，并深受他们的喜爱。

据笔者的调查，《西厢记》的越南语翻译本在越南目前尚存五种。阮杜牧（1882—1951）是最早将《西厢记》翻译成现代越南语

① 关于20世纪初越南文坛“翻译热”潮流，阮文环教授在《文学翻译对越南文学发展的地位》文章中指出，19世纪末到1945年越南出现了“翻译热”现象。这时国语字已经形成并开始得到宣传。国语字首先在越南南部流行，而当时最有影响力的张永记（1837—1898）只注重将民族文学作品，如喃字《翘传》《潘陈》《陆云仙》等，和汉学经典《中庸》《孟子》《大学》等拼成或译成现代越南语。之后才注重将中国典籍翻译成现代越南文。除张永记之外，还有阮正铁、阮杜牧、潘继炳等。这些翻译作品的主要目的当然是宣传拉丁越南文和中国书籍，让中国书有机会被更多越南读者所接触，从而产生了不小影响，其中就有王实甫的《西厢记》。除了将中国书翻译成越南语，还有很多译者将法国等西方国家文学、哲学作品翻译成越南语，形成了越南当时文坛的“翻译热”潮流。

的人，著有《圣叹西厢记》[①]。阮杜牧于维新七年（1913）将《西厢记》翻译本发表于《东洋杂志》且连载两年，到维新八年（1914）结束。阮杜牧的译本于保大八年（1933）由西贡信德书社正式出版，全书共247页。此本更像是一部仿译作品，书中多处引用《翘传》诗句，方便读者阅读和掌握每节的大致内容。目前，阮杜牧的《圣叹西厢记》在河内越南国家图书馆存有缩微胶卷版，共247页，编号为S87.2026（见图1）。

图 1　阮杜牧《圣叹西厢记》国家图书馆缩微胶卷版

第二种是范氏白云女士（生卒年不详）于1921年所创办的“女流书馆”（Nữ lưu thư quán）的《西厢记》译本。然而，目前在越南各大图书馆都未找到该书，因此我们只能通过与范氏白云女士生平相关的论文获取该译本信息。

---

① 阮杜牧（1866—1949），越南河内人。时任越南《东洋杂志》《中北新闻》等报刊编辑，他写了很多关于教育的文章并将相当多的中国文学作品翻译成现代越南语，主要有《东周列国》《续再生缘》《再生缘》《昭君贡胡》《金云翘传》《水浒传》《西厢记》《平山冷燕》《佘之妻》等翻译作品和《碧沟奇遇引解》《征妇吟曲引解》等。

第三种是由让宋[①]翻译的《西厢记》，又名《西厢》。这是越南流传最广且影响最大的《西厢记》译本。此书第一版于1943年由河内新越出版社出版（见图2）。之后让宋的翻译本还多次被再版、翻印，分别是195X年西贡新越出版社版（见图3）、1999年河内文化通信出版社版（见图4）和2006年舞台出版社版（见图5）。让宋的译版，如该书序文中刘仲庐（1911—1991）先生所说，“将思想从某种语言翻译成另外一种语言并不难，然而想转译一句清丽的诗文并不容易。让宋翻译《西厢记》的成果已足以匹配作者对自己的要求。因为，让宋不仅是一位儒士，他同时也是一位诗人”[②]。由此评价可知，让宋已将王实甫《西厢记》文辞优美、语言清丽和富于诗意的特点都演绎得淋漓尽致。纯玉（Thuần Ngọc）在《通译与翻译》中对让宋的译本也有较高评价，“让宋将《西厢记》翻译成《西厢》剧本，具有诗意，含蓄动人”[③]。因此，让宋的译本问世后，阮杜牧的译本日渐淡出民众的视野。

目前越南国家图书馆藏两版让宋之《西厢记》，分别是1943年版，527页，馆藏编号M16549、 M16590；2006年版，260页，编号

---

① 让宋（1904—1949），越南南定人，著名革命家、诗人、作家和翻译家。1925年与范俊林（Phạm Tuấn Lâm）、范俊才（Phạm Tuấn Tài）成立“南同书社”（Nam Đồng Thư xã），专门创作、翻译宣传爱国主义作品，如：《中华革命》《孙逸仙历史》《三民原则》《世界革命》等。让宋对中国古典文学特别感兴趣，一生翻译了很多作品，如《南华经》《离骚》《杜甫诗》《司马迁史记》《西厢记》《红楼梦》等。

② ［越］让宋译《西厢记》序，河内：新越出版社，1943年。

③ ［越］纯玉《通译与翻译》，http://vietsciences.free.fr/vietnam/tiengviet/thongdichphiendich.htm。

VV06.14937和VV06.14938。此外，1999年版由平定省综合科学图书馆存藏，共374页，编号VNM.064237、VNM.064238、VND.041475[1]。

图 2　让宋《西厢记》1943年翻译本封面

图3　让宋《西厢记》195X年翻译本封面

图4　让宋《西厢记》1999年翻译本封面

图5　让宋《西厢记》2006年翻译本封面

---

① 参考平定省综合科学图书馆网站http://thuvienbinhdinh.com/binhdinh/uniisis.asp?SearchKeyword=t%C3%A2y+s%C6%B0%C6%A1ng&SearchIn=A_Title&bl1=AND&SearchKeyword1=&SearchIn1=A_Author&bl2=AND&SearchKeyword2=&SearchIn2=A_PubYear&act=QuickSearch。

第四种译本是由北京外文出版社翻译出版的越南文连环画册《西厢记》，其根据洪曾玲的改编而翻译，由王叔晖绘图，于1958年5月出版。越南国家图书馆馆藏两本，88页，编号分别为VN59.09802、VN59.09803。

关于越南历来对中国《西厢记》的翻译出版情况，可参考下表：

表1 越南历来《西厢记》出版情况统计表

時間	版本	出版社
1913—1914年之间	阮杜牧《圣叹西厢记》	河内，《东洋杂志》
1921—1930年之间	范氏白云书社	前江，女流书馆
1933年	阮杜牧《圣叹西厢记》	西贡，信德书社
1943年	让宋《西厢记》	河内，新越出版社
195X年	让宋《西厢记》	西贡，新越出版社
1958年	北京外文出版社的越南文连环画册《西厢记》	中国资助翻译
1992年	让宋《西厢记》	不详
1999年	让宋《西厢记》	河内，文化通信出版社
2006年	让宋《西厢记》	河内，舞台出版社

由上表可知，《西厢记》于20世纪以来在越南的流传与影响，不仅体现在译本方面，而且在越南众多表演艺术中亦可看到《西厢记》的影子。据目前可考文献资料可知，《西厢记》已被改编成嘲剧、改良剧、现代戏剧和曲子等形式，从而可推断其不仅在上层知识分子间流传广泛，而且对越南民众的影响也相当深刻。

可惜的是，目前我们还没有找到《西厢记》的嘲剧、现代剧剧本和整首歌曲，故此先就其基本情况介绍如下，以供读者参考。

关于嘲剧《西厢记》，我们可以通过一些零散的资料知道嘲剧《西厢记》的存在。阮文职（Nguyễn Văn Chức）先生曾在其文章中提到①，五十年前他曾在河内听到阮廷议② 改编的嘲剧《西厢记》曲文③，语言清新、纯真、优美且耐人寻味，听之泫然欲泣。

除了嘲剧，《西厢记》还被改编成越南现代剧搬上舞台，名为《西厢新剧》。该作品由武廷龙④改编，于1922年创作完成，并成功演出。中国古代戏剧作品在越南被改编成现代戏剧搬上舞台，意义非常重大。然而，目前没有找到《西厢新剧》的任何版本，因此我们也无法进行更为深入的考察。但从《西厢新剧》的出现可知，此时《西

---

① 参考资料来源http://hoanghaithuy.wordpress.com/2010/01/14/de-cho-nguoi-ta-ngu-voi-phan-1/。

② 阮廷议（1883—1954），越南著名作家、嘲剧革新家。是越南嘲剧与改良剧结合潮流的带领人，也是20世纪嘲剧现代化活动的带头人。当时越南嘲剧日益没落，被观众所遗忘，因此阮廷议主张将嘲剧与改良剧结合并进行嘲剧革新，以帮助嘲剧重拾原来的观众。他自己创办了很多剧团并且大多数剧本都由本人创作，他对嘲剧的保存与发展做出了巨大的贡献。

③ 同上注，作者进一步说明，当时他听到的嘲剧结合改良剧形式的《西厢记》中的张君瑞由黄太张（Huỳnh Thái Trương）扮演，崔莺莺由璧合（Bích Hợp）扮演，在河内首都金钟声剧院（Nhà Hát Tiếng Chuông Vàng Thủ Đô）演出。

④ 武廷龙（1896—1960），越南编剧家，被称为越南现代戏剧的创始人，作品收录在《武廷龙剧本选集》，河内作家协会出版社于2009年出版。参考越南线上百科全书http://dictionary.bachkhoatoanthu.gov.vn/default.aspx?param=21BDaWQ9MjgwMSZncm91cGlkPSZraW5kPWV4YWN0JmtleXdvcmQ9ViVjNSVhOCslYzQlOTAlYzMlOGNOSCtMT05H&page=1 和维基百科http://vi.wikipedia.org/wiki/V%C5%A9_%C4%90%C3%ACnh_Long。

厢记》这瓶旧酒，透过新剧的“新瓶”而别有一种“味道”，更能走近观众，为观众所熟悉。

关于《西厢记》改编的改良剧，目前越南国家图书馆藏有一种由范玉魁整理出版的改良剧剧本《西厢之下》（越南名：*Dưới mái tây hiên*，编号VN59.07484和 VN59.07483）[①]。根据不同文献资料可知，当时除了范玉魁的剧目，越南从北到南也有不少艺人将《西厢记》改编成改良剧剧本。如陈光海（Trần Quang Hải）在《改良剧艺术的80年》（*Nghệt thuật cải lương 80 năm*）中提到的一位叫阮仲权（笔名木馆[②]）的编剧，曾将中国《西厢记》改编成越南《西厢记》改良剧，此类作品大多已由范文辰印刷厂（nhà in Phạm Văn Thìn）出版。陈光海还指出，这些剧本不仅由阮仲权自己的剧团演出，还有颇多其他剧团也使用该剧目表演。可见，其当时在越南民间的流传是不容忽视的。可惜的是，笔者至今还没有找到阮仲权的《西厢记》改良剧剧本，因此无法考察其真实的面貌。另外，根据笔者目前所掌握的几种《西厢记》改良片段的录音文件，可以初步判断其内容跟范玉魁整理出版的版本并不相同。但由于这些剧目目前尚未正式出版，也未标明作者、演员表等信息，因此这里暂不纳入介绍范围。

兹将越南艺术家根据《西厢记》而改编成的各种越南当地表演

---

① ［越］范玉魁《西厢之下》（改良剧）(*Dưới mái tây hiên*)，西贡：信德出版社，1957年。

② 阮仲权（笔名木馆，1876—1953），越南著名编剧家，是取材中国书籍或剧本改编成越南改良剧趋势的带头人，被称为“改良（剧）鼻祖”。作品有《周陈结义》（*Châu trần kết nghĩa*）、《西厢记》（*Tây Sương ký*）、《凤仪亭》（*Phụng nghi đình*）、《孟丽君脱靴》（*Mạnh Lệ Quân thoát hài*）、《山后》（*San hậu*）、《再生缘》（*Tái sanh duyên*）等85部改良剧目和3部诗传。

艺术形式统计如下，以供读者参考：

表2　《西厢记》改编成越南表演艺术形式的统计表

序号	种类	剧目名称	编者	完成 / 流传期间	保存状况
1	嘲剧	《西厢记》	阮廷议	约 1920 年	无存
2	现代剧	《西厢新剧》	武廷龙	1922 年	无存
3	改良剧	《西厢之下》	范玉魁	1930—1960 年	越南国家图书馆馆藏编号 VN59.07484 和 VN59.07483
4	改良剧	《西厢记》	阮仲权	1930 年后	范文辰印刷厂（Nhà in Phạm Văn Thìn）出版无存

由上述的翻译、出版、改编情况可知，从第一阶段到第二个阶段，越南对《西厢记》的流传与接受已经发生了重大的改变。在此过程中，历史、时代背景、出版、印刷术以及文人的审美价值和大众的审美品味都扮演了非常重要的角色。以下我们将对现存的喃传《西厢传》和改良剧《西厢之下》两部作品进行深入考察，以期更深入了解不同时期越南对《西厢记》的流传与接受状况。

三、《西厢记》在越南的接受之一——以喃文《西厢传》为中心

（一）《西厢传》简介

《西厢传》是目前越南仅存的以《西厢记》为蓝本，且用喃字创作的长篇喃传诗歌作品。后来由武玉潘（1902—1987）之父——武奇琛先生于1921年翻译成现代越南语。命运辗转，该书终于在1961年得以出版（见图6）。根据武玉潘在越南拉丁语版《西厢传》前言中的介绍，此版《西厢传》是李文馥（1785—1849）取材于中国《西厢记》并翻译而成的喃字作品[①]，全篇由1744句六八体喃诗组成。整篇喃传描写了崔莺莺和张君瑞从相遇、相爱到终成眷属的美满爱情故事。根据武玉潘介绍，到1961年之前，喃字版和越南语拉丁拼音版的

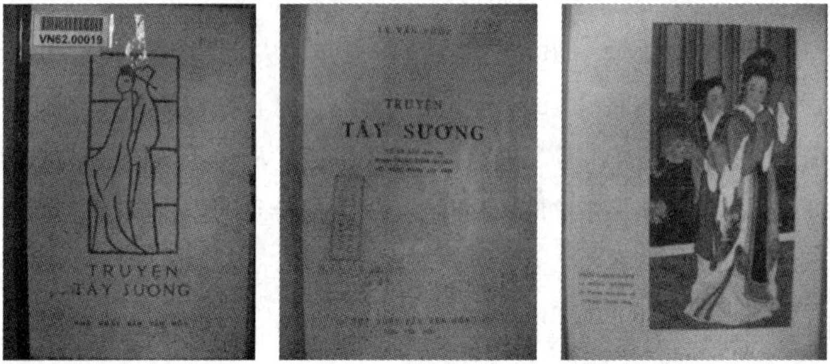

图6　越南国家图书馆馆藏越南拉丁版《西厢传》封面与插图，馆藏编号V.113.PH552(6)

---

① ［越］李文馥撰，武奇琛拼音，范仲恬注释，武玉潘介绍 《西厢传》前言，河内：文学院、文化出版社，1961年，第5—6页。

《西厢记》仍是手抄本，尚未发行出版。目前我们只有越南拉丁文版的这一《西厢传》可供考证，喃字版已无人提及，亦不知其下落。

1.《西厢传》的成书时间

由于资料的缺乏，我们目前尚无法确定《西厢传》于何时成书。武玉潘在越南拉丁文版《西厢传》出版前言中判断说："《西厢传》是李文馥取材于中国的《西厢记》并转译而成的喃字作品。创作时间大约在李文馥[①]生命的最后几年"[②]，也就是19世纪40年代左右。然而武玉潘并没有对这一推断做更多的解释或提出任何依据。另一研究者陈光辉在其博士论文中推测说：

> 李文馥的《西厢传》最近才被发现，因此其创作年代迄今还不得而知。但根据作品的性质，我们可以推断它可能作于作者四十岁（一八二五年）以前。[③]

至于为何做出这样的判断，陈光辉在论文中亦没有提及。

因此，我们尝试通过其他资料来推断《西厢传》的创作时间。李文馥《学吟存草》中有两处提到了《西厢传》或《西厢演音》这部作品，分别是《托阮黎光写西厢演音并序》和《读西厢演音怀黎光，

① 李文馥（1785—1849），字邻芝，号克斋。关于李文馥生平，可参考"克斋"条，郑克梦编著，黎辉煌、阮黄燕译《越南汉喃作家辞典》，新北：华艺数位股份有限公司学术出版部，2021年，第86—87页。

② ［越］李文馥撰，武奇琛拼音，范仲恬注释，武玉潘介绍《西厢传》，河内：文学院、文化出版社，1961年，第22页。

③ 陈光辉《越南喃传与中国小说关系之研究》，台湾大学中国文学研究所博士论文，1973年，第264页。

书以寄之》。《学吟存草》这本诗集为李文馥己卯年（1819）考中举人至明命十年（1829）间所著。因此，至少可以确定《西厢传》于明命十年（1829）之前就已创作完成并有所流传了。

2.《西厢传》作者的存疑

关于《西厢传》的作者，到目前为止仍众说纷纭，答案或在李文馥、阮黎光和李文馥、阮黎光二人共同创作之间。持作者为李文馥者的有武玉潘先生。武玉潘在《西厢传》出版前言中说："《西厢传》是由李文馥取材于中国《西厢记》并转译而成的喃字作品。"[①]尽管武氏并没有在其书中提出更多的证据，但是目前大部分越南研究专家都认同并引用武玉潘的观点。

持《西厢传》作者为阮黎光者有阮德云（Nguyễn Đức Vân）先生和现在的一些研究专家如段黎江（Đoàn Lê Giang）教授[②]。阮德云先生的说法也是由武玉潘在其书中转述而来的。武玉潘说，他于1961年跟古文研究专家阮德云先生讨论李文馥作品的时候，阮先生提到，在其翻阅李文馥《学吟存草》时，发现其序里提到李文馥曾给阮黎光

---

① ［越］李文馥撰，武奇琛拼音，范仲恬注释，武玉潘介绍《西厢传》，河内：文学院、文化出版社，1961年，第22页。

② 段黎江在《汉字文化圈国家之中代文学研究》（*Thời trung đại trong văn học các nước khu vực Văn hóa chữ Hán*），摘录于文学研究院2006年举办的《越南文学国际研讨会》，第二场。然而段黎江教授在其文章当中没有提出为什么他认为该作品是阮黎光的讨论。

书信一封[①]，原文题《托阮黎光写西厢演音并序》[②]。因此，阮德云先生认为《西厢传》的作者应为阮黎光。此观点被武玉潘否认。武氏说，因目前没有找到任何资料跟阮黎光《西厢演音》有关，且其父亲（即武奇琛先生）于启定六年（1921）在将喃字版《西厢传》拼译成越南语拉丁文版时就写明这是李文馥的作品，所以《西厢传》最有可能的作者还是李文馥，而非阮黎光。

同样认为《西厢传》作者为阮黎光者还有华鹏（1902—1977）先生，而且他还提出了几种证据。华鹏在其《〈西厢传〉的作者是李文馥吗？》一文中说，《西厢传》是阮黎光的作品，李文馥在这里的角色最多是托阮黎光演音，后来有可能进行了补充和修改。华鹏为

① 至于阮黎光其人，生卒年不详，生平亦尚待考察。我们可以通过目前仅存的资料来对阮黎光有初步的了解。华鹏在《〈西厢记〉的作者是李文馥吗？》一文中说阮黎光是阮朝明命皇帝时期（1820—1840年）的一位侍读（但未注明参考资料）。又因何宗权在其《新订海珠墨妙》中（越南国家图书馆馆藏编号R.181，第43页）录《送如清乙使阮黎光》一首而得知阮黎光曾出使中国。诗云："霹雳初收雨露覃，凤凰池畔送征骖。男人为使荣今昔，宇宙奇观合北南。泪泊烟花春欲丰，洞庭云水月当三。故家翰墨窗芳处，驷此江山去去谙。"另外，越南汉喃研究院之《志轩诗草》（阮文理诗文集，内阁何巽甫审阅，范敦仁品评，馆藏编号A.390）收录诗、帐、启、铭、记、行共二百五十篇，其中有祝贺、饯赠、哀悼当时名人如阮黎光、阮攸等人的诗作。可见，阮黎光在当时的影响不容忽视。可参考越南汉喃研究院http://www.hannom.org.vn/trichyeu.asp?param=860&Catid=248和越南汉喃文献目录查询结果http://140.109.24.175/pasweb/Opac_book/book_detail.asp?systemno=0000003786。因为何宗权生卒年分别为景盛二年（1798），明命二十年（1839），再者李文馥撰写《学吟存草》的时间为绍治元年（1841），因此可以推测阮黎光当为19世纪初到中叶的文人官士。

② 李文馥《学吟存草》，越南汉喃研究院，馆藏编号A.2740，第15页。

何如此定论？第一，他也如阮德云先生一样，看到了李文馥在其《学吟存草》中所写的《托阮黎光写西厢演音并序》①。第二，他又根据李文馥下面的一首诗：

读西厢演音怀黎光，书以寄之

涉世文章试一观，吟来吟去独凭栏。
岂无圣叹闲中法，却羡张君故里欢。
笔底横飞如裕舞，琴音短和向谁弹。
何年共对西湖月，长把西厢笑笑看。②

华鹏认为，透过此诗，可知李文馥非常喜欢《西厢传》，经常吟咏，并对其创作做出高度的评价。因此在重读此书之时，难免对《西厢传》作者阮黎光想念不已。

华鹏所提出的第三个理由比较关键。他说，根据李文彬——李文馥儿子在其《洮江行程歌》所言，久行船颇倦，幸有阮先生之《西厢传》，甚爱之，文笔流畅，故事曲折有趣。华鹏判断，阮先生即阮黎光，并肯定说，如果《西厢传》是其亲父所作，他为何要说是某位阮先生的作品呢？所以《西厢传》不可能是李文馥所写。

至于越南汉喃研究院图书馆编号为A.302的《学吟存草》里另有这样一句注释“黎光所演西厢始得一半，手写送予。予闲续成之”。华鹏认为，因现存《学吟存草》三种抄本之中，只有一种写有此句。

① ［越］李文馥《学吟存草》，越南汉喃研究院，馆藏编号A.2740，第15页。
② ［越］李文馥《学吟存草》，越南汉喃研究院，馆藏编号A.2740，第32页。

又因都是抄写，伴有一定的随意性，所以这句话很有可能是后人所加，未必是李文馥的亲笔。综上论述，华鹏确定《西厢传》乃阮黎光作品是较为可靠的。然而可惜的是，尽管华鹏文章里面提到李文彬其人和其作品，但并未对其人其诗作进一步介绍，使得读者无从知晓此人的生平及其作品面貌，或需从何处寻得李文彬和他所作的那首诗。这是华鹏文章的不足之处，使得他所下结论仍无法使我们感到满意。

另有观点认为，《西厢传》可能是由李文馥、阮黎光两人共同完成的，或者说先由阮黎光执笔，后由李文馥进行补充、修改。支持这种说法的有乔收获先生和阮氏银女士[①]等人。1976年，乔收获先生根据李文馥《读西厢演音怀黎光，书以寄之》一诗和上文提及的《学吟存草》（A.302）原注，在其书中推测：

> 李文馥一定参加了阮黎光《西厢演音》的校订工作，也有可能李文馥亲自完成了这一作品的后半部分。[②]

然而乔先生和阮女士并未提出新的证据和见解，所以此观点也不能完全肯定。

由此可知，关于《西厢传》的作者仍存在三种说法。各专家学者都有提出他们的观点和依据，然而各种根据或无法考证，或自相矛盾，目前又未找到其他有力资料进行佐证，因此以上几种论点均有不足之处。

综合以上资料，笔者认为《西厢传》的第一作者应为阮黎光，

---

① ［越］阮氏银《李文馥及其〈西行见闻纪略〉之研究》，越南汉喃研究院博士学位论文，2009年。

② ［越］陈文玾拼译、校订、注释，乔收获整理介绍《玉娇梨传》，河内：社会科学出版社，1976年，第12页。

而非李文馥。此推论主要依据李文馥《读西厢演音怀黎光，书以寄之》这首诗。首先，可以肯定这首诗是李文馥所写，因为它同时出现在李文馥《学吟存草》现存的三种版本之中，这一点毋庸置疑。再者，根据这首诗所表达的内容进行推论，透过这首诗，可以确定李文馥阅读了阮黎光演音的《西厢传》，并且还在其诗中高度评价了《西厢传》作者的才华和性情，称其“涉世文章试一观”，又“笔底横飞如裕舞”，令李文馥读来不禁“吟来吟去独凭栏”，并产生了“何年共对西湖月，长把西厢笑笑看”的愿望。按照传统越南文人士大夫所推崇和营造的谦谦君子、温润如玉的儒者形象，以及李文馥的生平为人来看，他是不可能如此直截了当地高度赞赏自己的作品与才华。因此可以肯定《西厢传》的作者应为阮黎光。至于后来李文馥有没有因过于喜欢而参与润色、修订阮黎光的《西厢传》，囿于资料的缺乏，我们暂无法肯定。

（二）从中国《西厢记》到越南《西厢传》

《西厢传》是越南改编自中国《西厢记》的唯一一部以喃文书写的作品，也是《西厢记》在越南第一个流传阶段的代表作。这里，笔者将从作品体裁、内容情节、思想主题等方面对两部作品进行比较，结合作者及社会背景资料，揭开《西厢传》和《西厢记》深受越南读者喜欢的原因，从而让读者更加了解《西厢记》在当时越南的流传与接受。

1. 两部作品的体裁

喃传《西厢传》采用了越南传统六八体诗歌的写作形式，与中国杂剧《西厢记》的体裁完全不同。但以剧本加持的《西厢记》文辞华美，妙语佳句层出不穷。探其源流，这类语言是继承了唐诗宋词精美的语言艺术，从而使其语言富于文采。另外，其间化用了许多唐宋文人的作品[①]，一方面使得人物情感世界被描写得淋漓尽致，另一方面也更容易为越南文人所熟悉，同时也切合喃传六八体诗歌善于叙述和抒情[②]的特点。更重要的是，《西厢记》所讲述的是崔张两人至情至美的爱情故事，而爱情是一个拥有永恒魅力、不分阶级的题材。

---

① 例如第一本第一折张生的唱词："天下乐"只疑是银河落九天，是化用了李白《望庐山瀑布》中的"飞流直下三千尺，疑是银河落九天"。第二本第一折"浑江龙"隔花阴人远天涯近，化用了欧阳修《千秋岁·春恨》词："夜长春梦短，人远天涯近"。这样的例子随处可见。

② 关于越南六八体诗歌的特点，陈光辉在其论文中提出，越南六八体诗歌善于叙事而不善于描写感情。陈光辉之所以有这样的看法，其原因来自他对越南演述中国小说而成的喃传作品的类型、性质、数量和艺术的考察。然而，笔者认为陈光辉的看法是不合理的。关于陈光辉所考察的喃传作品的讨论，目前所保存下来的喃传数量相当之多（根据乔收获先生的统计是40部左右，其实还有更多，只是因为多种原因导致现在无存或尚未公布），其出现和流传时间被认为是越南喃字文学发展的顶峰，这个观点为陈光辉和大部分越南文学史书所公认。但是，经过考察作品，发现他们在描写人物感情方面都不太多（《翘传》除外），且语言不甚丰富、优美、栩栩如生。因此陈光辉就下结论说，其已经是喃字文学的顶峰，但是体裁不善于描写人的感情。这是为什么喃传都选择中国小说为蓝本，而很少取材于比较复杂的作品。笔者认为，有一点我们要看到的是，当时是越南喃字文学发展的顶峰，然而在喃字发展的过程中，这些文学作品仍只是喃字走向完善和系统的很大一步而已，因此其词汇量等仍然不能满足文人的表达需求，这也解释了为什么喃传里还大量运用中国典故和词语。但是，我们不能因为这样而下结论说，六八体不善于描写感情。这个观点跟越南学者研究六八体的结果完全相反。如陈春德（Trần Xuân Đức）教授在《传统歌谣多用六八体现象之研究》（*Về hiện tượng thể thơ lục bát chiếm ưu thế trong ca dao truyền thống*）中指出，六八体富于音乐性而节拍、诗韵又比较灵活，可以满足文人丰富多彩、深刻含蓄、情感起伏的描写需求。

《西厢记》集合了这些特点，无疑给阮黎光在演述时提供了很多材料和灵感。这种现象在《西厢传》中尤为突出。所以，这两部作品虽然体裁上截然不同，然而在用词、用典方面却有很多可以借鉴学习的地方。

当然，两部作品体裁不同，也会造成不少差别。《西厢记》是一个剧本，表达的艺术主要由宾白和曲文配合而成。在《西厢记》中，生动、活泼、有血有肉的宾白与细腻、深刻的曲文配合得非常巧妙，使作品达到了最高的成就。而《西厢传》是韵文作品，所以它的表达方式自然与原作颇为不同。或依据曲文和宾白的意思而用叙事法演述出来，或依据主要的情节而自由发挥。因此，很多片段，比如描写张生弹琴以期获得莺莺的注意时，《西厢记》一面用美妙曲文描写变换的琴声，一面用生动的宾白刻画出红娘的伶俐、张生的痴情以及莺莺的多愁善感，而《西厢传》仅能描写琴声一部分而已[①]。这些在《西厢传》中屡见不鲜，都是因为两个作品体裁不同所致。

2. 故事内容的增减和人物形象的塑造

受限于喃传的体裁和篇幅，以及作者的创作倾向和目的，《西厢传》在情节选择和人物塑造上做了很多修改。

故事情节方面，《西厢传》只选择转述基本情节而删掉了很多对故事发展没有很多帮助的细节，例如崔夫人给郑恒写信、君瑞向法聪打听莺莺、君瑞请法聪转告方丈他要租房子、红娘痛骂张生乱问、孙飞虎之乱时崔夫人先找方丈商量、打败孙飞虎后崔夫人准备宴席等小细节。这样的现象《西厢传》中不胜枚举。

① 参考陈光辉《越南喃传与中国小说关系之研究》，台湾大学中国文学研究所博士论文，1973年，第266—267页。

另一方面，阮黎光也增加和改变了很多情节。这些改变或增加，其目的是为了使故事更符合越南当地的风俗习惯与作者的道德观念，从而更能迎合读者的阅读趣味与审美。例如，喃传第一段第1句到第44句，简单描写了崔家的人物与情况，从崔相国成家、莺莺出生到他当官、去世等事情都略有介绍。这明显比蓝本增加了更多的描述。因为《西厢传》是韵文作品，没有宾白，因此如果不交代其家庭与背景恐怕会给读者造成难以理解的不便。

再者，《西厢传》在咏述和处理郑恒这个人物时，也显示出作者不同于蓝本的创作倾向。对于郑恒这角色，作者只用了十句（从第1710到第1720句）就将郑恒出场、交代前因后果、得知张生高中状元、自知比不上而退出等情节一笔带过。蓝本还有郑恒使出诡计欺骗崔夫人和撞墙而死的情节，喃传却未曾提及。这样的删减纵然可能会让看过《西厢记》的读者心里有所落差，然而喃传给予郑恒这样的结局，笔者认为此做法更贴近越南平民百姓的生活，也更符合越南士大夫荣辱观、知天命的民族性格。

最值得说明的是，《西厢传》在塑造崔莺莺这位女主角时，颇费功夫，巧妙地还原了《西厢记》崔莺莺在各种矛盾挣扎中勇于追求爱情的形象，但又不像蓝本中那么大胆、为所欲为。喃传作者用了很多篇幅来描写莺莺的前思后想和心理矛盾，最后她还是勇于听从自己内心和感情的呼唤，使得莺莺的感情世界和人物性格被刻画得栩栩如生，明晰感人。然而，与蓝本不同的是，喃传作者选择了以克制化手法来描述莺莺，让她没有蓝本那么胆大妄为、轻薄放肆，而是仍深受传统儒家思想的束缚，让崔张故事虽然沉醉于肉欲之甘美，却也有真情流露的款款相通和打破封建礼教的特点，使得整个故事中的每个人物形象和故事的发展等都更贴合越南人的道德观念与阅读审美，从而赢得众多越南读者的支持。

《西厢传》里的崔莺莺要承受三重压力：一是她对张生至真至纯的感情，二是迫于封建社会思想对爱情和婚姻的束缚，三是要面对和提防母亲大人崔夫人的监管与善变，所以她经常要徘徊于各种自我矛盾中，但也正因此才能引发出动人心弦的行为和心理演变，从而使崔莺莺这个人物形象显得更为真实和饱满。如崔夫人设宴邀请张生的一幕（第895句），《西厢传》作者对莺莺感情方面的描写注入不少笔墨。作者一边讲述张生在私下对莺莺的幻想，她如何美丽动人，世上没有几人能与她相比，若能娶她为妻，也是自己三生有幸。与此形成反差的就是莺莺矜持、矛盾的想法：

Nàng thêm ngần ngại nét thu,
Nghĩ mình so sánh đã thua chút nào.
Biết chàng phúc mệnh là bao,
Mà ta đã hẳn có cao sâu bằng?
Chuyện trăm năm đã phải chăng,
Lầu tiên viện ước, gió Đằng đưa duyên.（895—900句）

（莺莺踌躇不定，心想不知自己与别人相比又是如何。也不知道君瑞将来怎样，自己是否配得上他？再说终身大事也由不得自己，只能默默许愿并希望有好姻缘。）

此处登场的崔莺莺，正在进行一场内心世界的斗争。尽管她知道自己已经对张生产生了好感，但心里还是陷入自我纠结。不知自己是否能与他相配，又能为他做些什么。而封建社会的婚姻也不是他们所能决定的，不知命运能否给他们一个好的结果。各种问题和疑虑就这样纷纷涌上心头，作者连用了几个问句，更为深刻地刻画了莺莺内心的矛盾与挣扎。这种心理演变就是传统东方女子的典型心态，包括中国和越南。作者这样的处理，让一位中国女子，即使放在传统的越南社会中也毫无违和感，所以也很容易得到越南读者的同情与喜爱。

为了达到这种效果，《西厢传》作者继续挖掘描写莺莺的心理矛盾。如第911句开始的那一段，莺莺出来见张生时，蓝本让她衣着非常漂亮，然而喃传的莺莺却仍身穿便服，不曾化妆，较少言语，愈加腼腆，却仍然使得君瑞如痴如醉。这样的描写跟《西厢记》是截然不同的，让莺莺变成了一个更深沉、更有分寸的痴情女子。后来，在红娘的拉扯下，莺莺决定去见张生，但她当时的心情却是：

Lừ lừ chẳng nói chẳng rằng, càng đi...
Con nhà cửa lễ sân thi,
Bỗng mang lấy thói ngu si những nhà?
Con người nét ngọc ngấn hoa,
Bỗng mang lấy nết mây mưa những người?（911—915句）

（莺莺徐徐前进，也不说话。心想我本为世家闺秀，千金之身，为何就如此愚蠢？为何要染上这些风月事？）

莺莺一直犹豫不决，一边是对爱情的渴望，一边是对封建礼俗的恪守，让她深陷自我矛盾当中。作者又一连使用了两个反问句，更能凸显人物在与自己斗争时的痛苦。最终，爱情的呼唤还是胜利了，但仍然无法抚平莺莺内心的挣扎。因此莺莺安慰自己，为自己找了一个合理的理由：

Chút vì nghĩa nặng tình dài,

Tâm thành họa có mặt trời thấu cho.（918—919句）

（因两人情深义长，这片诚挚的心意希望老天爷可以明白。）

然而，她仍不免觉得：

Vừa đi vừa thẹn vừa thò.（920句）

（愈行愈觉羞涩。）

而后来想到张生“Nghĩ ai mắt đợi, lòng chờ mà thương”（苦苦等待，心痛不已），因此决定踏出这一步。而当两人沉醉于肉欲后，莺莺回房之时，各种忧虑还是不断地折磨着她：

Làm thinh chẳng nói chẳng rằng.（932句）

（静静半言不发。）

由此可见，作者有意将莺莺描写成一位深受封建礼教束缚的千金小姐，这样对后面她勇于为自己的爱情付出行动更能形成鲜明的对比，从而使人物形象的刻画更为鲜明和深刻，也更能加深故事的戏剧性和趣味性，使读者陷入其中，难以忘怀。

3.《西厢传》的思想主题

喃传作者不仅描述崔张两人的爱情故事，还通过作品中多处显而易见的描写，表达出自己深受儒佛影响的各种人生哲理，体现了越南读者共同的愿望和民族性格，让作品在思想层面上与读者产生共鸣，从而得以广为流传和接受。

透过故事的发展，作者偶尔会提出自己的人生观。他认为，人生无常，也无人知道自己将来会如何，故此不用在意太多的得与失，谁拥有得更多，谁拥有得更少。一切只是一场梦“Khi phú quí, lúc phồn hoa/Đoạn rồi lúc ấy ngẫm mà chiêm bao.”（一时富贵与繁华/一切只是一场梦。）因为，人生在世谁都会死去，无人例外：

Trăm năm kẻ trước, người sau,
Xưa nay ai dễ qua cầu tử sinh.（53—54句）
（百年无论前后人，从没逃过生死关。）

Ai vàng đá với trong đời,
Trăm năm bụi tía như người khách xa.（103—106句）
（人如何能像金石那样长久不坏，天地间最终仍是过客。）

在这只字片言里，作者表达了他对人生得失、荣华富贵的种种看法。这可能是阅历丰富，对生活颇有体会和感悟的人才会悟出的人生道理，说明作者对于官场沉浮、荣华富贵已经看得十分淡薄与透彻。

除此之外，作者对人生相聚离合也提出自己的观点：

Người tài tử, khách giai nhân,
Ngẫm cơ hội ngộ ở trần kiếp chơi.
Hợp mây tan gió là trời.（3—5句）
（那些才子与佳人，世上有幸能见面，离合悲欢由天定。）

Biết đâu biến đổi sự đời,
Việc người đã chắc với trời cho nên.（43—44句）
（不知世上变化多，凡事只由天决定。）

这里作者以男女相遇，最终是否能终成眷属的比喻，表达了自己听天由命的天命观。而人，通常一开始不相信有天命，然而，事后回想就会发现，冥冥之中，自有安排：

Mới hay duyên phận người ta,
Trời đà định sẵn ai mà tính nên.
Người tài lại họp bạn tiên,
Chữ tâm là gốc mà duyên là cành.（1735—1738句）
（世上人的缘分，就有老天所决定，谁能算得清楚。才子遇见佳人，有心是根本，缘分是其次。）

但是，在听天命的人生中，作者也肯定了“心”的重要性。在他看来，“心”就是“善、行善”的代名词。他认为那是人的根本，人生在世要保持平常之心，乐于助人之心，尽力而为之心。有了这些，老天总会懂你，支持你，保佑你，最后成全你。

最后，关于幸福观，作者认为：

Bên tình bên hiếu vẹn toàn,
Đỉnh chung lộc nước, y quan dấu nhà.（1722—1723句）
（孝与情两完美，我们受国家的俸禄，（愿为国效劳）也愿保优良的家风。）

人生的完美，就是得一良人，孝敬父母，为国家做贡献，同时也能经营一个完美和谐的家庭。这完全符合越南封建时代儒家的理想，先“齐家”，后“治国”，再“平天下”。集聚了这两方面的成功，才称得上是人生赢家。

《西厢传》中，尽管作者表达天命观、荣辱观、幸福观的篇幅不是很多，然而透过那言简意赅的几行字，可以看出作者，乃至当时几乎所有越南文人的人生观。而作者所宣扬的积德行善和知天命的这种深受儒家和佛教思想影响的观点，我们也可以在越南的许多古典文学作品中找到证据，例如著名的《翘传》就是一例典型。也正因为《西厢传》能迎合封建时期越南人民的民族特性和美好善良的愿望，所以它才能唤起越南广大读者的共鸣与喜爱。

四、《西厢记》在越南的接受之二：以改良剧《西厢之下》为中心

在越南20世纪二三十年代由《西厢记》改编而流传甚广的众多改良剧中，目前唯一可考的是由范玉魁整理出版的《西厢之下》（*Dưới mái tây hiên*）[①]改良剧剧本。下面笔者会先介绍越南改良剧《西厢之下》的内容，及其与蓝本《西厢记》的异同，然后再从大众审美趣味角度出发，结合越南当时的历史、社会背景来阐述《西厢记》于20世纪上半叶在越南的接受情况。

---

① ［越］范玉魁《西厢之下》（改良剧），西贡：信德出版社，1957年。

（一）《西厢之下》的内容及其与《西厢记》的比较

越南改良剧《西厢之下》全剧八折，第一折从君瑞跟方丈见面并商量让他住在普救寺开始。从而推动崔张见面、陷入爱河，进而受到崔夫人的阻拦和反对。尽管红娘在中间积极帮忙，但两个有情人仍无法终成眷属，最后崔莺莺自尽身亡，张生独留世上。全剧只有六个人物，包括君瑞、莺莺、崔夫人、红娘、方丈和郑恒，所有情节都非常集中地表现在每个人物身上。改良剧剧目在内容上删掉了很多细节和人物，同时增加了很多重要的情节。其中最重要的改编是结局部分。《西厢记》以大团圆结局收场，而越南改良剧最后却以莺莺自尽而死，君瑞来到她坟前大声痛哭为结局。

为了便于读者掌握两者的异同，笔者先将越南改良剧剧本每一折内容大概介绍如下：

表3　越南改良剧《西厢之下》与中国元杂剧《西厢记》内容比较

改良剧《西厢之下》	与《西厢记》的比较
第一折：普救寺 君瑞到普救寺见方丈，求他让自己留在寺内一段时间。讨论时，红娘出来，受崔夫人之吩咐去请教方丈，何时方便为相国拈香做斋事。方丈道四月八号是释迦降世吉日，将在那天请夫人和小姐过来拈香。红娘回去之后，君瑞向方丈询问，那位小姐是谁。方丈说那是莺莺小姐的侍女。君瑞看到莺莺小姐身为女子，仍如此尽孝，便请求方丈也帮他为父母做斋事，随手就给方丈十五贯钱。方丈也乐意帮助，且请他随后移步书房讲话。	改良剧删除并改编了蓝本很多细节，直接提到君瑞见方丈并跟他聊天、商量要住在那里，且主动问方丈能不能让他住在西厢那边。

院子里，莺莺烧夜香。她点香并许下四个愿望，一愿父亲可以早生极乐世界，二愿母亲身体健康，三愿令弟日后可以延续祖先香火，功成名就、光宗耀祖。第四愿她不愿意说出。红娘便接话道，愿我家小姐遇到一位才貌双全、高中状元的如意郎君。 这时君瑞便在外面吟诗一首。莺莺听到觉得词语清新便和了一首。 君瑞出来，一见红娘便将自己的生辰、姓名、是否婚配告知红娘，并问红娘莺莺是否时常出门。红娘听后非常生气，将其一顿训斥。正在此时，方丈慌忙跑出，撞到君瑞。君瑞问方丈发生何事，为何如此惊慌。方丈道孙飞虎带兵围住普救寺，要抓莺莺回去当他的压寨夫人，他要去找崔夫人商议此事。君瑞便随方丈进门见崔夫人、莺莺和红娘等人。 方丈见到崔夫人。崔夫人求问有无方法解围，但方丈言其并无任何主意。崔夫人便请他传话，寺内如果谁能有退兵之法，不管贫富，都同意将莺莺嫁给他。 崔夫人与莺莺商量，莺莺愿为众人而落入贼人手中，然而崔夫人不允。 方丈回来，道只有君瑞有退兵之策。君瑞先请方丈设法找孙飞虎缓兵三天，他马上去找杜将军带兵前来解救大家。	蓝本没有君瑞把钱交给方丈。 蓝本没有莺莺烧香许愿的情节。 （红娘许愿的内容很像让宋的翻译本。） 改良剧增加了方丈撞见君瑞并且跟他去见崔夫人、莺莺、红娘等细节。 改编蓝本，这里让崔夫人主动说出谁能退兵就将莺莺许配给他。 蓝本为崔夫人与莺莺商量之后方才传话给众人。
第二折：崔夫人客房 红娘跟莺莺讲述了张生有退兵之法，夫人将设宴邀请张公子过来，请小姐稍作准备。崔夫人上楼，嘱咐莺莺先进去准备，稍后再出来见君瑞。 红娘带君瑞上楼，与崔夫人聊天，崔夫人说有件大喜事，并差红娘去请莺莺出来，随后便请莺莺向君瑞敬酒并叫他“哥哥”。莺莺无	增加了红娘先跟莺莺提起宴席的细节。

奈，只能拿过酒来敬张生。张生问崔夫人，今天宴席是以感谢为由，还是以他们结成兄妹为由。若是感谢，他就领命，若是兄妹则不能理解。崔夫人道其已醉，此事容后再议，吩咐莺莺问候过张生即可回避。只有君瑞跟崔夫人留下，君瑞直接向崔夫人询问，为何不履行先前的承诺，而变成一个忘恩负义、狡猾多变的人。崔夫人言及她之前已同意将莺莺嫁与郑恒，又说可以给君瑞钱财丝绸等物让其另寻他人。说完便进去，完全不理会君瑞的心情。君瑞、红娘在场，红娘请他放心，虽然夫人忘恩，然而小姐绝不负义，红娘也愿相助。	蓝本没有崔夫人嘱咐莺莺的细节。 增加君瑞跟崔夫人争辩的片段。 君瑞直接跟崔夫人说他如何爱慕莺莺且为她辗转反侧不能入眠。 增加红娘当时就向君瑞回话，愿意帮助两人的细节。
第三折：君瑞房间 君瑞一人在房间，相思成疾，想念着莺莺而寝食难安，日渐消瘦。这时红娘敲门，告诉君瑞她可以帮助君瑞传书给莺莺。莺莺听红娘说罢君瑞的情况，不为所动，还生气地责备张生太过狂妄，之后切不可如此胆大妄为。君瑞听后心情愈加沮丧，红娘便将莺莺的回信递给他。 君瑞看到莺莺的信，喜出望外，说莺莺今晚要约他见面，红娘不信，君瑞便将诗意解释给她，并且劳烦红娘将回信交与莺莺。	增加红娘直接将君瑞的信给莺莺，还直接询问莺莺。 又直接将莺莺的信交给君瑞，而不像蓝本那样拖拉。
第四折： 莺莺独自一人在房间，担心君瑞却也不敢向他人吐露真情。红娘回来，略言明君瑞之情况，便悄悄将君瑞的信放在那里让莺莺自己发现。谁知莺莺看到就大骂红娘，还说要拿给夫人看，之后又说这次先放过红娘和张生。 晚上，莺莺在院中。君瑞翻墙而入，见到莺莺，两人的对话也将诗意解释得一清二楚。莺莺要断绝联系，君瑞心如刀割。	

第五折： 君瑞一人在房间借酒消愁。红娘到访，又将莺莺回信交与他。君瑞一看便精神鹊起，将信中含义道与红娘，并说你家小姐这次要直接过来。 红娘道小姐本是世家千金，不敢违背夫人，要让小姐过来，张生需弹琴一段，刺激于她方才有效，而红娘会悄悄向君瑞传递信号，让他知道何时行动最合时宜。 君瑞弹琴，莺莺就到他房中。两人温馨寒暄，享尽人生甜美。	增加君瑞醉酒的情节。 增加红娘跟张生讨论，想方设法让莺莺敢于踏出房门去见君瑞。
第六折：崔夫人家 崔夫人叫来红娘拷问，要她将与莺莺出来见张生的情景一一道出。 崔夫人叫出莺莺训斥，后跟君瑞说，若想成为崔家女婿，要高中状元才行。因此设宴送张生上京赶考。 崔莺莺与君瑞道别，送他簪子一把以见证两人之间的感情。	增加红娘跟崔夫人之间的对话。红娘这一段非常勇敢，直接与崔夫人争辩，且句句通情达理，让崔夫人也无言以对。 增加崔夫人直接且坚决跟君瑞约定，要他一定要考中状元才能回来。 增加莺莺送君瑞簪子。
第七折：崔夫人家 郑恒到访，将其父母准备的礼物交给崔夫人。并替父母问候崔夫人，两人互相道谢。崔夫人说她只要像郑恒那样的女婿。郑恒十分开心，推心置腹，说自己其实一直也有这样的希望，其父母也非常赞同。崔夫人说，如果他们都这样愿意，那就没有任何问题。然而，之前为平孙飞虎之乱，已将莺莺许给张生，但条件是他一定要考得状元。郑恒说张生已经高中，而且还被选为卫相国的驸马，但是张生不肯，言道早有意中之人。崔夫人便小声告诉郑恒如何使出诡计来欺骗莺莺。他们合计在莺莺面前说谎，编出一个张生悔婚另娶卫相国千金的故事。莺莺听后，不相信张生是薄情的人，便说如果他真是这样，自己也愿意独自生活，绝不另嫁他人，毁坏崔家名声。崔夫人说张生是忘恩负义之人，让她不要过于执迷不悟。	蓝本没有郑恒跟崔夫人商量并编出故事欺骗莺莺一段。 蓝本所有诡计都是郑恒自己想出来的，然而改良剧却让崔夫人一人操弄。 蓝本没有莺莺跟崔夫人争辩的情节。 增加红娘帮助莺莺说话的细节，但是被崔夫人大骂。

莺莺留下跟红娘商量。莺莺也表示坚决不能听从崔夫人之命另嫁郑恒，不能与张生毁婚，如若定要如此，她则宁死不从。崔夫人气急，大骂莺莺。最后，走投无路的莺莺选择自尽，誓守与张生的诺言。	莺莺直接跟崔夫人表明已许身张生。 蓝本没有莺莺自尽的情节。
第八折：西厢 君瑞回来，看到红娘在莺莺坟边痛哭，不知发生何事。言明之后，发现所有一切只是误会和诡计。红娘将故事的经过，崔夫人和郑恒如何编出故事欺骗莺莺，莺莺如何走投无路，自尽身亡之事一一告诉君瑞。君瑞大哭，心痛欲绝。全剧终。	蓝本以大团圆为结局，改良剧以悲剧收场。

根据上面的表格，我们可以一目了然地知道改良剧剧本继承了元杂剧《西厢记》的许多情节，然而也在特别情节和人物上增添了不少戏份，以达到作者的创作目的，迎合观众的趣味。具体请看以下分析。

（二）从中国杂剧《西厢记》到越南改良剧《西厢之下》

1.《西厢之下》的创作时间和背景

改良剧《西厢之下》之所以在越南广为流传，深受观众的喜爱，与当时越南历史、社会的动荡和巨变，以及作者巧妙的改编来迎合大众趣味是分不开的。

关于《西厢之下》的创作时间和背景，根据范玉魁的阐述，笔者断定应该是在20世纪30年代左右。范玉魁在其“序”中说：

> 《西厢记》在我国封建社会尚未崩溃，无产阶级仍然受轻视的情况下问世。……因此，该剧本受到广大观众的喜爱，北

部各剧团已连续公演二十年。[①]

根据范玉魁提到的细节，如“封建社会尚未崩溃”“无产阶级仍受轻视”，可推论出该剧本是在1945年之前完成，因为1945年是越南最后一位皇帝退位的时间，标志着越南封建时期的终结。在此之前，随着法国殖民地的入侵和殖民地开发的政策，越南全国出现了无数的所谓无产阶级的农民、工人和市民阶层。1945年，越南八月革命（Cách Mạng tháng Tám）爆发并取得成功，让工人作为无产阶级的代表，登上了政治舞台，带领全国人民继续与法国战斗。所以范氏所谓的“无产阶级仍受轻视”的时间，必定在1945年之前。

我们甚至可以把《西厢之下》的创作时间往前推。因为，范玉魁于1957年整理出版该剧本时说道：“北部各剧团已连续公演二十年”，由此细节可以推论该剧本应是在1930年前后完成的。这也是改良剧流传并在越南北部广受欢迎的时期。

20世纪20年代到1945年期间对越南民众来说是一个非常黑暗的时期。在封建制度和法国殖民政策的双重压迫和桎梏之下，越南社会发生了巨大的变化。法国的入侵带来了越南经济的转变，工商业的发展促进了各城市的诞生，而为这些行业服务的市民和劳动阶级的人数也由此不断增长。那些新兴都市出现了大批新的受众群体。面对新的生活环境，特别是法国等西方文化的侵袭，这批新的观众与以往的受众有着极为不同的审美趣味。这些观众，即以上所述的市民阶级，包括生活在城市中的民众、从农村搬来的旧式儒者，或深受西学影响的

① ［越］范玉魁《西厢之下》（改良剧），西贡：信德出版社，1957年，第2页。

市民，甚至没有学问的普通大众等等。他们或深受西方文化的影响，认为自己与过去的封建思想完全脱节；也有仍痴迷于传统儒家思想；或又挣扎在东西价值观之间。这么复杂的群体自有他们的欣赏趣味和价值取向，这给当时的文学、文化工作者和编剧带来了新的任务和课题，即如何满足他们多样的需求和内心的期望。而《西厢之下》在一定程度上已经为一部分观众解决了这个难题，从而出色地创造了成功上演千场的纪录。

那么是什么原因让改良剧《西厢之下》可以达到“不管是中央剧团还是民营剧团，都上千次的将它搬上舞台”[①]这样耀眼的成绩呢？根据范玉魁的介绍和上述的剧本内容，可知，这源于作者对于剧中人物形象呕心沥血地刻画与塑造，从而使人物闪耀着人性的光辉。特别是红娘这个人物的刻画和彰显，让她成为广大市民和无产阶级群众的化身，代表了人民在封建和殖民的双重压迫之下的痛苦与勇气，有笑有泪，从而博得了观众的共鸣与一致的喜爱。以下笔者会针对此问题做更详细的分析。

2.作品内容的修改和人物塑造的不同

越南改良剧《西厢之下》最成功的地方就是将每一个人物都塑造得非常成功，性格鲜明，有血有肉。

我们先谈崔夫人这个人物。有别于蓝本《西厢记》里崔夫人的形象，崔夫人在改良剧《西厢之下》中被塑造成一位代表封建统治者的极讨人厌的反派角色。在她身上，我们可以看到封建统治者的罪恶和丑恶嘴脸，集厚脸皮、无耻、自私、贪财于一身。为了衬托崔夫人

---

① ［越］范玉魁《西厢之下》（改良剧），西贡：信德出版社，1957年，第2页。

不守信用和背信负义的性格，改良剧作者安排了一连串的行为来刻画崔夫人的贪婪无耻。

首先，作者在第一场戏时，面对孙飞虎的威胁，就让崔夫人主动提出如果谁能提供退兵之法就将莺莺嫁给谁。但事情得到缓解之后，她坦然自若，无耻谰言地跟张生狡辩说，那只是“当时的缓兵之法”，并非真正想将莺莺许配给谁。后来还自作主张，给崔张两人安排了一场极为尴尬和别扭的兄妹相认场面。改良剧里的崔夫人就如封建统治者一样，喜欢掌控全局，掌握主动权，而其行为和想法往往出尔反尔，翻脸无情，一心只想达到自己的目的而毫不在乎所谓道德信用和他人的感受。

不仅如此，崔夫人还是一个非常贪图名利和荣华富贵的人。之前承诺要将莺莺许给君瑞，后来以之前已经同意将莺莺许给郑恒为由，婉退了这门婚事。而实际原因在于当时君瑞只是个贫穷书生，在崔夫人看来，根本“不配踏进她相国家的门”。后来因崔张两人已私定终身，不得已之下，崔夫人仍明确且多次地嘱咐张生，“若不中状元，便不用再回来，我决不会将莺莺许配与你”，因为“我崔家从来不接受任何无名小卒”。简直是一位爱面子和视财如命的封建社会统治典型。

除此之外，因编剧有意让崔夫人成为该剧的罪魁祸首，是封建阶级，亦是“恶”的代表，以达到表演的高潮效果，所以编剧继续加入许多细节。如，改良剧作者故意让郑家成为当朝相国。崔夫人看到如此显赫，有头有脸的家族，又一而再再而三地自食其言。尽管此时张生已如她所愿高中状元，但是崔夫人还是当场翻脸，故意想方设法引导郑恒走进歧途，编造张生背叛的故事来欺骗莺莺。在她的权衡中，一位刚中状元的秀才如何能和当今相国相提并论。因此，她不管自己女儿的幸福，更无视自己的信誉，一定要莺莺另嫁郑门。崔夫人贪婪凶残、言而无信的后果，就是害了郑恒，也让他走上了“恶人”的道路，最终害死了莺莺。莺莺在痛苦和绝望中而死，将崔夫人这个铁算盘的狡猾多端、贪婪自私推到了极点。这也成为《西厢之下》吸引并留住观众的看点，让观众无不陷入其中，且为崔夫人的所作所为而痛恨不已、咬牙切齿，久久不能平复，从而实现了作者创作和改编之目的。

由此可知，改良剧作者在塑造崔夫人这一人物时，在人物塑造及其手法方面用功颇深，让她成为有血有肉、令人发指的代表封建阶级统治者的角色。这一方面体现了作者在塑造和掌握人物性格方面的才华，另一方面也体现了作者敏锐的洞察力。他觉察到当时越南社会的巨变和观众审美品味的变化。20世纪30年代的越南社会正在上演一场激烈的东西文化碰撞。西方新潮波涛汹涌般地冲击着人们的思想，为他们打开了另一个思考和面对生活的方式，但长期沉积下来的传统封建思想以及新时代封建阶级的无能与腐败，仍然给人们加上了一层沉重的枷锁。加之当时通过阮爱国等仁人志士的宣传，爱国和共产阶级的思想潮流也慢慢地在越南有所流传，使得反对封建社会统治与思想的声音越发高涨。改良剧作者巧妙地抓住了观众这种微妙的心理演变和时代潮流的变化。他懂得观众需要找到一个对象，让他们可以在这个人物身上看到封建阶级的所有丑陋与不堪，更能让他们畅所欲言、无所掩盖地吐露生气、愤恨、厌恶的压抑情绪。出尔反尔、背信弃义、好财如命的崔夫人就是由此而来。

观众需要一个发泄愤怒的对象，他们更需要一个可以代表他们说出反抗心声和勇于付出行动的对象。所以改良剧作者又透过其想象与改编推出了与蓝本颇为不同的红娘形象，让她与崔夫人成为全剧的夙敌，提升了该剧的戏剧性和感染力。

如果说崔夫人是统治阶级的代表，那担任反抗角色而代表广大民众的角色就被作者交给了红娘。越南改良剧《西厢之下》的红娘保留了蓝本人物聪明伶俐、乐于助人的性格特点。但是，改良剧的红娘显得更为自由，也更有分寸，特别是其反抗意识被描写得更加突出。比如说，与蓝本不同的是，宴席上，得知崔夫人翻脸悔婚时，红娘便主动向君瑞提出要帮助他。后来，为了让莺莺鼓起勇气去找君瑞，红娘也主动跟张生商量每一步的行动，这也使得他们之间的关系显得更为自由，更加不受封建礼教的束缚。

但是红娘这个人物最特别之处不在于此，而在于她在改良剧《西厢之下》中很有勇气地与崔夫人抗衡。身为封建社会中相国家的婢女，也就是下层阶级的小人物，但是红娘能明辨是非、见义勇为，是一个勇敢而富有胆识的姑娘。她不仅敢于直接跟崔夫人争辩对错，还大胆指出崔夫人“不守信用、忘恩负义”的不良行为，也聪明地找到化解崔张之间纠结的方法，使得一个聪明狡猾如崔夫人的人也要点头称赞。上面所刻画的崔夫人有多坏、多讨人厌，也就多能衬托红娘的聪明与义气。她敢于同封建统治势力作斗争的言行，大快人心，让观众十分喜爱。

再者，红娘虽说自己不能识字，只是个小人物（就如封建和殖民社会下渺小而普通的民众一样），但是通过她的言行举止，足以证明她是个通情达理、明辨是非的人。例如下面她与莺莺小姐的对话：

> 小姐，凡是人，不管男女，依我说都有权利选择自己美好的将来，如果父母说的话是正确、合情合理的才要听从。夫人只顾自己的幸福，利用小姐以得到显赫和荣华富贵，真是过于

自私，不管自己孩子的价值和幸福。因此才有逼婚的事，让小姐如此心痛。只因为我家老爷去世太早，使得我家声势也因此下降，夫人才逼小姐嫁给郑恒，以挽回一切，而不管他是好是坏，小姐是否幸福。我这么说也知道没礼貌，但是因过于心疼你才要说出来的。[①]

红娘短短的一段话却深有现代性和时代性，让观众不得不停下来思考一下孩子和自己婚姻的幸福、自由，从而更加敬重、喜欢红娘。可以说这一段话是作者的心声，也是当时许多越南观众心中的想法和向往。作者选择通过红娘这个身份比较低微的人物说出来，她就像观众身边的普通人，非常贴近广大民众，让他们感到非常熟悉。红娘的话，首先揭露了崔夫人是个自私、贪图功名富贵，不顾自己孩子幸福的坏人，之后宣扬了男女自由恋爱和勇于追求美好将来的进步思想，同时也批判盲目“听从父母”的封建礼俗。红娘所说言简意赅，完全揭露了封建统治阶级的丑恶面孔。而且，在红娘人物塑造的手法上，作者还故意把她变成一个喜剧角色以达到娱乐观众的效果。而愈好笑，愈能让观众记忆深刻，让他们在欢乐过后，所留下的是对这类人物和自己身份、社会地位的同情与共鸣。

作者给予了红娘大篇幅特写和出场机会，提高了红娘的地位。红娘在全剧是最了解情况之人，加上她头脑清晰，心地好，又充满行动力，弥补了崔莺莺的犹豫不定和崔夫人的出尔反尔，成为剧中化解矛盾的中心人物。作者这样的巧妙改编，显示出作者不同的创作倾

---

① ［越］范玉魁《西厢之下》（改良剧），西贡：信德出版社，1957年，第47页。

向，也为该剧博得了观众的喜爱和追捧。

不仅如此，为了更符合当时观众的欣赏趣味和新的时代背景，改良剧作者也让其他人物换上了不同的新衣。比如张生在蓝本中是一个软弱痴情、懦弱被动的人。而在越南改良剧中，张生显得更为主动，更有男子气概。他主动问方丈自己能否住在西厢。后来在宴席上，崔夫人突然要悔婚，也是他追问崔夫人，直言自己对莺莺的爱慕，也逼问崔夫人为何要成为一个忘恩负义、不守信用的人。这一段中，君瑞语言犀利、直截了当、毫无遮掩。越南改良剧作者对君瑞的改编，增强了君瑞的自主性与斗争性，这也是当时越南社会男女青年追求爱情和美好生活应该有的态度和精神，非常贴近现实生活。

透过对以上改良剧的故事内容和人物形象转变的分析，可以发现蓝本的主旨与性质有了极大改变。蓝本以大团圆收场，而越南改良剧却是一个让人无法忘怀的悲剧，让观众印象深刻。加上作者对人物形象塑造的巧妙改变与加持，使得每一个人物都个性鲜明，栩栩如生，更能贴近并代表群众，因此极具感染力。综合以上因素，该剧才能在北部无论是中央剧团还是民营剧团上演几千场。观众透过戏里的人物及其命运，似乎可以看到当时的社会百态，也看到了自己的挣扎与无奈。同时透过人物和情节的发展可以抒发他们的情绪，让他们在沉醉于故事过后，消遣之余，也可以静下心来重新思考现实生活和自己的行动，可谓一剧演完，意犹未尽。

五、结论

本文透过考察《西厢记》在越南的传播情况，并基于越南两部受《西厢记》影响而改写的颇具代表性的作品探讨《西厢记》在越南

20世纪前后的流传与接受情况。

可以说，《西厢记》在两个不同的阶段都深受越南读者的喜爱，然而其流传与接受方面却存在着明显的差异，这体现在其流传方式、创作作者、作品体裁和受众等主要方面。在第一个阶段，即19世纪时，自由恋爱还被视为是荒谬之谈，是罪过的行为，但是越被压制，寻求自由恋爱和抒发感情的愿望就会更加强烈。《西厢传》和其他同类型喃传的出现，可以满足读者对美满爱情的愿望和文人人生观的抒发，因此深受读者的青睐与追捧。另外，完成于19世纪30年代的喃传《西厢传》是由当朝高官阮黎光所作。读者群是他的亲朋好友和通晓汉语和喃文的文人雅士，或者说它大部分是在上层社会的文人间流传。因此，喃传虽然在当时的越南登不上雅文学的宝座，但作者创作时也运用了许多借用中国文学的典故和词语等创作手法，以迎合具有一定古典文学修养的读者审美取向。因此，尽管说《西厢传》在当时相当流行，但其影响范围仍是相对较小的。

同样学习中国《西厢记》而改编的改良剧《西厢之下》与《西厢传》的流传情况就明显有所不同。改良剧是越南20世纪20年代才出现的一种受西方文艺影响的新兴的舞台表演方式。其作者、演员和观众都是在新时代中兴起的市民和无产阶级。《西厢之下》在故事情节、人物塑造等方面做了合理的改编，同时采用了当时观众普遍喜欢的表演形式，使其传播效果更为迅速，传播的受众也更为广泛，也更接近普通老百姓的生活和他们的欣赏品味，从而使得《西厢之下》赢得了较好的口碑，在二十多年来都深受广大观众的喜爱，其公演场次超过了上千场。

总之，无论何时何地，无论是喃传还是后来的改良剧，《西厢记》通过各种改编方式而得以在越南广为流传的重要原因，笔者认为，是它刻画了一个至情至美的男女爱情故事，故事所表现的反抗封建礼教、提倡自由恋爱的精神，以及其所包含的善有善报的人生哲理。可以说，爱情本来就是一个永恒的主题，自身就带有一种普遍且无法抗拒的魅力，足以吸引任何时代、任何地方、任何社会地位的欣赏者，亦能达到雅俗共赏，各有所感的境界。

编后记

通过长达九个月的三轮校改，终于完成了这本小书的校对工作。此前将作者的word文档编辑成体例统一的定稿，前后亦用去了半年以上的时间。如此之大的工作量，是我原来计划编辑它时，完全没有预料到的。虽然期间多次因新冠疫情影响了进度，但真正原因还在于这部书籍所收论文的注释涉及中、英、越、韩、日多个语种，引文又多为稀见资料，作者则来自多个国家和地区，对于中文稿件格式、标点、文字的简繁等，各有不同的使用习惯，处理起来并非易事。

幸好在这样漫长的校改过程中，有学生的积极参与、同事的热心帮助、责编康丽华的细心编校，以及作者的支持，这本书才有了如今的面貌。其中我的学生刘亚琼、何迪、彭南燕、李蓉、张娇帮助整理作者提供的原始稿件，赵睿欣、侯永慧、丁佳观负责校对出版社提供的校样。在三校的过程中，刘亚琼、赵睿欣和我的同事甘沁鑫博士，又专门查阅了一遍书中所涉及的外文，发现了若干体例和格式上的问题。对于我的学生来说，她们的工作不只是机械地进行一一校对，还包括帮助修订一些非标准中文的表达、与作者沟通和协商等。从2021年冬天着手编辑这部书以来，针对它的编校和阅读，就成了贯穿于我们定期学术研讨的一个重要话题。当然，学生们也从中获得品读学术论文的充实，尤其是她们发现校样中一些隐蔽错误时的欣喜，时常感染我，让我在这部小书尚未面世之际，就已体会到了另一个层面的学术意义。

是为记。

编者

癸卯年大暑于镜湖畔

图书在版编目（CIP）数据

中越书籍交流论集 / 刘玉珺主编 . -- 成都 : 巴蜀书社 , 2022.11

ISBN 978-7-5531-1814-7

Ⅰ . ①中… Ⅱ . ①刘… Ⅲ . ①图书 – 文化交流 – 文化史 – 研究 – 中国、越南 Ⅳ . ① G256.1

中国版本图书馆 CIP 数据核字（2022）第 209773 号

ZHONG YUE SHU JI JIAO LIU LUN JI

中越书籍交流论集 刘玉珺 主编

责任编辑	康丽华
封面设计	四川胜翔
出　　版	巴蜀书社
	四川省成都市锦江区三色路238号新华之星A座36楼
	邮编：610023　总编室电话：（028）86361843
网　　址	www.bsbook.com
发　　行	巴蜀书社
	发行科电话：（028）86361852
经　　销	新华书店
制　　作	四川胜翔数码印务设计有限公司
印　　刷	成都蜀通印务有限责任公司
版　　次	2023年7月第1版
印　　次	2023年7月第1次印刷
开　　本	148mm × 210mm
印　　张	10.25
字　　数	280千
书　　号	ISBN 978-7-5531-1814-7
定　　价	68.00元